KB155639

보급판 연봉제의 원리

보급판
연봉제의 원리

초판 1쇄 인쇄일   2022년 8월 18일
초판 1쇄 발행일   2022년 8월 25일

지은이   이동근 · 곽순달
펴낸이   최길주

펴낸곳   도서출판 BG북갤러리
등록일자   2003년 11월 5일(제318-2003-000130호)
주소   서울시 영등포구 국회대로72길 6, 405호(여의도동, 아크로폴리스)
전화   02)761-7005(代)
팩스   02)761-7995
홈페이지   http://www.bookgallery.co.kr
E-mail   cgjpower@hanmail.net

ⓒ 이동근 · 곽순달, 2022

ISBN 978-89-6495-251-1 03320

강한 인재, 강한 조직을 만드는 인재관리의 핵심

연봉제의 원리

The Principle of
Annual Salary System

이동근 · 곽순달 공저

보급판

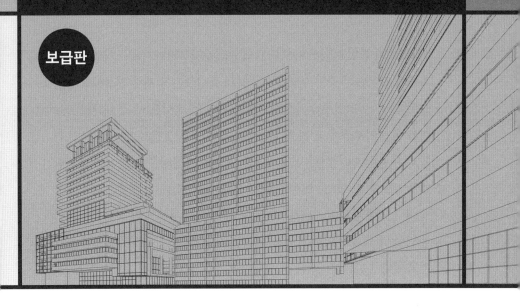

BG 북갤러리

결국은 사람이다

나는 LG그룹의 자매사에서 사장으로 퇴임한 이후, 그간의 경영경험을 살려 중소기업의 경영자문위원으로 수년간 중소기업의 각종 경영 애로에 대한 자문을 해오고 있다.

창업에서 제법 어엿한 규모의 기업으로 성장하기까지 중소기업의 경영자들이 겪어왔던 수많은 역경과 극복의 순간들은 언제나 신선하고 감동으로 와 닿는다. 업무상 자주 이분들을 만나고, 식사도 하고, 대화를 나누면서 내가 이분들에게 '자문'할만한 자격이 있는 것인지조차도 의심스러울 때가 한 두 번이 아니지만, 그래도 내 말을 경청해 주고 또 내가 조언한 대로 해보려고 애쓰는 이분들께 늘 감사하는 마음이다. 한편으로 그분들이 내 조언에 힘입어 경영상의 애로를 해결하고, 나를 찾아 감사의 인사말을 전할 때, 중소기업의 경영자문위원으로서 이 일에 대한 보람을 새삼 느끼고 있다.

기업경영에 있어 '사람'에 대해 이야기하자면, 나를 포함한 동료 자문위원을 찾아오는 많은 중소기업의 사장들이 가지고 있는 문제의 핵심에는 항상 '사람의 문제'가 도사리고 있는 것을 발견하곤 한다.

매출이 기대만큼 늘지 않아서, 자금이 부족해서, 제품개발 노하우를 배우고자, 잦은 제품 불량이 해결이 안 되어서 등등의 온갖 경영의 애로를 가지고 우리를 찾아오는 사장들의 얘기를 듣고 문제를 진단해보면, 그러한 많은 문제의 핵심에는 항상 그 일을 수행하는 '사람'의 자질이나 태도, 의욕에 문제가 있다는 것이다.

기업 규모가 제법 되고, 직원들도 수십 명씩 되는 회사에서 모든 것을 사장이 다 처리해 버림으로써 항상 사장의 지시만 기다리는 직원들, 회사의 중요 보직은 친인척들로 채워져 더 이상 승진 기회가 없는 직원들, 사장이 모든 인사권을 틀어쥐고 직원들의 연봉이나 승진자를 독단으로 결정함으로써 부하들에 대해 권한을 상실한 중간관리자들, 회사는 성장하지만 직원들의 급여나 복지는 전혀 나아지지 않아 기회만 되면 다른 회사로 이직하려는 직원들에게서 바로 그 문제의 근본원인을 찾을 수 있었다.

주로 대기업의 사장 출신으로 이루어진 우리 경영자문위원 중에서 나름대로 전공분야가 있기 때문에 각 분야별로 문제를 해결할 수 있는 노하우를 직접 지도하는 것은 당연한 일이지만, 내가 이분들에게 늘 강조하는 것은 '결국은 사람이다'라는 것이다.

기업의 규모와 관계없이 회사의 사장이라는 자리가 얼마나 바쁘고, 사장이 직접 챙겨야 할 일이 어디 한두 군데이겠는가? 하지만 사장이 워낙 바쁘기 때문에 사장이 미처 챙기지 못하는 곳에서부터 문제는 시작되고, 점점 커져 종국에는 경영을 위협하게 되는 것이다. 그래서 나는 나를 찾아오는 분들에게, "바쁠수록 더욱 인사(人事)에 관심을 기울이도록" 충고한다.

　인사관리는 바로 사장을 바쁘게 하는 많은 일들을 직원들에게 위임하여, 그들로 하여금 사장과 똑같은 마음으로 열심히 하게 만드는 일이기 때문이다.

　이 책은 저자가 십 수 년의 인사관리 실무 경험을 토대로, 연봉제를 비롯한 인사관리의 이론과 실제 현장에서의 운영되는 모습을 제법 꼼꼼하게 정리한 것이다. 책에 실린 저자의 풍부한 경험이 수많은 기업 경영자들과 이들을 보좌하는 인사담당자들의 업무에 도움이 되고, 나아가 회사 발전에 도움이 되기를 바라마지 않는다.

오세희

전국경제인연합회 중소기업경영자문단 위원장, 전 LG홈쇼핑 사장

한국 기업의 인사관리의
발전을 기대하면서…

책을 쓴다는 것과 관련해서 회사에서 업무를 수행하면서 가끔씩 느끼는 일이지만, 우리 한국 사람들은 책 쓰는 것을 참 어려워하는 것 같다. 과거 실무자 시절에 인사관리와 관련해서 참고서적을 찾으려고 국내 대형 서점을 다 뒤진 적이 있지만, 대학교재로 쓰이는 인사관리 교과서 몇 권 외에는 찾을 수가 없었다. 90년대 초반 그룹 차원에서 직능자격 제도를 도입하기 위해 일본의 기업사례를 벤치마킹하고 돌아오는 길에 일본의 서점을 들러 참고서적을 찾았던 적이 있다. 거기서 과연, '출판대국' 일본의 모습을 새삼 확인하였다. 대형 서점의 한 코너를 직능자격 제도를 비롯한 인사관리에 관한 실무서적들이 빼곡히 차지하고 있었다. 그 자리에서 내가 구입한 책이 아마도 스무 권 정도는 되었던 것 같다. 물론 그 책들 중에는 부실한 내용으로 전혀 도움이 안 되는 책도 있었지만, 오히려 이런 책조차, 그 책을 쓰는 저자의 용기와 출판이 되고 팔려 나가는 일본의 출판 환경을 보여주는 한 단면이라 할 것이다.

지금이야 실무를 떠나 경영자의 입장에서 실무서적을 찾을 일은 별로 없지만, 한국에서 연봉제가 도입된지 십 수 년이 흐른 요즘, 과연 연봉제에 관한 실무서적이 몇 권이나 나와 있을까?

그래서 이 책의 저자가 인사관리에 관한 실무 책자를 출판하게 되었다는 사실만으로도 한국의 인사담당자의 일원으로서 일단 반가움이 앞선다. 그리고 저자보다 더 많은 인사관리 경력과 경험을 가진 나를 포함한 여러 선배들의 몫을 대신 해 주었다는 생각에 일견 대견스럽기도 하다.

나는 국내 굴지의 대기업의 CHO(인사담당 최고책임자)로서, 이전에는 그룹 회장실에서 그룹의 인사담당 책임자로서 그룹의 인사관리의 발전에 최선을 다해 왔다. 끊임없이 선진 인사관리 제도에 대한 연구와 벤치마킹을 통해 연봉제를 비롯하여 요즘은 거의 모든 대기업에서 일반화되어 있는 역량기반의 인사 제도, 경영자 육성 제도(Succession Planning) 등을 국내 최초로 운영함으로써 한국 기업의 인사관리를 선도해 왔다고 자부한다. 또 하나, 그룹의 인사 발전을 위해 내가 주력한 일은 인사담당자를 육성하는 일이었다. 국내 기업 최초로 인사담당자 육성을 위한 그룹 차원의 인사대학을 설립하였고, 글로벌 초우량기업과의 인사담당자 교류를 활발히 하였으며, 인사담당자의 해외 MBA 연수를 적극 추진하였다. 이러한 그룹 차원의 적극적인 투자와 더불어, LG의 인사담당자는 적어도 인사관리에 관한 한은 국내 최고의 프로라고 감히 자부한다.

저자는 이러한 LG의 선진적인 인사관리를 직접 경험하였고, 새로운 인사 제도를 그룹 차원에서 추진하는 일에 주도적으로 참여하였으며, 십 수 년간 그 제도를 운영한 경험이 있는 베테랑이다. 이 정도의 인사전문가로서 후배들을 위해, 나아가 한국의 인사담당자들을 위해 이런 책을 출판하게 된 것은 어쩌면 당연한 의무를 수행한 것 같은 느낌이 들기도 한다.

　이 책에는 인사관리전문가로서 저자의 면목이 잘 나타나 있다. 기업의 성공을 위해 인사관리가 담당하여야 할 기본적인 사명을 비롯하여 그 사명을 달성하기 위한 구체적인 인사 제도의 설계, 그리고 제도 운영상의 문제와 해결방안 등 경험해보지 않으면 결코 알기 어려운 내용들이 상세히, 논리적으로 잘 전개되어 있다.

　이 책이 기업의 인사담당자들의 역량을 향상하는 데 도움이 되고, 나아가 한국의 인사관리의 발전에 일조가 되기를 기대해 본다.

김영기
LG전자 경영지원부문장, 전 HR부문장(CHO)

들어가면서

인사(人事)가 만사(萬事)다!

대기업이던 중소기업이던 그 규모와 무관하게, 기업의 최고 경영자라면 기업 경영을 하는 동안, 아마도 이 말에 대해 한번 이상은 그 심오한(?) 의미를 깊이 실감해 보지 않은 사람이 없을 것이다. 뛰어난 직원 한 사람으로 말미암아 회사가 괄목할 만큼 발전하고, 애사심이 투철한 직원들의 노력으로 회사가 존망의 위기에서 벗어난 사례는 기업 성공의 역사에 항상 빠지지 않고 소개되는 이야기이다. 비록 매스컴이나 책에 소개될 정도로 큰 성공과 실패를 경험한 기업이 아니더라도 기업을 영위하는 경영자라면, 직원들로 인한 작은 성공과 실패는 일상적으로 겪고 있을 것이다.

그래서 "당신은 인사가 만사라는 데 동의하십니까?"라는 질문을 받는 거의 모든 경영자는 "매우 그렇다"라고 대답할 것이다(이 대답이 나오기까지는 적어도 5초 이상 약간의 시간이 소요된다!).

하지만 질문을 약간 바꾸어 "지금 당신의 회사에 가장 중요한 것은 무엇입니까?"라는 질문에는 아마도 '인사'라고 대답하는 경영자는 거의 없을 것 같다. 매출 확대, 영업, 자금조달, 부품 구매, 신제품개발 등 자기 회사가 처한 경영상의 가장 큰 문제를 제일 먼저 떠올릴 것이다.

왜 이런 괴리가 생기는 것일까?

왜 인사는 만사인데, 또 거기에 대해 누구도 부정하지 못하는 엄연한 현실에서 경영자들의 머릿속은 '사람'에 대한 생각은 없고, 그 '사람'들이 하는 결과, 즉 "매출이 기대만큼 안 오르는 것, 자금 회전이 제대로 안 되는 것, 정해진 기간 내에 신제품을 개발하는 것" 등 이런 일로만 꽉 차 있는 것일까?

2000년대 들어, 삼성의 이건희 회장이 "한 명의 천재가 10만 명을 먹여 살린다"라는 말로 "인사가 만사임"을 강조하고, GE의 잭웰치 회장이 "나는 내 시간의 75%를 사람에 관련된 일에 썼다"는 고백이 있은 후, 많은 대기업의 경영자들이 훨씬 더 많은 시간을 '사람 일'에 할애하고 있지만, 기업의 만사(萬事)를 인사(人事)로 해결하려는 경영자의 노력과 시간은 여전히 부족한 것이 현실이다.

사람에 대한 비용(시간이나 돈) 투입의 관점에서 중소기업의 상황은 대기업에 비해 더욱 열악하다. 중소기업의 경영자는 기업의 많은 현안들을 직접 수행하고 있다. 영업도 직접 해야 하고, 자금 조달도 직접 하여야 하며, 신제품 개발을 위해 직접 연구개발을 수행할 수밖에 없는 현실이다. 그러므로 당장 회사를 돌리기 위한 이들의 역할은 지대하다.

컨설턴트로서 이렇게 바쁜 경영자들을 뵙고, 이들에게 '사람' 이야기를 하는 것은 어쩌면 지극히 사치스럽고 한가한 일이라는 느낌이 들 때가 많다. 사람이 만사라는 사실은 다 알지만, 사장이 뛰지 않으면 당장 회사가 어떻게 될지 모르는 마당에 '웬 사람 타령인가?' 하는 느낌을 받는다.

하지만 안타깝게도, 거꾸로 사람으로 인해 가장 고통 받는 사람 또한 중소기업의 경영자이다. 중소기업에서 한 사람이 맡은 영역은 대기업의 담당자가 맡은 영역보다는 훨씬 크기 때문에, 한 사람이 잘 하고 못하고는 전체 기업 경영에 막대한 영향을 미친다. 또한 숙련된 직원 한 명이 퇴사하면, 그로 인해 사장이 받는 고통은 더 없이 커진다. 여기저기서 업무가 '펑크' 나는 사태를 막을 사람이 없는 것이다. 그러면서도 중소기업의 경영자는 사람에 대해서 별로 고민하지 않는다. 아니 고민할 시간이 없고, 사람일은 항상 경영의 급박한 현안에 밀려나 있다.

믿고 맡길만한 사람이 없어서, 경영자들이 직접 더 많은 일을 챙겨야 하고, 그래서 믿고 맡길만한 사람을 채용하거나 육성하고, 이들을 동기부여하는 데 고민할 시간이 없고, 그럼으로써 그나마 남아있는 인재들은 회사를 떠나거나 사장의 마음만큼 열심히 해주지 않고…. 그래서 경영자는 더욱 바빠지고….

바로 중소기업이 인사에 관해 처해 있는 악순환의 고리이다.

이 책에는 인사관리의 가장 기본이자 핵심인 연봉제와 직위·직급체계, 그리고 인사고과에 대해 기술되어 있다. LG에서 17년, 또 다른 대기업에서 2년, 이후 인사컨설턴트로서 3년, 모두 만 22년 동안 인사관리업무에만 종사해온 '인사쟁이'로서, 수많은 인사 제도의 수립과 운영, 그리고 수많은 시행착오의 경험과 고민한 바를 한 권의 책으로써 정리하였다.

기업의 CEO로서 '사람을 통한 기업의 성장 및 성공'을 달성하는 데는 두 가지 방법이 있다. 하나는 CEO의 개인적 리더십이고, 다른 하나는 인사관리체계이다. 직원들의 열정과 그 열정을 통한 최대한의 성과를 이끌어내는 데 있어 이 두 방법은 상호보완적이며, 또한 인사 제도는 CEO의 리더십 발휘를 위한 인프라가 된다.

새로운 사업을 창업하여 일정한 규모 이상의 기업을 경영해본 CEO라면 누구나 쉽게 이해하겠지만 작은 규모 기업의 경우, 즉 직원이 소수의 경우에는 전 직원에 대해 CEO의 개인적 리더십으로 직원들을 관리하고 동기를 부여하는 일이 그렇게 어렵지 않다. 하지만 사업이 성장하고 규모가 커짐에 따라, CEO가 전 직원 개개인에 대해 직접적인 리더십을 발휘하기가 어렵게 되고, 따라서 중간 계층을 통해 그 리더십을 이양하기 시작할 때, 이때가 바로 인사 제도가 필요한 시점이라고 보는 것이다. 이제는 사장 개인에 의한 관리가 아니라, 사장의 방침이나 리더십 스타일이 충분히 반영된 인사시스템을 통하여, 중간 관리자로 하여금 그 방침을 실행하도록 하는 것이다.

적절하게 설계된 인사 제도는 CEO의 '사람 일에 대한 투입'을 최소화하거나 같은 투입으로서 최대한의 아웃풋을 이끌어 내는 데 일조하고, 직원들의 동기부여를 위한 CEO의 리더십을 발휘하는 데 유용한 도구가 되며, 앞서 말한 중소기업의 인사에 관한 '악순환의 고리'를 끊는 데 크게 도움이 된다.

이 책은 연봉제를 비롯한 인사관리체계를 설계하는 데 필요한 실무서적이다. 직원들을 동기부여하는 데 가장 기본인 직위·직급체계와 연봉제,

인사고과 제도에 대해 상세한 설계와 운영방법이 정리되어 있다.

따라서 기업의 CEO가 이 책의 전부를 독파할 필요는 없을 것 같다. 다만 각 부의 마지막에 두세 페이지로 요약 정리한 'CEO 메모' 정도만 읽고 이해한다면, 사람을 통한 기업 경영의 최고 책임자로서, 실무자가 설계한 제도를 십분 활용하여 직원들로 하여금 CEO가 기대하는 '성과'를 내게 하는 데 크게 도움이 될 것이다.

또한 이 책에는 인사관리의 핵심 제도의 상세한 설계방법(How) 외에, 왜 그렇게 설계되어야 하는지에 대한 목적과 취지(Why)에 대해 인사 이론과 논리적 전말이 상세히 설명되어 있기 때문에, 인사 실무자들이 기업 내에서 인사 제도를 설계하고 운영하는 데 충분한 학습 자료로 활용될 수 있을 것이다.

이 책이 사람 일로 고민하는 CEO, 기업의 인사담당자나 인사에 관심이 있는 학생들에게, 인사관리에 대한 이해를 높이는 데 도움이 되기를 바란다.

이동근 · 곽순달

차례

제3부 연봉제의 설계와 운영

제4부 인사평가 제도의 설계와 운영

제1부
연봉제의
의의

다음 그림은 우리에게 익숙한 영화의 한 장면이다. 하나는 멜 깁슨이 주연한 <위 워 솔저스(We were soldiers)>의 한 장면이고, 다른 하나는 밝힐 필요도 없이 실베스터 스탤론이 주연한 <람보>이다. 내가 본 람보 시리즈 중에서 2편이 제일 재미있었던 것 같다.

군인을 나타내는 영어 단어에 두 종류가 있다. 하나는 일반 병사를 일컫는 솔저(Soldier)와 전사(戰士)로 번역되는 워리어(Worrier)가 있다. 이 그림에서와 같이 람보는 전형적인 Worrier이고, <위 워 솔저스>에 나오는 군인들은 영화제목 그대로 병사이다. 이 Worrier와 Soldier의 가장 큰 차이는 싸우는 방식에 있다.

람보는 혼자 특수 임무를 띠고 적지에 투입되어 누구의 지시 명령도 없이 혼자서 작전을 수립하고 혼자서 싸운다. 반면에 Soldier는 영화에서와 같이 결코 혼자 싸우는 법이 없다. 항상 떼로 몰려다니며 가장 가까이에서는 분대장의 명령을 받

고 좀 멀리는 소대장, 중대장의 지휘 하에 행동한다.

이러한 두 종류의 군인들은 기업의 CEO 와 인사담당자들에게 많은 점을 시사한다.

여기서 람보를 전투 무기로 무장한 전사가 아닌, 오늘날의 지식으로 무장한 지식 근로자로 대입하여 판단해 보라.

① 우리 회사는 Worrier와 Soldier 중 어떤 유형의 직원을 더 필요로 하는가?

② 람보와 같은 직원의 관리를 위해 부·과제가 적절한가? 팀제가 필요한가?

③ 람보와 같은 직원을 내부에서 육성할 것인가? 외부에서 스카우트(경력 채용)할 것인가?

④ 람보에게 연봉을 계약 형태로 지급할 것인가? 아니면 호봉제와 같이 다른 사람과 비슷한 수준의 급여를 지급할 것인가?

⑤ 람보와 같은 직원들을 관리하는 리더십 스타일은 어떤 것이 더 적절한가? 또는 리더의 역할은 무엇인가? 멜 깁슨이 열연한 줄리 무어 중령인가? 아니면 람보를 적극 추천하고 특수임무를 부여한 트로트먼 대령인가?

요약하면 우리의 조직이, 우리 회사의 경영환경이 람보와 같은 Worrier가 필요할 때와 무어 중령이 이끄는 수많은 병사들과 같은 Soldier를 필요로 하는가에 따라 회사의 인사관리 방향은 완전히 달라져야 한다.

제1장 한국 기업의 인사체계의 변화

1. HR 빅뱅

지금 40대 정도의 나이에 있는 회사원이라면 이따금씩 회사 책상 앞에 앉아 '세상 참 많이 변했다'고 아쉬움 섞인 생각을 할 것이다. 오륙도, 사오정, 삼팔선으로 대표되는 요즘 직장인들의 30대 후반, 40대들의 회환 속에는 '옛날에는 이렇지 않았는데…' 하는 80, 90년대에 대한 향수가 짙게 깔려있다.

열심히 그리고 성실히 젊은 시절을 회사에 바친 이들로 하여금 그러한 생각을 하게 만드는 이유는 여러 가지가 있겠지만, 나 같은 '인사쟁이'의 시각에서 보면 그것은 바로 기업들의 인사관리 방식의 변화일 것이다.

90년대 말 IMF 외환위기 사태 이후, 한국 기업의 경영환경은 급속히 바뀌었다. 세계화(Globalization), 세계 공통 표준화(Global Standard), (주)대우의 몰락, 안정적 기업의 대명사인 은행들의 인수합병과 구조조정, 그리고 수많은 중견·중소기업의 몰락과 이에 따른 대량실업 사태 등이 당시의 한국 사회를 상징하는 단어들이었다. 이러한 냉혹한 환경을 거치면서 한국 기업의 인사관리 방식 역시 그 이전에 비해 가히 혁명에 가까울 정도로 획기적으로 바뀌게 되었다. 이른바 'HR 빅뱅(Big Bang)'이다.

IMF 사태 이전에는 굳이 대기업만이 아니더라도 중견·중소기업들까지 회사가 형편만 허락한다면 '내 직원들은 내가 끝까지 데리고 간다'는 소위 종신고용의 태도를 결코 저버리지 않았다. 직원들 또한 입사할 때, '내가 택한 직장, 회사가 나를 버리지 않는다면 내 평생을 다 바칠 것'이라는 종신 충성의 마음으로 회사의 방침에 보답하려 해왔다. 하지만 지금은 어떤 회사도 직원들을 정년까지 책임지려 하지 않고, 마찬가지로 어떤 직원도 자기 직장과 평생을 함께한다는 생각을 하는 사람은 없다. 세상이 이렇게 모질게 바뀌어가는 것은 누구나 이해하는 바와 같이, IT기술에 의해 촉진되는 단일화된 세계시장에서의 무한 경쟁과 그러한 치열한 경쟁에서 살아남기 위한 대한민국 기업들의 처절한 노력이 바로 그 이유일 것이다.

IMF 사태는 한국 사회에 기업과 직원간의 암묵적 합의사항이었던 종신

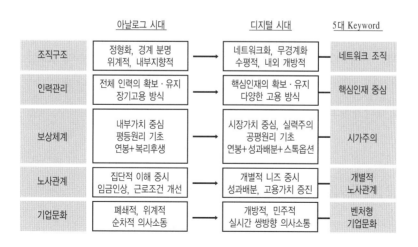

〈그림 1-1〉 HR Big Bang

고용, 또는 종신고용적인 정신을 한방에 날려버렸을 뿐만 아니라, 직원들의 일하는 모습도 현저하게 바꾸어 놓았다. 과거의 부·과(部·課) 조직이 팀 조직으로 변화하면서 90년대 중반까지 과장·부장들이 누리던 결재권, 부하들의 지시감독 권한이 사라지고 이제는 부장이 되어도 직접 기안하고, 서류 복사까지 스스로 해야 하는 일개 실무자로서 일해야 한다. 일명 핵심인재가 아닌 사람은 언제든지 회사에서 나갈 태세가 되어 있어야 하고, 오순도순 화기애애하고 가족 같이 지내던 직원들을 굳이 일 잘하는 사람과 못하는 사람으로 나누어 월급까지 차별을 두고, 그래서 서로 경쟁해야 하는 야박한 세상이 되어버린 것이다. 한편으로 부·과시대의 상명하복(上命下服), 위계적 의사소통 구조는 민주화·평등화 되어, 이제는 신입사원도 감히 부장님, 과장님과 토론하고 자신의 의견을 주장할 수 있는 참 좋은 시대가 된 것이다<그림 1 - 1 참조>. 이런 상황에서 40대의 부장·차장님들이 느끼는 "세상 참 많이 바뀌었다"는 한탄은 지극히 당연한 일이라 할 것이다.

연봉제는 이러한 HR Big Bang의 대표주자로서, 2000년대 한국 기업의 인사관리의 형태를 대표하는 새로운 전통으로 정착되고 있다. 연봉제는 IMF 사태 이전에 경영자들이나 직원들이 가지고 있던 평등주의, 집단주의, 공동체 주의를 개인주의, 경쟁주의, 성과주의로 변화시키는 핵심 도구로서 작용하고 있는 것이다.

2. 한국 기업의 인사체계의 변화

여기서 잠깐, 연봉제에 들어가기에 앞서 한국 기업의 인사체계의 변천에 대해 개괄적으로 살펴보기로 하자. 나 자신이 20년간 '인사쟁이'로서,

직장생활을 하는 동안 각종 인사 제도를 직접 도입하고 운영한 사람으로서 나의 경험을 설명하고자 한다.

내가 입사한 80년대 중반은 LG를 비롯하여 한국의 거의 모든 기업에서 직급별 호봉제를 운영하고 있었다. 또한 선배, 그리고 그 선배의 선배 시대에도 이러한 호봉제를 운영해 왔으니까, 아마도 호봉제의 역사는 한국 사회의 산업화의 역사와 같다고 보면 될 것이다.

당시 LG에서는 급여 또는 직급체계로서 1급~5급까지, 그리고 직책으로서 부장, 과장이 있었고, 직책과 직급은 제도상 분리되어 있었다. 이러한 직급과 직책을 분리 운영하는 것은 지금의 시각에서도 상당히 세련된 인사체계로서 제도상 직급이 1급인 직원은 관리자로서의 부장 직책을 맡을 수도 있고, 아니면 부장이 아닌 그냥 평사원(부서원)으로 명(命)할 수도 있는 체계였다. 하지만 실제 운영상 1급인 평사원은 거의 없었고, 있더라도 일시적으로 대기발령을 받거나 또는 퇴직을 해버리기 때문에 1급 사원들은 전부가 부장의 직책을 맡고 있었다. 마찬가지로 2급 사원은 대부분이 부장 아니면 과장의 직책으로 임명되었다. 따라서 실제 직급, 급여, 직책은 각각이 아닌 한 덩어리로서 동시에 발령을 내는 형태였다. 이러한 직급과 직책의 통합 운영은 LG뿐 아니라 대기업, 중소기업을 막론하고 당시의 아주 일반적인 인사관리의 방식이었다.

이러한 직위와 직책의 통합 운영은 90년대 초부터 인사관리상의 중대한 도전을 받게 된다. 90년대 초반 이전까지 한국의 기업은 소위 고도성장을 구가하던 시절이었다. 기업들의 끝없는 투자와 확대, 성장은 기업 내에서 수많은 과장과 부장의 자리(직책)를 양산하였다. 그에 따라 오히려 자리에 비해 근속 등의 자격이 되는 승진 대상자가 부족한 현상이 지속되었다. 부·과장 대상자들은 일정 자격만 되면 거의 모두가 승진하여 부·과장이 되고, 심지어는 자격이 미달인 사람도 승진시켜 관리자의 자리에 배치하였다. 관리자로의 승진에 따라 직급이 상승하고, 이에 따른 급여의 상승은 아주 자연스럽고 당연한 일이었다. 그러나 90년대 초반을 지나면서 한국의 기업들은 본격적으로 저성장기에 돌입하게 된다. 이렇게 기업들의 성장이 정체됨으로써 더 이상 과거와 같이 조직이 확대되고 이에 따라 부과 조직의 '자리'가 확대되는 선순환은 사라졌다. 승진 기준상 과장이나 부장으로 승진하여야 할 대상자의 수는 늘어났지만, 과거와 같이 이들의 수만큼 '자리'가 제공되지 않음으로써, 이른 바 승진적체 현상이 가속화되었다. 직급, 직책, 급여의 통합 제도 하에서 승진의 적체는 바로 직급의 상승과 급여 상승의 여지를 박탈하는 것으로 이어졌다. 직능자격 제도는 바로 이러한 상황 하에서 이 문제를 해결하는 대안으로서 90년대 초부터 대기업을 필두로 도입되기 시작했다.

직능자격 제도에 대해 여러 가지 설명이 있을 수 있으나, 그 핵심은 직급과 직책을 분리하여 운영하는 것이다. 즉, 과거에는 과장의 자리가 있어야 과장으로 승진하고, 직급도 과장 직급으로 상승하고, 아울러 급여도 상승할 수 있었다. 하지만 이제는 관리자로서 과장의 자리가 아닌 개인의 직무능력이, 일정하게 규정된 과장의 자격 기준에 해당하면, 과장으로 직급과 급여를 상승 – 직능자격 제도에서는 이렇게 직급이 상승하는 것을 승격(昇格 : 자격이 오른다는 의미)이라고 불렀다 – 시킬 수 있게 되었다. 이렇게 직책과 직급이 분리됨으로써 더 이상 과장(課長)이나 부장(部長)은 과의 장(長), 부의 장(長)으로서의 관리자가 아닌 직급으로서, 조직 내부에서의 호칭으로서만 의미를 가지게 되었다. 따라서 이제는 조직과는 완전히 별개로 수많은 과장, 부장을 두는 것이 가능하게 되었다.

또 한편으로 직능자격 제도가 처음 도입될 때는 한 조직 내에 직책을 맡은 부장, 과장과 직책이 없는 부장, 과장이 같이 혼재하던, 약간은 혼란스런 시기였다. 이러한 시기에 등장한 것이 바로 '팀' 조직이다. 기존의 부·

과 조직은 팀이라는 하나의 조직으로 재편되면서 부장, 과장의 계층은 하나로 줄어들고, 팀의 관리자는 자연스럽게 팀장으로 불리게 되었다. 그렇게 됨으로써 조직 내에 혼재하던 관리자로서의 부·과장은 팀장으로, 그렇지 않은 사람은 그대로 부장, 과장으로 불리게 됨으로써 호칭으로 인한 혼란은 정리되었다.

직능자격 제도와 팀제가 거의 비슷한 시기에 도입되면서 발생한 또 하나의 중대한 변화는, 이전에는 일반 기업에서 볼 수 없었던 새로운 직급 호칭이 생겨났다. 즉, 대리 호칭과 차장 호칭이 그것이다. 90년대 초반까지만 하더라도 대리라는 호칭은 주로 금융권에서만 사용되던 호칭이었다. 은행의 대부분을 차지하는 일선 지점에서 지점장을 대리하여 비슷한 권한으로 업무를 처리할 수 있는 지점장 대리의 의미로 대리라는 직급과 호칭을 운영하였다. 일반 기업들이 직능자격 제도를 도입하면서 바로 이 '대리'의 명칭을 그대로 차용하여 기업 내의 직급 호칭으로 정착시키게 되었다. 다음으로 차장은 부장의 다음가는 자리, 즉 부장의 차석(次席)의 의미로 과장과 부장 사이의 직급에 대한 호칭으로 명명되면서 일반화되게 되었다. 당시나 현재도 그렇지만 차장이라는 명칭의 원조는 아마도 검찰조직에서 검찰청장의 차석(次席)의 의미로 사용하던 차장검사의 '차장'일 것이다. 재미있는 것은 검찰조직에서는 검찰청장, 차장검사, 부장검사의 순으로 직위가 설정되어 있어 차장이 부장의 상위 직급이지만, 일반 기업에서는 그 반대로 부장 다음의 직위가 차장이라는 점이다. 현재 우리가 알고 있는 가장 흔한 직급(호칭)체계, 즉 사원, 대리, 과장, 차장, 부장의 호칭은 바로 이 시기에서부터 사용되기 시작하여 2000년대 한국 기업조직의 가장 보편적인 직급 호칭으로 정착된 것이다.

사실 직능자격 제도는 급여 제도라기보다는 직급 제도의 성격에 가까운 것이고, 급여 제도는 이전의 직능자격 등급별 호봉제를 유지함으로써 연봉제가 한국의 인사관리의 기본 체계를 변화시키는 만큼의 대대적인 변화는 아니었다고 볼 수 있다.

이러한 직능자격 제도의 도입과 운영의 물결이 지나가고, IMF 위기 사태를 겪으면서 한국 기업은 본격적인 연봉제 시대를 맞이하게 된다. 오늘날의 연봉제는 90년대에 정착된 직능자격 제도에서의 직급 제도와 '팀제'라는 조직체계를 기반으로 하여 운영되는 급여 제도이다. 물론 직능자격 제도와는 성격이 본질적으로 다른 직무급 제도 하의 직무 등급을 바탕으로 연봉제를 시행하는 회사도 있지만, 뒤에 설명하는 바와 같이 그 외형과 운영에 있어 그 차이는 크지 않다.

3. 연봉제와 경영 성과

연봉제가 무엇인가? 한마디로 '조직 구성원들을 잘 하는 사람과 못하는 사람으로 구분해서 연간 총 급여를 차등하는 것' 이상도 이하도 아니다. 만약 개인의 성과를 구분해서 연봉을 차등하지 않는다면, 그것은 형태나 이름에도 불구하고 연봉제가 아닌 것이다. 거꾸로 어떤 형태로든지 개인의 성과에 따라 연봉에 차등을 두게 되면 그것은 연봉제라고 보아도 무방할 것이다.

이렇게 연봉제는 본질적으로 개인들의 차등적인 성과에 대하여 차등적으로 보상하는 개인별 성과급의 한 형태이다. 바꾸어 말하면, 조직 내의 개인들로 하여금 높은 성과를 달성하게 하기 위해 연봉이라는 보상을 통해 동기부여를 하기 위한 하나의 제도인 것이다. 그렇다면 과연 연봉제가 어느 정도까지 조직 구성원 개개인들의 동기를 불러일으키는데 작용을 할 것인가?

사실 연봉제가 개인의 성과나 경영 성과에 얼마나 영향을 미치는지는 확인하기가 쉽지 않다. 만약 연봉제로 인해 회사의 경영 성과가 올라간다는 것을, 또는 연봉제가 제대로 운영이 안 되어 직원들이 열심히 하지 않게 되고, 그 결과 회사 전체의 경영 성과가 낮아진다는 것을 수치적으로나, 통계적으로나 증명할 수만 있다면, 아마도 연봉제를 담당하는 인사부서, 인사담당자들은 명실공히 조직의 핵심부서로서 자리매김할 수 있을 것이다. 연봉제가 바로 '돈', 즉 매출 확대나 순익의 증대와 연결이 되어진다면, 어느 경영자가 연봉제에 최대의 관심을 쏟지 않을 수 있을 것이며, 연봉제를 훌륭히 설계, 운영하는 인사담당자를 중히 여기지 않겠는가? 하지만 불행히도 아직까지 연봉제를 비롯한 제반 인사 제도에 있어 그것의 경영 성과적 효과를 직접적으로 증명한 사례는 한 번도 본 적이 없다. 영업담당자들의 성과는 그대로 회사의 매출로 이어지고, 생산담당자의 성과는 그대로 생산량이나 납기, 품질 등의 경영 수치로 나타나는 데 반해, 도대체 인사 제도를 수립하고 운영하는 인사담당자의 성과는, 그리고 그 성과가 경영 성과에 미치는 기여도는 어떻게 측정하여야 할까? 바로 여기에 우리 '인사쟁이'들의 딜레마가 있다.

　좀 다른 얘기지만 '일의 성과'를 확인한다는 것은 일의 결과에 대한 성취감을 갖게 해주고, 그 성취감은 일에 대한 또 다른 열정을 불러일으키는 원천이 된다. 영업사원이 까다로운 고객을 대상으로 각고의 노력 끝에 납품 계약을 성사시켰을 때 계약서에 고객의 사인이 그려지는 순간, 바로 그 순간의 희열을 생각해 보라. 그래서 영업사원은 영업이라는 일 자체에서 성취감을 얻고, 그래서 또 다시 그 일에 열정을 쏟을 수 있을 것이다. 하지만 인사담당자의 인사업무는 아무리 해도 표 나지 않고, 잘해도 그만, 못해도 그만인 업무가 대부분이다. 남들이 다하는 연봉제를 도입해 보고자 밤을 새워 검토했지만 영업이나 R&D, 생산에만 관심이 있는 CEO의 말 한마디 "그래 그렇게 하면 회사가 어떤 것이 좋아지는데?", 이 한마디에 그 보고서를 책상 서랍에 처박아버리게 되는 것이 인사업무이다. 연봉제의 도입 목표가 '조직 내 성과주의 문화의 정착'인 것과 같이 인사담당자의 업무 목표는 대개 추상적이거나, 또는 구체적 지표를 개발하여 측정한다 하더라도 그 업무의 성과는 적어도 몇 년에 걸쳐 나타나기 때문에 인사담당자는 그 일에 끝까지 매달려 성과를 확인하려는 열정을 보이기가 힘들어진다. 그래서 대부분의 회사의 경우 일부 대규모 금융업종이나 공무원 조직을 제외하고, 인사담당자의 업무 만족도는 영업부문 등의 타 업무 담당자에 비해 비교적 낮게 나타나는 것이 일반적이다.

하지만 회사에서 '사람'의 중요성이 더욱 증대하고, 더불어 인사관리의 중요성이 증대되어 가는 2000년대의 인사관리 환경은 과거 어느 때보다 인사담당자들에게 호의적이라 할 수 있다. 중소기업이든, 대기업이든 회사의 규모와 무관하게 많은 기업들의 CEO들은 이제는 매출이나 순익 등의 단기적 재무 경영 성과 외에도 이를 장기적으로 뒷받침할 수 있는 내부적인 인적(人的) 역량에 대해서도 지대한 관심을 쏟고 있는 것이 오늘날의 현실이다.

몇 개월 전 연봉제 우수사례를 발표, 공유하는 강좌에서 있었던 일이다. 종업원 100명 규모의 경남 창원에 있는 제조회사에서 온, 아주 스마트한 인사담당자가 자기 회사의 연봉제 사례를 발표했다. 모든 발표자들이 늘 그렇듯이 그 강사도 "질문 있습니까?"라는 말로 강의를 종료하려는 순간, 한 참석자가 날카로운(?) 질문을 던졌다.

"그래서 연봉제를 도입해서 성과가 있었습니까?"

다른 사람은 모르지만, 그 질문에 강사보다도 참석자인 나 자신이 더 긴장이 되는 순간이었다.

'저 강사가 어떻게 이 위기를 넘기나?'

약 10초간 머뭇거리던 강사, 그 질문에 지극히 동의한다는 태도로 다음과 같이 대답했다.

"맞습니다. 오늘 강의를 하러 올라오면서 내내 고민한 것이, 바로 그런 질문과 같은 '성과'에 관한 부분이었습니다. 연봉제에 대한 성과는 꼭 집어서 말씀을 드리기는 어렵지만, 어쨌건 연봉제의 시행 후로 회사의 '관리 지표'가 향상된 건 사실입니다. 원가절감 지표, 품질 지표, 생산성 지표 등이 좋아진 건 틀림없는 사실입니다. 하지만 이 지표의 개선이 꼭 연봉제의 성과라고 자신 있게 말씀 드리기는 어렵습니다."

연봉제를 설계하면서, 그리고 그것을 조직 내에 성공적으로 정착시킨 장본인으로서 연봉제와 경영 성과에 관해 오랜 세월 동안 깊은 고민의 흔적이 묻어나는 가장 멋진 대답이었다고 나는 평가한다.

사례를 소개한 그 담당자는 인사와는 전혀 무관한 컴퓨터 프로그래머였으며, 연봉제의 도입을 담당할 조직 내 최고의 인재로서 특별히 사장의 지시 하에 그 일을 수행하였고, 그리고 멋지게 성공해낸 것이다.

4. 그래도 연봉제는 해야 한다

앞에서 설명한 바와 같이 연봉제가 경영 성과에 미치는 영향을 가시적으로 증명하는 것은 대단히 어려운 일이다. 기업경영이라는 것이 엄청나게 복잡한 활동이고, 따라서 경영의 결과에 영향을 미치는 변수들이 수천, 수만 가지에 이르기 때문에 연봉제라는 하나의 변수와 경영 성과의 상관관계를 밝힌다는 것은 불가능하다고 보아야 할 것이다. 한국 기업에서 연봉제가 본격 도입된지 십 수 년이 지나고, 한국 기업들의 80%에 가까운 기업에서 연봉제를 운영하고 있지만, 아직까지 연봉제를 도입한 회사와 도입하지 않은 회사의 경영 성과를 직접 비교하는 등의 실증적 사례가 한 건도 없다는 사실이 바로 그 불가능성을 반증한다 할 수 있을 것이다.

그렇다면 과연 이렇게 불확실한, 성과 검증도 되지 않은 연봉제를 '조직구성원들의 반발과 도입과정에서의 혼란'이라는 비싼 대가를 치르면서 과연 시행해야 하는 것인가? 그리고 반발하는 직원들을 어떻게 설득하고 추진할 것인가? 또는 이미 연봉제를 시행하는 회사라면, 왜 기업의 CEO들이 연봉제의 운영에 관심을 가져야 할 것이며, 인사담당자들이 '연봉제의 정착'을 위해 그토록 노력해야 하는 것인가?

"어이, 김부장! 지난번에 만난 회사 사장 얘기로 자기네들도 연봉제를 한다는데 우리도 한번 검토해 봐야 하지 않겠어?"

"그냥 남들이 다하니까, 하나의 유행이니까 우리도 연봉제를 한번 해봐야지!"

연봉제 도입을 지시하는 CEO나 그 지시를 구체적으로 실행해야 하는 인사담당자로서, 결코 바람직한 태도는 아닌 것 같다. 적어도 연봉제를 도입하려는, 또는 이미 도입한 CEO나 인사담당자만큼은 '연봉제가 경영 성과에 확실히 기여한다'는 사실에 대해 확신을 가지고 이 제도를 운영해야 한다. 그리고 이것이 인사 컨설턴트로서, 사람으로 기업을 운영하는 CEO에 대한 나의 소망인 동시에 '인사관리'라는 동종업계(?)에 종사하는 이들에 대한 나의 바람이다.

2000년대 현재, 한국의 현실에서 연봉제가 분명히 경영 성과에 긍정적으로 기여한다는 사실은 다음의 두 가지 기반으로 설명할 수 있다. 하나는 경험적 기반이고, 다른 하나는 이론적 기반이다. 여기서 말하는 연봉제는 당연히 '제대로 운영되는 연봉제'인 것은 말할 필요조차 없을 것이다.

1) 오래된 연봉제의 경험 — 판매수당 제도

　판매수당 제도는 급여 제도의 구분상 개인의 성과에 따라 지급되는 개인성과급의 일종으로 그 반대되는 개념은 성과와 관계없이 동일한 금액을 지급하는 정액급여이다. 과거의 호봉제는 모두 이러한 정액급여의 일종이었다. 하지만 연봉제의 핵심이 '차등적인 성과에 대한 차등적인 보상'이라면, 개인의 판매실적에 비례하여 지급하는 판매수당 제도 또한 그 본질에 있어 연봉제와 다르지 않다. 즉, 개별 판매 성과에 대한 인센티브를 지급함으로써 판매활동에 대한 동기를 극대화하는 제도이다. 판매수당 제도는, 예를 들면 자동차판매사원들이 판매 대수에 정확히 비례하여 수당을 지급받고, 보험판매원들이 보험 가입 금액에 따라 그 금액의 몇 %를 지급받는 방식으로 운영된다. 이러한 종류의 인센티브 제도는 그 근원을 알 수는 없지만, 아마도 기업에서 유사한 제품의 판매활동이 존재했던 이래로 운영되었다고 봐도 크게 무리가 없을 만큼 그 역사가 오래된 제도이다. 제품의 성격이나 판매활동의 형태, 회사의 방침에 따라 정액급여인 기본급과 수당의 비율은 차이가 있을 수 있지만, 어쨌건 개인의 판매실적에 따라 판매수당이 지급되어 왔던 것이다. 주로 구미의 영화나 소설에 이따금씩 등장하는 세일즈맨들, 그리고 이들 세일즈맨의 성공담을 담은 성공학 서적들에 등장하는 모든 세일즈맨들은 모두 이러한 판매수당을 받고 있고, 심지어는 공동체주의, 평등주의가 만연했던 한국의 전통적인 기업 문화에서도 이러한 방식의 급여 제도를 통해 판매사원들의 성과에 대한 동기를 자극해 왔던 것이다. 이러한 사실은 결국 판매 수당 방식, 즉 '차등 성과에 대한 차등 보상'이 적어도 판매직 사원에 대한 급여 제도 중에서는 가장 동기부여의 효과가 크고, 그리고 그 효과가 검증된 방식으로 보아도 무방할 것이다.

그렇다면 한국 사회의 전통적 호봉제 하에서도 판매직 사원에 대해서는 예외적으로 이러한 실적급, 성과급적 수당 제도를 운영한 이유는 무엇일까?

그 이유는 한마디로 적어도 자동차나 보험 상품의 판매사원에 대해서는 그러한 제도의 운영이 가능한 '조건'을 가지고 있었다는 것이고, 또 그것이 판매사원의 동기부여에 가장 큰 효과가 있었기 때문이다.

그것은 앞으로 서술하고자 하는 '연봉제의 운영 조건'과 '연봉제의 동기부여 효과'와 전혀 다르지 않다.

심화학습 ❶

연봉제와 수당 제도

연봉제와 판매수당 제도 둘 다 개인성과급이라는 측면에서 동일한 성격의 급여 제도라 할 수 있다. 판매수당과 같은 실적급 또는 성과급 제도를 설계함에 있어 업적에 대해 수당으로 할 것인가, 아니면 우리가 말하는 연봉제로 할 것인가를 잠깐 검토해 보자.

먼저 판매수당과 같이 (현금)수당으로 지급할 수 있는 조건을 보자.

첫째는 판매 행위와 같이 성과에 대한 개인의 기여도를 명확히 측정할 수 있어야 한다. 요즘의 보험 상품판매나 자동차판매 등의 판매 업무를 보면, 사실 개인 사업자에 준할 만큼 개별 판매에 대한 개인의 기여도가 거의 절대적이다. 만약 자동차 한 대를 판매하는 데 있어 그것이 관리자자가 구체적으로 방법을 가르쳐 주었기 때문에 판매가 달성되었다면, 또는 같은 조직의 구성원들의 협조가 필수적이라면 판매수당을 지급할 수 있을까? 또는 지급하더라도 그 금액의 많은 부분을 최종 판매자에게 지급할 수 있을까?

둘째는 판매자는 어떤 가격을 가진 물건이나 서비스를 파는 것이기 때문에 판매실적은, 즉 성과는 바로 금액으로 환산된다. 공장의 생산직 근로자가 생산하는 것 또한 그 제품의 가격이 있기 때문에 생산량에 따른 생산수당을 직접 계산하여 지급할 수 있다. 이와 같이 개인의 성과가 현금으로 직접 환산할 수 있는 경우에는 수당의 형태로 지급하는 것이 연봉제보다 더 공평하다. 하지만 연구 개발자의 경우, 한 제품의 개발에 대한 성과를 어떻게 돈으로 환산할 수 있을까? 아니면 연봉제를 열심히 만든 인사담당자의 성과를 어떻게 돈으로 환산할 수 있을까?

성과급, 실적급으로서의 수당제는 이러한 두 조건을 충족시키는 경우에 있어서만 운영이 가능하며, 또한 이 경우는 연봉제보다는 수당 제도가 더 효과적이라 할 것이다. 물론 두 조건이 충족되지 않는 경우는, 인사고과 – 주로 상사의 정성적 평가에 의존하는 – 의 결과를 기반으로 한 연봉제로밖에 운영할 수 없을 것이다.

2) 연봉제의 이론적 기반 – 동기부여이론

다음으로 보상과 동기부여, 그리고 성과에 관한 이론을 살펴보자. 동기부여이론은 인사담당자라면 누구나 한번쯤은 학습을 하였을 것이고, 또 책자나 인터넷 등 어디서나 쉽게 접할 수 있는 내용이기 때문에 여기서는 연봉제의 토대를 제공하는 몇 가지 이론에 대해서만 언급하고자 한다.

먼저 성과와 동기부여의 관계는 다음 식으로 표현된다. 다음의 식을 서술의 편의상 성과함수라고 하겠다.

$$성과 = 능력(Ability) \times 노력(Motivation) \times 기회요인(Opportunity)$$

심리학자들이 성과와 관련하여 항상 인용하는 이 성과함수는 사람들의 경험과 정확히 일치한다. 흔히 사람의 성과에 대해 이야기 할 때, "김대리 그 친구는 왜 이렇게 실적이 좋아?"라고 묻는다면, "능력이 있잖아요?" 또는 "그 친구 정말 열심히 하는 친구입니다"라는 대답과 함께 또 빠지지 않는 것은 "올해 그 친구 하는 일마다 짱입니다"라는 대답이 돌아올 것이다. 이것 말고 김대리의 실적을 설명할 말이 뭐가 더 있겠는가?

이 공식에서 연봉제와 관련하여 우리가 주목해야 할 것은 바로 노력(Motivation) 항목이다.

동기부여이론은 바로 이 인간의 노력을 끌어내는 요인이나 동기가 부여되는 과정을 연구하는 심리학의 한 분야이다. 연봉제와 직접 관련된 이론으로 빅터 브룸(Victor Vroom)의 기대이론과 J. S. 애덤스의 공정성이론을 들 수 있다.

기대이론을 간단히 설명하면 '개인은 자신의 여러 가지 가능한 행동 전략을 평가하여 자기 자신이 가장 중요시하는 결과를 가져오리라고 믿어지는 행동전략을 선택한다'는 것이다. 즉, 열심히 해서 내가 바라는 보상을 더 받게 되는 것이 확실하다면 개인은 열심히 노력한다는 것이다. 여기서 연봉제의 보상수단인 '더 많은 돈'이 대부분의 직장인들이 바라는 것이라면 연봉제는 개인의 동기부여에 기여한다고 보는 것이 타당할 것이다.

또한 공정성이론에서도 자신의 투입·결과 비율이 타인의 투입·결과 비율과 동일할 때 공정성이 발생하고, 공정성을 느낀 사람은 만족감을 경험한다. 즉, 더 노력한 사람에 대해 더 많은 보상을 주는 것이 개인의 공정성에 대한 만족감을 증대시키고 따라서 더 열심히 노력하게 한다는 것이다.

그래서 연봉제는 차등적인 성과에 대해 차등적으로 보상함으로써, 성과에 대한 개인의 노력을 자극하는 효과가 있다. 거꾸로 차등적인 성과에 대해서 차등적으로 보상하지 않는다면 개인의 동기는 하락하고, 따라서 성과는 낮아진다고 보는 것도 무리는 아닐 것이다.

연봉제의 동기부여 효과를 알기 위해 동기부여이론을 좀 더 살펴보자.

주지하다시피 연봉제는 성과에 대한 공정한 평가와 연봉금액의 직접적 연계를 전제로 하고 있다. 그래서 연봉을 더 받는다는 사실은 '나에 대한 조직의 평가가 높다'는 것을 의미한다. 즉, 조직이나 상사가 나를 '인정'한 것이다. 2요인 이론을 주창한 허즈버그는 이러한 '인정'을 동기요인(만족요인)으로 분류하고 있다.

허즈버그의 2요인 이론

이 이론은 인사관리나 노사관계관리에서도 대단히 중요한 이론이기 때문에 여기서 좀 더 상세히 소개하고자 한다.

허즈버그의 2요인 이론은 '만족의 반대는 불만족'이고 거꾸로 '불만족의 반대는 만족'이라는 전통적 믿음에 대해 의문을 품은 데서 출발하였다. 허즈버그는 피츠버그 지역의 여러 산업체에서 선정한 약 200명의 기술사와 회계사를 대상으로 욕구충족에 관한 연구와 이러한 욕구충족이 동기부여에 미치는 효과에 대한 후속적 연구들을 통하여 다음과 같은 사실을 발견하였다.

하나의 요소가 충분하면 자신의 직업에 만족하고, 그 요소가 부족하면 자신의 직업에 불만족한 것이 아니라, 자신의 직업에 만족하는 이유와 만족하지 못하는 이유가 각각 다르다는 것이다. 허즈버그는 직업에 만족을 불러일으키는 요소를 동기요인(Motivation factors)이라고 하고, 직업에 불만족을 불러일으키는 요소를 위생요인(Hygiene factors)으로 명명하였다. 여기서 병을 예방하는 위생의 기능이 조직에서 불만족을 예방하는 기능을 수행한다는 측면에서 허즈버그는 '위생'이라는 용어를 사용하였다. 허즈버그는 동기요인이 만족되지 않았을 때 그것은 직무 불만족이 아니라 직무 만족이 되지 않은 상태(No job satisfaction)이고, 위생요인이 만족되었을 때 그것은 직무 불만족의 반대인 '직무 만족(job Satisfaction)'이 아니라 '직무 불만족이 일어나지 않은 상태(No job dissatisfaction)'라는 것을 알아냈다. 따라서 허즈버그는 조직 관점에서 동기요인을 증진시키고 위생요인을 제거함으로써 개인의 동기부여를 가능케 한다고 주장했다.

<그림 1-2>에서 보는 바와 같이 좌측 부분은 위생요인이고, 우측 부분은 동기요인이다. 막대기의 길이는 각각의 요인 중 만족, 불만족에 영향을 미치는 크기를 나타내고 있다. 즉, 회사의 정책이나 지침, 관리 통제의 방법이 잘못되었을 경우

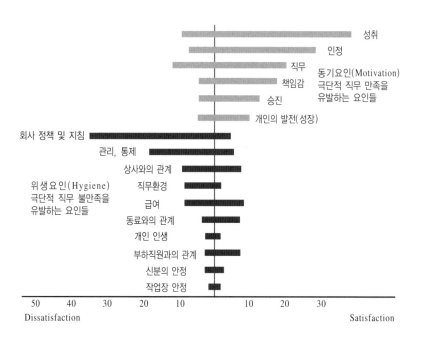

〈그림 1-2〉 Herzberg 2요인 이론의 개별 요인

연봉제를 통하여 실현되는 '인정'에 대한 (심리적) 보상은 그림에서 보는 바와 같이 허즈버그의 동기요인 중에서 성취감과 함께 가장 큰 동기를 불러일으키는 요인이다.

이러한 '인정'에 대해 나의 개인적 경험을 소개하고자 한다. 아마도 독자 여러분도 비슷한 경험을 가지고 있으리라.

내가 80년대 중반 직장생활을 시작한 이후, 처음으로 과장 승진 발령을 받았을 때이다. 그것도 입사동기들 중에서 가장 선두그룹 중의 한 사람으로 승진이 되었다. 그때의 그 기쁨을 어떻게 표현할 지…. 그렇다고 승진하지 않은 동기들한테 미안한 마음에, 사내에서 기쁜 얼굴로 돌아다니기도 힘들었다. 내가 제일 먼저 그 기쁜 사실을 알린 사람은 나의 집사람이다.

"여보, 나 오늘 과장 승진했어!"

"그래, 정말? 정말로 축하해! 그런데…. 월급은 얼마나 올라?"

"……."

"(아니 이 사람이? 내가 승진한 게 중요하지 그깟 월급 몇 푼 오르는 게 문제야?)"

뭐 이런 기분이었다. 그때의 나의 기쁨과 만족감의 근원은, '과장의 급여'가 아니라 '조직의 인정'이었던 것이다. 바로 '당신이 당신의 동기들 중에서 제일 능력 있소!' 하는 인정이다. 그때의 그 만족감, 기쁨은 15년이 지난 지금까지도 나의 기억 속에 생생히 남아 있다.

그렇다면 '급여'라고 하는 현금 보상은 무엇인가? 앞의 그림에 의하면 '급여'는 좌측 막대, 즉 위생요인에 속해있다. 이것은 연봉제에서 말하는 '차등적' 급여와는 다른 것인가?

이에 대한 정답은 같을 수도 있고, 다를 수도 있다는 것이다.

좌측 막대의 급여는 '전반적 급여수준'을 말한다. 호봉제 하에서는 대부분의 사람들이 직급별로 비슷한 급여를 받기 때문에, 개인의 급여는 그 자체로서 회사의 급여수준이 된다. 따라서 급여가 다른 회사에 비해 낮다는 것은, 또는 올해의 급여 인상률이 낮다는 것은 직원들의 상당한 불만을 야기하게 된다. 많은 노사분규가 바로 위생요인으로서의 '급여' 때문에 발생한다는 사실은 바로 이 이론의 증거가 될 수도 있다. 거꾸로 올해의 급여 인상을 많이 시키거나, 회사의 급여가 높다고 해서 "우리 회사는 정말 좋은 회사야. 난 회사를 위해서 정말 열심히 할 거야!"라는 사람을 본 적이 있는가? 혹은 독자 여러분 스스로 그런 동기를 느껴 본 적이 있는가? 대기업에서 높은 수준의 월급을 받는 직원들도 별로 그런 기분을 느끼지는 않는다. 자기 회사보다 더 많이 주는 회사의 급여를 보면 별로 기쁘고 싶지 않은 것이고, 그저 급여에 대해 불만이 없을 뿐이다.

반면에 연봉제에서의 급여는 앞서 설명한 대로 급여의 차이가 '인정'의 표현 수단으로 나타남으로써, 동기요인으로 작용한다. 그래서 급여의 차등금액 자체는 별로 중요해 보이지는 않을 수도 있다. 하지만 1년에 한 번씩은 "너 참 잘했어!" 하는 인정이 수년간 반복되고, 그러면서도 그 인정에 대해 아무런 보상이 없거나, 아니면 아주 적은 차이로 남다른 보상이 주어진다면 그 인정 자체의 동기부여 효과는 급격히 떨어질 것이고, 그러한 적은 금액의 차이에 대해 불만을 가질 수 있을 것이다. '매년 잘한다고 해놓고는 뭔가가 있어야 하는 것 아닌가?' 라는 불만이 야기될 것이고, 이 경우의 급여는 바로 위생요인이 되는 것이다.

제2장 연봉제의 조건

1. 연봉제의 조건

개인성과급으로서의 연봉제가 경험적으로나, 동기이론적으로나 동기부여 효과가 높다는 것은 확실하다. 그렇다면 과연 연봉제가 과거 '우리는 하나'라는 식의 평등주의, 집단주의, 그리고 연공급적 호봉제에 비해 더 동기를 유인하는 효과가 더 큰 것인가? 또한 그렇다면 수십 년 동안 한국 기업이 연공주의적 호봉제를 채택한 이유는 무엇이고, 또한 그러한 한국 기업이 호봉제 하에서도 고도성장을 달성할 수 있었던 이유는 무엇인가? 호봉제를 운영하던 그때의 직원들에 비해, 연봉제를 채택하는 현재의 직원들이 더 열심히 일한다고 할 수 있을 것인가?

여기에 대한 결론은 과거에는 집단적, 연공적 호봉제가 당시의 상황에서 더 적절한 급여 제도였고, 2000년대인 지금은 개인주의적, 성과주의적 연봉제가 더 동기유인 효과가 있다는 것이다.

그 근거에 대해 과거의 호봉제와 연봉제, 그리고 그러한 급여 제도가 직원들의 동기를 최대화시킬 수 있는 당시와 현재의 경영환경의 비교를 통해 살펴보겠다. 아울러 호봉제보다는 연봉제가 더 동기부여 효과를 나타낼 수 있는 여러 가지 경영 내외적인 조건을 찾아보자.

1) 호봉제는 연공주의, 연봉제는 성과주의다?

연봉제를 설명하는 많은 책자나 자료에서 연봉제는 성과주의이고, 호봉제는 연공주의로 서로 대척점에 있는 것으로 설명하고 있다. 하지만 이러한 구분 방식은 적절하지 않은 측면이 있다. 논란이 있을 수 있지만 호봉제가 과거 경영환경에서의 성과주의라면, 연봉제는 2000년대 현재 한국 사회의 경영환경에서 성과주의를 표현하는 또 하나의 방식으로 볼 수도 있다. 즉, 호봉제는 산업화 시대의 성과주의 급여 제도이고, 연봉제는 지식화, 정보화시대의 성과주의 제도라는 것이다.

'한국 사회에서는 나이가 반 벼슬'이라는 말이 있을 정도로 나이 든 사람을 우대한다. 이러한 경로사상(?)을 단순히 나이 든 사람을 공경하는 한국의 전통문화라는 의미를 떠나서, 조직 내 개인의 성과의 관점에서도 그 타당성에 대한 설명이 가능하다. 한국의 또 다른 전통문화적인 이유로 우리 사회는 노동력의 외부시장보다는 내부시장을 발전시켜왔다. 조직에서 필요한 사람을 외부에서 데리고 오는 것이 아니라, 신입사원을 채용하여 장기간의 육성을 통해 기업 내 인력 수요를 충족시켜 왔다. 심지어는 어떤 직무나 직책에 대해 내부 적격자가 없어 빈자리로 두더라도, 감히 외부에서 채용을 하지 않는 경우도 많이 있었다. 그래서 갓 입사한 신입사원의 경우 적어도 수년간, 아마도 10년 정도까지는 자기가 배우는 대부분의 업무지식이나 능력이 관리자나 선배사원에 의해 전수되었다고 보아도 크게 틀리지 않을 것이다. 나 자신도 신입사원 때 사수로부터 대부분의 업무를 배웠고, 대리급 정도에서 나의 목소리를 겨우 낼 수 있었으며, 과장 승진 후에는 부장에게서 또 많은 것을 배우면서 성장했다. 이러한 상황에서 근무경력이 더 많은, 연공이 더 오래된 사람이, 연공이 적은 사람보다 더 많이 알고 더 많은 성과를 낸다고 추정하는 것은 그렇게 무리한 논리는 아닐 것이다. 그래서 연공에 따라 더 많은 급여를 주는 것, 즉 호봉제라고 하는 것이 성과와 연봉의 연계를 무시했다기보다는, 당시의 환경에서 저렴한 비용 – 성과평가에 투입되는 인력과 비용 – 으로 성과에 대한 공정한 보상을 나름대로 충실히 반영한 제도라고 할 수 있다.

근속에 따라 기술이나 기능, 역량이 축적되는 전형적인 조직으로는 군대 조직이 있다. 대한민국 남자라면 누구나 다 인정하는 바와 같이 '일병보다 나은 이병 없고, 상병보다 나은 일병 없는 것'이 군대 조직이다. 이러한 사실은 군인 개개인의 전투력을 평가해 보지 않아도 지휘관이나 사병모두가 경험으로 인정하는 것이다. 이러한 공유된 경험을 무시하고 일부러 개인의 전투력을 평가하고 거기에 따라 조기 진급을 시키는 등의 별도의 보상을 준다는 것은 행정 낭비가 될 수 있을 뿐 아니라, 우리가 연봉제에서 염려하는 팀워크의 저해라는 단점만 부각될 것이다. 그래서 군대 조직은 예나 지금이나 호봉제가 더 적절하고, 그렇다고 그것이 결코 개인의 능력이나 성과를 무시한 제도는 아니라는 것이다.

하지만 2000년대의 한국 기업의 경영환경은 두 가지 점에서 과거의 호봉제가 더 이상 연공에 의한 성과의 향상, 그리고 이에 대한 보상수단으로서 전혀 유효하지 않게 만들어 버렸다.

정보화 시대에서 역량, 능력의 향상

21세기의 인류사회를 대표하는 용어의 하나인 정보화, 지식화의 물결은 그 이전까지 이어오던 선배로부터의 경험의 전수, 연공에 따른 역량의 축적, 이를 통한 성과의 창출이라는 연결고리를 완전히 끊어 버렸다. 이제는 신입사원이 더 이상 선배로부터 배우기보다는 그 선배나 관리자보다 백배나 똑똑한 인터넷 검색엔진이라는 '도사님'으로부터 배우고 있다. 또한 과거에는 요즘과 같은 외부 전문 교육기관이 많지 않았기 때문에, 중소기업의 직원들은 별도의 교육을 받기 힘들었다. 여력이 있는 대기업의 경우에는 사내에서 자체적으로 개발한 집합교육으로 직원들을 교육시켰다. 하지만 이 경우에도 강사들은 대부분 회사 내에서 그나마 뛰어난 관리자로 조달됨으로써, 결국 자기 경험을 전수하는 역할을 담당하였다. 하지만 이제는 수많은 외부 전문 교육과정들이 생겨나고, 직원들은 이러한 교육에 참가함으로써 해를 거듭할수록 선배사원의 능력이나 지식과는 무관하게 자기 나름대로의 능력을 키워갈 수 있게 되었다. 따라서 개인의 능력이나 성과는 연공과는 무관하게, 그리고 선배나 관리자의 능력과도 무관하게 본인의 자질이나 노력의 여하에 따라 개별적으로 결정된다. 이렇게 함양된 개인의 능력과 그에 따른 성과의 차이는 과거와 같이 상사로부터 대부분을 전수 받으며 육성된 개인간의 차이와는 비교할 수 없을 정도로 커질 수밖에 없다.

세계화 시대에서 개인의 성과와 기업의 성과

개인의 능력과 성과와 관련하여 과거와 현재의 또 하나 현저한 차이점은, 개인의 성과가 기업의 경영 성과에 미치는 영향이 이전에 비해 비교할 수 없을 정도로 커졌다는 점이다. 정보화, 지식화와 더불어 또 하나 21세기 인류사회를 규정하는 핵심 단어로 '세계화'가 있다. 세계화에 따라 단일화된 세계시장에서는 한 기업의 똑똑한 1명이 10만 명을 먹여 살릴 수 있다. 한국의 대표적인 IT제품인 휴대폰의 경우 2008년 기준으로 세계시장 규모는 12억 대에 달하고, 금액으로는 대략 120조 원에 이른다. 이 중 삼성과 LG, 팬택계열의 한국 기업 점유율이 30% 정도에 달한다. 휴대폰 단일 모델로 세계시장에서 100만 대, 금액으로 1조 5천억 원 이상 팔려나가는 제품이 한 해에도 여러 건이 탄생하고 있다. 심지어는 500만 대 이상 팔려나가는 모델도 있다. 이러한 밀레니엄 셀러를 탄생시키는 주역들과 그렇지 않은 사람들의 성과의 차이, 그 현격한 차이에 대해 호봉제로서는 도저히 적절한 보상이 불가능하다.

휴대폰 시장의 사례를 좀 더 진전시켜 보자. 세계시장의 규모에 비해 한국의 휴대폰 시장이 큰 편은 아니다. 약 4,000만 대가 보급되어 거의 포화에 다다른 한국시장의 휴대폰 수요는 주로 교체 수요로서 2008년 현재 약 2,000만 대 정도로 추산된다. 세계시장의 약 60분의 1에 불과하다. 만약 글로벌화가 안 된 상황에서 한국시장에서만 삼성이나 LG가 경쟁한다면, 이들의 경영 성과는 현재 세계시장에서 얻는 성과의 60분의 1로 줄어 들 것이다. 즉, 똑똑한 1명이 내는 경영 성과와 그렇지 않은 사람의 차이는 세계시장에서의 성과의 60분의 1, 즉 1.7%로 축소될 것이다. 이러한 논리를 반복해서 과거 90년대 중반 이전의 경영환경으로 되돌아 가보면, 잘하는 사람과 못하는 사람이 회사의 경영에 미치는 영향은 지극히 미미해진다. 즉, 이 시대에는, 비록 능력 있는 사람이 성과를 낸다 하더라도 그것은 겨우 '10명'을 먹여 살리는 수준에 머무를 수 있다는 것이다. 그리고 그보다 약간 못하는 사람은 9명, 그 이하는 8명, 또 그 이하는 1명, 마침내 아주 못하는 사람은 남을 먹여 살리기는커녕 오히려 남에게 얹혀서 사는 정도의 차이를 나타내었을 것이다.

이상을 정리하자면, 과거 90년대 중반 이전의 경영환경에서와 같이, 같은 날 입사한 동기들이 비슷한 수준의 선배나 관리자로부터 경험과 지식을 전수받아 근속에 따라 역량이 축적됨으로써, 개인의 능력 차이가 개인의 자질보다는 근속에 더 많이 좌우되고, 또한 개개인의 성과 차이가 경영 성과에 미치는 영향이 미미할 수밖에 없었던 상황에서는, 호봉제는 나름대로 연공에 따른 성과의 향상에 대한 보상으로서 성과주의를 실현하는 적절한 수단이었다.

반면, 개인의 능력 차이가 근속보다는 개인의 자질이나 노력에 더 많이 좌우되고, 또 그 능력으로 발휘되는 개인의 성과가 경영 성과에 미치는 영향이 엄청나게 커진 2000년대에는 연봉제가 확실한 성과주의의 실현 수단이 되는 것이다.

여기서 결론에 이르기에 앞서 왜 서구 기업은 정보화, 지식화, 시장의 글로벌화가 진행되기 전부터 연봉제를 운영했을까? 그 이유에 대해서는 다음과 같이 설명할 수 있다.

서구 기업의 경우는 애초에 우리와는 달리 개인주의에 따른 외부 노동시장을 발달시켜왔고, 따라서 기업의 많은 직원들이 외부에서 채용한 경력사원으로 구성되어 있다. 이러한 직원들, 즉 경력사원들은 자주 회사를 옮겨 다니는 동안 능력이나 성과에 대한 검증 절차를 거칠 수밖에 없었다. 이미 우리도 경력사원을 채용할 때 그렇게 하듯이, 경력사원의 연봉은 그 사람의 업무 경력 연수도 고려하긴 하지만, 그것보다는 그 사람이 전 직장에서의 발휘한 능력과 성과에 따라 책정하고 있다. 또한 서구의 고용 관행은 우리와는 달리 회사와 개인간의 철저한 계약에 의해 고용관계가 유지된다. 연봉을 비롯한 고용조건에 대한 계약은 수시로 변경되거나 해지될 수 있었다. 이러한 외부 노동시장의 발전과 개별 고용계약이라는 서구기업의 고용 관행에 따라 서구 기업은 일찍이 연봉제 방식의 급여 제도를 활용해 왔다. 정확히 알 수는 없지만, 정보화, 세계화 이전의 서구 기업에서도 개인의 성과에 따른 연봉의 차이는 결코 크지 않았으리라.

결론적으로 해당 기업이 속한 산업에서 외부 노동시장이 발달하지 않음으로써, 외부로부터 인력의 유입이나 내부인력의 유출이 없이, 내부적으로 장기 육성이 유지되는 기업에서는 연봉제의 필요성이 덜할 수 있다. 또한 글로벌 시장에서의 경쟁이 아닌 그보다는 훨씬 규모가 작은 국내 시장에서 독점 또는 독과점으로 운영되는 기업은 그렇지 않은 기업에 비해 연봉제의 필요성은 덜해지고, 과거의 호봉제라는 급여 제도를 비롯한 다른 동기부여시책, 예를 들어 승진이나 종신고용정책 등으로 충분히 성과를 낼 수 있을 것이다.

2) 지식근로자의 출현

연봉제가 2000년대 한국 기업에서 직원들의 동기부여에 더 효과적이라는 것을 설명하기 위해 다시 한번 경영환경의 변화를 언급할 수밖에 없는 것을 이해하기 바란다.

정보화로 촉진된 지식사회는 글로벌화와 더불어 우리의 일하는 모습을 획기적으로 바꾸었다. 지식사회는 전통적 생산의 3요소인 토지, 노동, 자본에 더하여, 가장 중요한 생산 요소로서 '지식'을 제4의 요소로 자리매김 하였다. 지식사회에서는 조직 구성원의 지적 창의력, 아이디어, 상상력이 결합된 소프트적 경쟁력이 기업 경쟁력의 결정 요소로 등장하게 된다. 피터 드러커는 지식사회의 특징으로, "지식이 사람 속에서 구현이 되고, 사람이 갖고 다니며, 사람에 의해 창조가 되고, 사람에 의해 증대가 되고, 사람에 의해 제대로 적용이 된다"고 하여 이러한 일을 하는 사람을 지식근로자라고 하였다.

또한 세계화로 인한 '전 세계적인 단일 시장(Global marketplace)의 형성'은 기업으로 하여금 국경 없는 무한 경쟁에 노출시키고 있다. 이러한 격화된 경쟁 속에서, '경영 의사결정과 실행의 스피드'가 경쟁력 확보의 가장 중요한 핵심과제로 부상하게 되었다. 이러한 21세기 경영환경이 낳은 현대 기업에서 근로자의 일하는 방식과 성과는 과거 산업시대 – 한국으로 보면 90년대 중반 이전 – 의 근로자의 그것과는 판이하게 다르다.

지식사회의 근로자는 각자가 조직의 생존에 필수적인 조직의 능력 또는 경쟁력에 기여하는 개별 경영자이다. 따라서 근로자 개개인은 자신의 업무에 대한 올바른 목표설정과 양질의 의사결정을 할 수 있는 자기 경영(self – management) 능력이 대단히 중요해진다. 이들의 업무는 양으로 정할 수도 없고 또 비용으로 측정할 수도 없다. 오로지 그 결과의 질에 따라 규정된다.

지식근로자의 출현과 범세계적 경쟁에서 요구되는 경영 의사결정과 실행의 '스피드'는 필연적으로 이전 시대의 지시와 통제를 목적으로 한 관료조직(부·과 조직)에 획기적인 변화를 초래하였다. 급변하는 경영환경, 경쟁의 변화에 대응하기 위해 조직은 좀 더 높은 수준의 분권화가 요구되었다. 조직의 결정은 언제나 시장과 고객에 밀착되어 적절한 의사결정을 즉시 내려야 하기 때문에 단위 조직과 개인은 더 많은 자율성을 부여받아야 한다. 지시와 통제 위주의 관리자의 역할은 이제 더 이상 관리자가 아닌 리더로서 업무의 방향을 제시하고, 이들을 동기부여 하는 리더의 역할로 바뀌어 졌다.

이렇게 일에 대한 자기 경영의 책임이 커지고, 부서원의 성과에 대한 관리자, 즉 회사의 기여도가 낮아지는 상황에서, 이제는 부하 스스로가 성과에 대한 책임의 대부분을 져야 하는 것이다. 지식근로자이자 자기 경영자들은 이제 "내가 한 일에 대해서는 내가 했다고 할 수 있으니 내 몫을 따로 주시오"라는 상황이 구축된 것이다.

결론적으로 이러한 지식근로자나 자기 경영의 성격이 강한 업무 담당자에게는 연봉제만이 제대로 보상을 해주고, 동기를 부여할 수 있다. 반대로 해당 기업의 경영상, 글로벌화, 정보·지식화에 덜 노출되어 있거나, 회사가 속한 산업의 기술 발전이 느리게 진행되거나, 시장이 비교적 안정적인 경영환경에서는 과거와 같은 지시 통제적 관료조직이 더 유효할 수 있고, 따라서 연봉제의 동기부여 효과는 현저히 줄어든다. 개인성과에 대한 책임의 많은 부분이 관리자나 조직, 또는 회사가 제공한 설비나 장비에 의존하는 한, 집단 평등주의의 강점을 가지고 있는 호봉제가 더 적절한 제도라고 할 수 있다.

3) 직원들의 욕구 수준

앞에서 서술한 바와 같이 직원들의 동기부여를 위한 연봉제의 핵심 보상 수단은 '인정'과 그에 따른 '차등적 급여'이다. 과연 이러한 보상 수단이 모든 사람에게 강한 동기를 불러일으킨다고 할 수 있을 것인가?

다음 그림은 동기이론분야를 최초로 개척한 매슬로우(Abraham Maslow)의 욕구 5단계를 나타낸 그림이다. 매슬로우의 주장의 핵심은, 인간의 욕구수준은 5단계로 나눌 수 있고, 각각의 하위 욕구가 충족되어야 비로소 상위의 욕구로 나아간다는 것이다.

이 이론은 이후 학자들의 비판에도 불구하고 여전히 그 내용이 단순하고, 사람들의 정서에 상당부분 부합한다는 측면에서 널리 인용되고 있다.

이 욕구 단계에 의하면

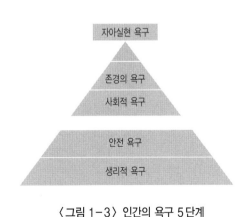

〈그림 1-3〉 인간의 욕구 5단계

연봉제의 '차등적 급여'를 통한 '인정'의 욕구는 위에서 두 번째의 존경의 욕구에 속한다. 매슬로우에 의하면 사람들이 존경의 욕구를 가지기 위해서는, 즉 인정이라는 보상을 기대하기 위해서는 그 아래 단계의 욕구인 생리적, 안전, 사회적 욕구들이 채워져야 한다는 것이다.

결국 과거의 90년대 중반 이전 직장인들의 욕구 수준과 2000년대의 욕구 수준의 차이에 따라 호봉제가 동기부여에 더 효과적이냐, 아니면 연봉제가 더 효과적인가를 판단할 수 있을 것이다.

90년대 초반, 인사담당자 시절 나의 사수가 내게 들려준 말이 아직도 기억난다.

"요즘 친구들은 뭐가 그렇게 불만이 많은지 모르겠어. 80년대 초까지만 하더라도 대한민국에서 제일 좋은 회사는 ××통신이었어. 왜 그렇게 그 회사가 좋은 줄 알아? 바로 월급을 제때 주었기 때문이야. 그래서 그 회사에 입사하는 직원들은 그 좋은 회사에서 오래 버티는 것을 최대한의 목표로 열심히 일했지. 시키면 시키는 대로 뭐든지 했어. 불만할 게 뭐 있어, 월급 제때 준다는데…."

이 말이 어느 정도 사실인지는 알 길이 없으나, 당시 한국 기업에서 직원들의 욕구단계는 적어도 욕구 5단계의 하위 1, 2단계를 크게 벗어나지 못했다는 하나의 정황은 될 수 있을 것이다.

이러한 상황에서 대부분의 회사원들에게는 1, 2단계의 욕구를 채워주는 것이 가장 중요한 동기부여수단일 수 있고, 조직적, 사회적 인정이니, 존경이니, 성취감 등의 욕구는 하나의 사치일 수도 있었을 것이다. 이러한 관점에서 연봉제에 의한 차등적 보상보다는 호봉제에 의한 집단적 급여 관리 방식이 더 적합했다고 할 수 있다.

하지만 2000년대 한국 사회를 살아가는 대부분의 직장인들의 욕구 차원은 적어도 1, 2단계의 차원은 벗어났다고 보아도 무방할 것이다. 물론 회사의 상황에 따라 급여를 제때 주기도 힘든 회사도 있고, 언제 문을 닫을지 몰라 전 직원들이 전전긍긍하는 회사도 있을 수 있다. 즉, 직원들의 가장 낮은 차원의 욕구인 생리적 욕구나 안전 욕구조차 충족시키지 못하는 것이다. 하지만 적어도 평균수준 이상의 급여를 안정적으로 지급하는 회사라면 직원들의 욕구는 그 다음의 단계인 '존경의 욕구'에 와 있다고 해도 별 무리가 없을 것이다. 그래서 2000년대 이후, 이제는 연봉제가 동기부여에 더 효과적인 제도라 할 수 있다.

"박태환은 25일 수영 세계선수권대회 자유형 400m를 제패한 뒤 시상대에서도, 기자회견에서도 내내 밝았다. 당당한 체구에 잘생긴 18세 고교생은 감격의 눈물 같은 건 비치지도 않았다. '초밥을 좋아해서 경기 전에도 먹었다'고 했다. 사람들은 그에게서 '한국 스포츠의 진화'와 함께 '한국인의 진화'를 보았다. 20여 년 전 아시안게임 3관왕에 오른 17세 소녀가 '라면만 먹고 달렸다'는 보도에 우리 모두의 가슴이 아렸던 것과는 사뭇 다른 감회다. (중략)

한국을 빛낸 요즘의 '젊은 그들'은 배고파서 달리고, 배고파서 헤엄치고, 배고파서 권투 글러브를 끼었던 앞선 세대와는 다르다. 좋아하기에 힘든 훈련을 마다 않고 좋아하기에 온몸을 던진다. '헝그리 스포츠' 시절을 뒷받치던 '배고픔의 힘'을 넘어서는 뭔가가 거기 있는 것이다. 달리지 않으면 안 되기에 달려야 했던 시대에서 좋아하기에 아무리 힘들어도 달리는 시대로의 변화, 이 변화가 대한민국의 새로운 동력(動力)이다."

(2007년 3월 27일 <조선일보> 사설)

20년 전 86아시안게임 3관왕에 오른 17세 소녀가 '라면만 먹고' 달렸던 시대와 그저 좋다는 이유로 힘든 훈련을 마다하지 않았던, 그래서 수영 세계챔피언이 된 박태환이 있는 현재는 그들에게 동기를 부여하는 인사관리 제도도 달라야 하는 것은 너무도 명백하다.

(참고로 이 책의 원고를 교정하는 오늘 (2008년 8월 10일) 박태환은 베이징올림픽 자유형 400m에서 금메달을 획득하면서 온 국민, 아니 세계 수영계의 영웅이 되었다.)

결론적으로 급여수준이 한국 기업의 평균 수준보다 현저히 낮은 회사라면, 또는 경영이 불안하여 직원들의 안전 욕구를 채워주지 못하는 회사라면 연봉제보다는 집단주의, 가족주의의 순기능을 발휘할 수 있는 호봉제가 더 적합할 것이다. 이런 회사에서의 연봉제는 오히려 집단, 공동체 의식의 약화, 개인우선주의 등 연봉제의 폐단만 발생하기가 쉽다.

4) 연봉제의 조건

지금까지 연봉제가 제대로 작동하여 조직의 성과로 연결되는 조건과 연

〈표1-1〉 연봉제가 효과적인 조건

구분	연봉제가 더 효과적인 조건	연봉제가 덜 효과적인 조건
고객·기술의 변화	급변하는 상황	비교적 안정적 상황
참여 시장	세계시장	국내시장
경쟁	치열함	비교적 낮은 경쟁(독과점)
역량개발	인터넷이나 외부 기관, Self-Development 등 개인에 의존	내부 선배, 관리자의 전수에 의존
업무 형태	자기 경영적 업무 형태 개인 스스로 성과에 책임	상사의 지시나 감독에 의한 업무 팀워크에 의존하여 성과 발휘
경영 상황	비교적 급여수준이 높고, 안정적 경영 상황	급여수준이 낮고, 불안정한 경영 상황
노동시장	외부시장의 발달로 인력의 출입이 잦음	사내에서 필요한 인력 조달

봉제의 효과가 별로 발휘되지 않거나 호봉제가 더 효과적인 여러 가지 조건들을 살펴보았다. <표 1 - 1>은 이상의 조건들을 요약한 것이다.

종합하건대 연봉제와 호봉제 중 어느 것이 더 효과적이냐 하는 것은 해당 기업의 직원들의 욕구 수준, 그 기업이 속한 산업의 특성 및 환경, 그에 따른 조직형태나 업무형태에 따라 판단해야 할 것이다. 하지만 앞으로의 경영환경은 결코 과거와 같은 호봉제를 유지하도록 내버려두지 않을 것은 자명하다. 정보화, 지식화, 세계화는 지금보다는 더 빠른 속도로 진행될 것이며, 한국의 어떤 기업도 장기적으로 이러한 매가 트렌드에서 벗어날 수 없을 것이기 때문이다.

그리고 마지막으로 덧붙이고 싶은 것은, 연봉제든 호봉제든 그것은 보다 상위의 개념인 인사정책이나 방침 그리고 보상체계나 직급체계 등의 하위 시스템으로서 급여 제도라고 하는 일부분에 지나지 않는다. 따라서 급여 제도는 그 자체로서 단독으로 존재하기보다는 그 제도를 둘러싼 상위의 인사체계와 연계되어 직원들의 의식이나 행동에 영향을 미치게 된다. 즉, 호봉제는 90년대 중반 이전 당시의 종신고용 방침, 내부 육성, 내부 승진, 나아가 집단 평등주의적 기업문화라는 인사관리 환경과 인사정책들과 결합하여 직원들의 동기를 최대한 끌어내는 데 성공함으로써, 한국의 고도성장을 가능하게 한 대표적 급여 제도로서 활약하였다. 연봉제를 도입하고 운영함에 있어서도 단순히 호봉제라는 급여 제도의 변경뿐 아니라, 호봉제를 둘러싼 앞서 설명한 인사 방침, 정책, 기업문화의 긍정적 요소들을 어떻게 변화시킬 것인지를 진지하게 고민하여야 할 것이다.

2. 연봉제의 한계

이상에서 살펴본 바와 같이 연봉제는 경영 성과에의 기여도를 수치로 보여주지 못하는 한계에도 불구하고 일정 수준 개인의 동기를 자극하여 더 열심히 일하게 하는 효과가 있고, 따라서 더 큰 성과를 이끌어낸다는 것은 확실하다. 그렇다면 인사관리체계 전반에 있어 개인의 성과라는 부분에 연봉제가 기여하는 역할은 얼마나 될까?

<그림 1-4>는 앞에서 설명한 성과함수와 그것을 담당하는 인사관리의 영역을 표현한 그림이다. 그림의 성과함수에서 보는 바와 같이 개인의 성과는 능력과 노력에 의해 결정된다. 이 중 좌측 요인, 즉 개인의 능력을 책임지는 영역은 인재육성(HRD : Human Resource Development)의 영역이다. 또한 여기서 말하는 능력은 특정 직무의 수행 능력을 말하는 것으로서, 개인의 능력과 직무를 매치(Match)시킴으로써 개인의 특별한 능력을 발휘할 수 있는 기회를 제공하는 일, 즉 적재적소(適材適所)의 배치를 포

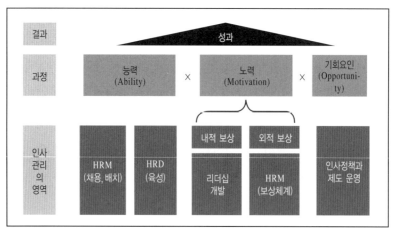

〈그림 1-4〉 동기부여의 방법

함한다. 이는 인사관리(HRM : Human Resource Management)의 영역이다. 성과함수의 우측 변수, 즉 동기를 끌어내는 역할은 인사관리(HRM)의 영역에 속한다. 동기부여를 책임지는 또 다른 영역으로 리더십(Leadership)이 있다.

사람의 동기를 부여하는 보상의 종류에는 내적 보상과 외적 보상이 있다. 연봉제나 호봉제와 같은 급여 제도, 승진ㆍ승급 제도, 복리후생이나 근로환경과 같은 근로조건 등 회사에서 직원들에게 제공하는 일체의 보상은 외적 보상에 속한다. 반면 내적 보상은 개인 스스로가 느끼는 일에 대한 재미, 성취, 보람, 일을 통한 능력의 향상에 따른 희열 등 주로 심리적 보상을 말한다. 21세기의 경영환경에서는 외부에서 물질이나 돈 등으로 보상하는 외적 보상보다는 내적 보상이 사람들에게서 높은 수준의 노력, 즉 열정을 이끌어내는 데 효과적인 보상수단이라는 것이다. 앞에서 소개된 동기부여이론으로 설명하면, 외적 보상은 매슬로우의 욕구 5단계에서, 주로 하위 욕구를 충족시키는 보상의 수단이며, 허즈버그의 위생요인에 속한다. 반면 내적 보상은 욕구 5단계의 상위 욕구를 충족시키는 보상 수단이며, 허즈버그의 동기요인에 속한다. 직원들에 대한 과거의 동기부여 방법이 인간에 대한 외적 보상에 중점을 두었다면, 현대에서는 외적 보상은 물론이고 내적 보상을 통한 동기부여를 강조하고 있다.

그런데 문제는 내적 보상이라고 하는 것 자체가 일 자체에서 발생하는 개인적, 심리적인 문제이기 때문에 외적 보상을 중심으로 설계된 인사 제도로서는 상당한 한계를 갖는다는 것이다. 결국 내적 보상은 일에 임하는 본인의 태도나 자세에 의해 주어지며, 또한 개인에게 일을 배분하고 지휘함으로써 개인의 태도나 자세에 가장 큰 영향을 미치는 현업의 리더들에 의해 주어지는 것이다. 즉, 리더십의 문제이다. 90년대 중반 이후 한국 기업의 인사관리에서 리더십 개발이 그렇게 강조되고 있는 것도 바로 이 때문이다.

지난 92년 초 나는 미국의 코비 리더십센터(《7 habits》의 저자인 스티븐 코비가 세운 기관)에 벤치마킹 겸 리더십 교육과정에 참여한 적이 있다. 열흘간의 교육기간 동안 내내 리더십의 중요성과 리더십 개발을 위한 여러 가지 리더의 행동 요령에 대해 교육을 받았다. 하지만 교육에 참가한 우리 모두의 교육 후일담은 '미국에서는 왜 그렇게 리더십이 중요한가?' 라는 의문이었다. 참석자들 대부분이 대기업의 인사담당 부장, 과장인 사람들이지만, 당시 한국의 대기업에서조차도 리더십이라는 말에 대해 거의 한 번도 주목해본 적이 없었던 것 같다. 하지만 그로부터 불과 5년쯤 뒤, 한국 기업의 인사관리에서도 리더십이 본격적으로 주요 테마로 등장하기 시작했고, 리더십 개발을 위한 전문 교육 기관도 속속 생겨났다. 이렇게 한국 기업에서 리더십이 부각되기 시작한 것은, 기업 내에서 부·과라는 전통적 관료 조직이 팀 조직으로 변화되고, 연봉제가 도입되고, 지식근로자가 늘어나는 등의 HR Big Bang과 완벽하게 그 맥을 같이 하고 있다.

> "나는 리더십이 어떤 직위가 아니라 다른 사람의 가치와 잠재력을 일깨워줌으로써 그들이 스스로 그것을 실현하기 위해 노력하도록 하는 일임을 알게 되었다. 리더십이야말로 '동기부여의 예술'인 것이다." – 스티븐 코비

현대 기업에서 외적 보상보다 더 큰 동기부여의 수단이 되는 내적 보상의 주체는 바로 리더십인 것이다.

갑자기 리더십 이야기를 너무 길게 서술한 감이 있으나, 결론적으로 연봉제는 개인의 성과를 향상함에 있어 인사관리의 전 영역, 즉 HRD, 리더

십, HRM의 세 영역에서 HRM에 속하는 하나의 급여 제도이며, 그 한정된 범위 내에서 개인의 성과 향상에 기여한다는 것이다. 그것도 연봉제를 제대로 운영한다는 것을 전제로 말이다.

따라서 연봉제도 하나를 도입했다고 하여, 개인의 성과가 갑자기 향상되고, 나아가 회사의 경영 성과가 갑자기 좋아질 것을 기대하는 것은 애초에 어려운 일이다. 그렇다고 하여 그 기여도를 정량적으로 측정할 수 없지만, 몇 가지 조건 하에서 분명히 개인의 동기부여에 효과가 있는 연봉제를 하지 않는 것도 어리석은 일이 아닐 수 없다.

연봉제는 개인의 성과 향상을 위한 충분조건은 아니지만, 필요조건인 것은 분명하다. 개인의 성과 향상, 나아가 이를 통한 경영 목표의 달성을 바라고 바라는 기업의 CEO나, CEO의 의지를 제도로서 구체화시키는 일을 주된 임무로 하는 인사담당자들은 연봉제뿐 아니라 인재육성, 리더십 개발, 그리고 외적 보상을 위한 새로운 보상 제도, 그리고 내적 보상을 자극할 수 있는 비전의 설정, 권한의 위임, 민주적 조직문화 등에도 관심을 가져야 할 것이다. 그리하여 개인의 성과와 관련된 이러한 종합적인 시각 하에서 여러 가지 구체 과제를 도출하고, 이러한 과제들의 우선순위를 정하여 연봉제의 도입과 운영에 쏟는 노력과 똑같은 크기의 노력으로 매진해야 할 것이다.

심화학습 ❸

내적 보상, 외적 보상

현대 심리학이 발견한 여러 가지 사실에 의하면 인간의 열정을 끌어내는 것은 외부에서 주어지는 물질적, 근로 조건적 보상인 외적 보상보다 일 자체에서 오는 일에 대한 재미, 성취, 보람 등의 내적 보상이라는 것이다. 그렇다고 외적 보상이 중요하지 않다는 것은 아니며, 내적 보상과 외적 보상은 서로를 지지하는 상호보완 관계에 있다는 것이다. 경제적, 물질적 문제로 생계나 생존이 위협받을 때는 외적 보상이 더 중요하고, 이 문제가 해결된 이후에는 내적 보상이 사람들의 열정을 이끌어내는 데 더 중요해진다는 것이다.

현대사회에서는 심리학적 측면과 사회 경제적인 측면에서 내적 보상이 더 중요한 시대이다. 여기서는 그 핵심 내용만 추려서 정리하였다.

① 사람에 대한 현대 심리학의 발견들

1980년대 이후 행해진 여러 가지 심리학적 연구 결과는 1920년대 이후 산업사회를 지배해온 인간에 대한 경제적, 합리적 가정과는 많은 차이를 보여주고 있다.

첫째, 사람들은 일에서 **돈 이상의 것**을 추구한다.

일로부터 얻을 수 있는 가장 중요한 보상은 대부분 남을 돕는 것과 같은 '개인의 경제적 이해를 초월한 동기'에서 나온다는 것이다.

둘째, 사람들은 지금 **이 순간의 즐거움**을 중요하게 여긴다.

'합리적 의사결정 모델'에서는 사람이 어떤 행동을 선택할 때 그 행동의 결과로서 주어지는 미래의 보상을 기대하고, 그 보상을 극대화하기 위해 노력하기로 결정한다는 것이다. 따라서 현재의 이 순간은 미래가 바람직한 것이 되도록 이성적으로 계산하고 결정을 내리는, 그리고 그 바람직한 미래를 위해 참고 견디며 노력하는 시간이라는 것이다. 하지만 사람들은 지금 이 순간에 보상을 얻거나 즐기는 경험을 중요하게 생각한다는 것이다.

셋째, 긍정적인 감정은 활력의 원천이다.

합리적 모델에서 감정은 미래에 보상으로 받을 품목으로 치부된다. 감정은 합리적 의사결정을 위협하는 것으로 인식되고, 따라서 통제되어야 하는 것이다. 그러나 최근의 강화모델에서 **감정은 동기의 핵심에 위치한다.** 기본적으로 내적 보상은 긍정적인 감정을 이끌어내고 긍정적인 감정은 일에 활력을 불어넣어 준다는 것이다.

넷째, 옳은 일을 하면 기분이 좋아진다.

합리적 모델에서는 행동은 목적을 위한 수단이고, 예측되는 결과를 바탕으로 선택된다. 예를 들어 세금을 포탈할 것인가를 결정함에 있어 도덕적 판단을 제쳐두고, 그 일을 하면 '얼마나 죄책감을 느낄 것인가?'와 '얼마만큼의 포탈 금액이 그 죄책감을 상쇄할 것인가?' 하는 이성에 따라 결정한다는 것이다. 하지만 사람들은 자기의 돈을 들여서라도 옳은 일을 하려고 하며, 개인적으로 받는 손실과 관계없이 도덕적으로, 윤리적으로 옳은 일을 한다는 자부심을 주는 일도 있다. 이것 또한 내적 보상이다.

② 사회 경제적 환경의 변화

80년대까지의 산업화 시대에 기업은 근로자에게 오직 순종을 요구하였고, 그에 대한 보상으로는 돈이나 각종 복리후생이면 충분했다. 이른 바 외적 보상이다. 기업은 단단한 위계체계로서 근로자들을 가까이서 감독할 수 있었고, 근로자의 성과는 비교적 손쉽게 눈에 띌 수 있었다. 기업은 복잡하고 잘 짜여진 업무절차나 직무 기술서를 가지고 있었고, 근로자에게는 이 기준에 따라 기계적 이행만을 요구하였다. 하지만 지식사회 이후 등장한 지식근로자들에 대해서는 회사의 면밀한 관리와 감독, 세세한 규정으로 직원들의 일과 성과를 통제하는 것은 더 이상 어렵다. 근로자는 일에 대한 보다 많은 자율권을 가지고 스스로 목표를 설정하고 스스로 방법을 찾아서 일을 해야 하는 자기 경영(self - management)이 필요해진다. 자기 경영은 더 높은 수준의 자발적 행동과 헌신을 요구한다. 이는 외적 보상이 제공하는 수준보다 더 큰 열정과 만족이 있어야만 가능하다. 자기 경영적 지식근로자들은 전반적으로 일에서 만족을 얻고 보상을 받는다. 일 자체에서 재미를 얻고, 그 성과로서 성취감을 만끽하며 일에서 자신의 존재감을 확인하고 자아를 실현하는 것이다. 이것이 내적 보상이다. 내적 보상은 누가 외부에서 주는 것이 아니라 스스로가 스스로에게 보상하는 것이다.

<케네스 토마스 저 《열정과 몰입의 방법》에서 발췌>

3. 연봉제와 인사체계

연봉제는 그 이름 자체로는 급여 제도 중의 하나이지만, 급여 제도 하나만으로 연봉제가 운영된다고 믿는 사람은 아무도 없을 것이다. 우선적으로, '잘하는 사람과 못하는 사람을 구분하여 그 성과에 따라 차등적으로 보상하는 제도'가 연봉제이기 때문에 당연히 잘하는 사람과 못하는 사람의 성과를 평가하는 성과평가체계가 있어야 할 것이다. 또한 뒤에서 설명을 하겠지만 전체 인사관리체계에서 급여체계는 직급체계의 하위 체계이다. 따라서 급여체계를 변경함에 있어 상위의 직급체계를 변경 또는 정비하지 않고서는 제대로 된 연봉제를 운영할 수가 없다. 나아가 이러한 직급체계를 운영하는 제도, 즉 승진 또는 승격 제도 또한 정비가 필요할 것이다. 승진 또는 승격 제도는 연봉제와 더불어 개인의 성과에 대한 차별적 보상수단으로서 회사가 구사하는 가장 강력한 동기부여 제도이다. 그래서 직원들의 동기부여를 논함에 있어 연봉제가 승진 제도와 더불어 종합적으로 검토되는 것은 필수적이라 할 것이다. 아울러 연봉제가 개인성과급 제도라면, 조직이나 집단의 성과급에 대해서도 검토가 뒤따라야 할 것이다. 집단 성과급 제도는 연봉제와 개인의 동기에 작용하는 것과 똑같은 과정을 통하여, 집단 목표 달성을 위한 동기를 부여하는 제도인 동시에 개인주의, 또는 개인간의 지나친 경쟁이라는 연봉제의 단점을 보완하는 방편이 되기

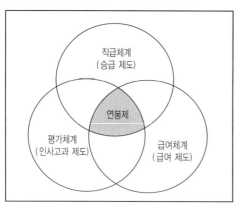

〈그림 1-5〉 연봉제와 인사체계

도 한다.

  이 책에서는 제일 먼저 인사관리체계의 근본이 되는 직급체계에 대해 서술하고, 다음으로 연봉제의 급여체계, 그리고 두 체계를 운영하는 데 기본이 되는 성과평가체계, 마지막으로 집단 성과급에 대해 서술되어 있다. 각 체계나 운영에 필요한 제도의 설계 방법뿐 아니라 그 제도를 성공적으로 운영하기 위해서 CEO가 알아야 할 기본적인 개념이나 의의, 그리고 이를 구현하는 인사담당자의 역할과 운영 포인트를 정리하였다.

1. 연봉제는 2000년대
한국 기업의 대표적인 인사관리 수단이다.

1993년 두산기업의 연봉제 도입을 효시로 하여, 한국 기업에 연봉제가 도입된지 15년이 지난 2008년 현재, 한국 기업의 80% 정도가 연봉제를 운영하거나 적어도 연봉제를 표방하는 것으로 추정되고 있다. 이제는 외부의 입사지원자에게 연봉제를 하지 않은 기업은 왠지 시대에 뒤떨어진, 보수적이고 CEO가 인재에 대한 관심이 별로 없는 기업인 듯한 그런 느낌을 주는 것이다. 그래서 이제 연봉제는 더 이상 선택사항이 아니라 필수사항이 된 것이다.

2. 왜 연봉제를 해야 하나?

급여 제도는 직원들의 동기를 유발하는 강력한 보상수단이다. 급여 제도로서 호봉제는 전 직원이 연공에 따라 집단적으로 급여가 상승되는 제도이다. 반면에 연봉제는 근속과 무관하게 철저히 개인의 성과에 따라 급여를 차등화하여 지급하는 제도이다.

90년대 중반 이전까지 수십 년 동안 한국의 기업에서, 직원들의 보상 제도로서 충분히 제 기능(직원들의 동기부여)을 발휘해 왔던 호봉제의 자리를 연봉제가 대신하게 된 이유는 2000년대 이후에 본격화된 경영환경의 변화와 인사관리 환경의 변화에서 찾을 수 있다.

1) 더 이상 직원 개개인의 능력은 연공(근속연수)에 비례하지 않는다.

90년대 중반 이전까지 직원들의 직무 역량은 대부분 같은 조직에 있는 선배나 상사로부터 전수되었다. 하지만 인터넷에 익숙한 21세기의 직원들은 더 이상 선배들에게 의존하지 않는다. 인터넷에는 이들의 선배들보다 몇 배나 뛰어난 검색엔진이라는 '도사님'이 계시기 때문이다. 또한 자기가 수행하는 직무와 관련하여 최고의 전문가로부터 직접 배울 수 있는 수많은 전문교육과정이 운영되고 있다. 그래서 21세기에는 개인의 능력은 근속에 비례하기보다는 개인의 인터넷 능력이나 관심, 노력에 따라 현저히 달라질 수가 있다.

2) 개인에 따라 성과의 차이가 현저하게 나타난다.

90년대 이전의 개인이 발휘하던 성과의 차이는 그 능력의 차이만큼이나 크지 않았다고 한다면, 21세기의 세계화된 경영환경은 개인의 성과 차이를 상당 수준 확대시키고 있다. 그 원인으로 다음의 두 가지를 들 수 있다.

① 세계화로 인해 격화된 경쟁 속에서 '경영 의사 결정과 실행의 스피드'가 기업 경쟁력 확보의 가장 중요한 핵심과제로 부상하게 되었다. 과거 직원들의 지휘 관리를 위주로 하던 부·과제가 붕괴되고, 직원들의 자율적 의사결정과 실행을 강조하는 팀제로 전환되었다. 개인의 성과는 더 이상 상사의 역량이나 지시에 의해 제한되는 것이 아니라, 개인의 능력과 열정에 따라 현저하게 차이를 낼 수 있는 환경이 된 것이다.

② 또 하나 세계화로 인한 시장의 확대는, 개인의 성과의 차이가 기업의 경영성과에 미치는 영향을 현저하게 크게 하는 결과를 초래하였다. 휴대폰 시장에서 '똑똑한 1명이 10만 명을 먹여 살릴 수 있는 것'은 세계시장

에서나 가능한 일이며, 결코 과거와 같은 국내 시장 규모에서는 발생할 수 없는 일이다. 국내 휴대폰 시장에서라면 '아무리 똑똑한 1명도 결코 100명을 먹여 살린다'고 말하기도 어려울 것이다.

3) 개인성과에 따른 보상의 차이는 특히 우수한 직원들이 바라는 바이다.

국민소득이 과거에 비해 현저하게 높아진 21세기 한국의 젊은 직장인에게는 더 이상 회사의 급여수준이 높다는 사실만으로 열심히 일하는 동기를 제공하지 못한다. 비록 급여수준을 비롯한 근로조건이 우수하다는 사실이 그 회사를 선택하는 입사의 동기는 될지언정, 입사한 직원들의 '열정'을 끌어내는 동기가 되지는 못한다. 연봉제는 개인의 성과에 대한 차등적 보상을 통하여, 개인에 대한 조직의 '인정' 수단으로 작용한다. '인정'은 매슬로우의 욕구 5단계 중 최상위 욕구이며, 허즈버그의 동기요인으로 개인의 열정을 이끌어내는 강력한 보상수단이다.

3. 급여 제도로서 연봉제의 장점

급여 제도로서 연봉제는 이전의 호봉제에 비해 다음의 2가지 장점을 가진다.

첫째, 연봉제는 호봉제와 달리 직급별로 상·하한 금액만을 설정하기 때문에, 개인의 성과에 따른 급여 책정에 상당한 융통성을 가진다. 따라서 조직 내의 우수인재를 유지하거나 외부에서 우수인재를 유인하는 데 특히 유리하게 작용할 수 있다.

둘째, 연봉제는 연간 개인이 받는 총 급여를 오직 성과에만 연동시키는 방법이기 때문에, 개인성과의 결과로서의 연봉은 단순, 명쾌하게 구성된다. 호봉제 하의 여러 목적의 수당들(근속, 가족, 직무, 시간외 수당 등)이 연봉 총액 하나로 통합되어 급여 관리가 대단히 단순해진다.

4. 연봉제의 한계

연봉제가 21세기 환경에서 직원들의 동기를 자극하여 더 열심히 일하게 하는 효과가 있는 것은 확실하지만, 직원들의 열정을 끌어내는 충분조건은 아니다. 조직 내 개인의 동기부여를 책임지는 또 하나의 영역으로 리더십(Leadership)이 있다. 훌륭한 리더십은 연봉제가 커버할 수 없는 동기부여를 위한 내적 보상, 즉 일에 대한 재미, 성취, 보람, 일을 통한 능력의 향상에 따른 희열 등을 제공한다. 이러한 내적 보상이 개인의 동기수준을 열정으로 이끄는 데 더 크게 기여한다는 것이 현대 심리학의 발견이다. 따라서 경영자는 연봉제를 비롯한 인사 제도와 더불어 조직책임자의 리더십 개발에도 상당한 관심을 기울여야 하는 것이다.

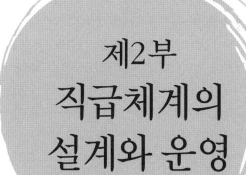

제2부
직급체계의
설계와 운영

몇 해 전 공전의 히트를 기록한 대한민국 국민 드라마, 나아가 전 아시아인이 즐겨 봤던 아시안 TV 드라마 '대장금'의 마지막 부분에 이런 장면이 나온다.

두창에 걸린 대군을 치료한 장금에게 중종은 벼슬을 내리려 한다. 그 장면의 대사를 한 번 보자. 아마 독자 여러분들은 기억할 것이다.

(좌의정, 우의정, 대사헌, 민정호 등 모두가 모인 자리에서 중종이 명한다.)

중종 : 의녀 장금을 종 9품 참봉에 명하고, 내 주치의관으로 명한다!

좌의정 : 전하, 천부당만부당한 분부시옵니다. 여인에게 참봉이라뇨. 이는 경국대전을 뒤흔드는 청천벽력과도 같은 분부시옵니다.

(신하들의 반대는 계속되고, 중종은 반대가 나올 때마다 한 품계씩 지위를 올리면서 오기를 부린다.)

중종 : 들어라. 의녀 장금을 종 8품 봉사에 명하니 그리 시행하라.

(신하들의 반대 - 전하…, 경국대전을 뒤흔드는…. 와글와글)

중종 : 의녀 장금을 종 7품 직장에 명한다.

(계속해서 와글와글)

중종 : 들으시오. 의녀 장금을 종 6품 주부에 명한다.

(50분 드라마 2회가 지나갈 만큼 오랜 시간 동안 신하들의 반대 속에 중종은 결국 다른 방법을 택한다.)

중종 : 의녀 장금에게 정 3품 당상관의 지위와 품계에 준하는 대장금의 칭호를 하사하여 내 주치의관으로 명한다!

(그래도 끝까지 와글와글 대는 좌의정 이하 신료들…. 경국대전 운운해 가면서…. 미운 놈들)

그렇다면 겨레의 영웅 이순신 장군의 마지막 벼슬은 무엇인가?

"이순신 장군이 왜군의 흉탄에 쓰러지시던 당시의 벼슬은 삼도수군통제사이다. 하지만 삼도수군통제사는 임진왜란 때 이순신 장군 때문에 만든 벼슬이고, 당시까지의 벼슬은 수군절도사에 해당하는 종 3품이었던 것으로 추정된다. 임진왜란이 끝난 뒤에야 삼도수군통제사는 종 2품의 관직으로 법제화되었다." – 이상 인터넷 위키백과에서 발췌

이순신 장군은 사후 1604년 선무공신(宣武功臣) 1등에 녹훈되고 덕풍부원군(德豊府院君)에 추봉되었으며, 좌의정에 추증, 1613년(광해군 5) 다시 영의정이 더해졌다.

제1장 직급체계의 개요

1. 직급체계는 집의 기둥이다

직급이라는 것은 먼저, 일정 규모 이상의 모든 조직(Organization)에서 발견되는 개념이다. 조직의 국어 사전적 정의를 보면, '특정한 목적을 달성하기 위하여 여러 개체나 요소를 모아서 체계적으로 묶여진 집단'으로 되어 있다. 여기서 조직 내의 여러 개체는 목적 달성을 위해 각각 분업화된 임무를 수행하게 된다. 조직에서의 분업화는 두 방향으로 이루어지는 바, 수평적 분화와 수직적 분화가 그것이다. 임무의 수평적 분화는 내부적으로는 조직의 목적 달성을 위한 업무 프로세스(Business Process)에 따라 기능적으로 분화되거나 집단 활동의 산출물(제품이나 서비스)별로 분화된다. 또한 수평적 분화는 외부적 필요, 즉 고객의 요구에 따라 고객 세그먼트(Segment)별로 분화되기도 한다. 한편, 수직적 분업화는 주로 조직 내부 개체들의 지휘, 통솔, 관리, 그리고 개체간의 조정을 목적으로 이루어지며, 그 임무를 수행하기 위한 권한의 크기에 따라 상하(上下)의 방향으로 분화된다. 직급이라고 하는 것은 조직 목적의 달성을 위하여 조직 개체들의 수직적 분업화에서 자연적으로 발생되는 것이기 때문에, 모든 조직은 당연히 직급을 가지게 된다. 어떤 조직이든지간에 최소한 조직은 외부적으로 조직을 대표하는 대표자로서, 또는 조직의 내부 관리를 위한 책임자로서 조직의 장(長)이 존재해야 한다. 가장 단순한 조직의 경우, 조직의 장(長)과 구성원이라는 2개의 직급을 가지게 될 것이다. 조직의 규모가 점점 커지고 조직의 목적 또한 복잡해지는 과정에서 조직 내 개체들의 수직적 분화는 가속되고, 따라서 직급의 수는 확대된다. 이렇게 확대된 여러 직급들간의 권한이나 역할, 책임, 수행능력 등에 대한 '체계적' 관리가 필요하게 된다. 이른 바 직급체계가 필요해지는 것이다.

이상과 같이 직급체계는 조직의 존재 목적, 즉 '조직 목표의 달성'을 위하여 각 개체들이 일(업무)을 수행하기 위하여 가장 기본적으로 갖추어야 할 요소이기 때문에 인사관리 시스템의 근간이 된다. 따라서 인사관리 시스템이 하나의 '집'이라면, 직급체계는 그 집을 짓기 위한 초석이 되거나 아니면 집의 기본 골격, 즉 기둥에 해당된다고 할 것이다. 경영시스템의 하위체계로서 인사체계, 그리고 그 하위체계로서 채용, 배치, 평가, 보상, 육성의 체계들은 바로 이 직급체계를 바탕으로 하여 이루어진다.

2. 직급의 의미

직급체계는 인사관리의 기본 틀이기 때문에 '직급'은 일반적으로 다음과 같은 4가지 의미를 가진다.

첫째, 앞에서 언급한 바와 같이 직급은 기본적으로 조직 목표 달성을 위해 구성원들의 일이 수직적으로 분업화하는 과정에서 발생하는 것이기 때문에, 직급은 해당 직급의 역할이나 그 역할을 수행하는 데 필요한 권한과 책임의 등급이다.

둘째, 직무급체계 하에서 직급은 직무의 난이도와 중요도에 따른 직무가치의 등급(Job Grade)으로, 직무 등급은 서구 대기업의 경우 과거에는 대략 20~30개 정도의 등급(Narrow Band)으로 구분되어 있었고, 최근에는 대략 6~9등급(Broad Band)으로 나누어진다.

셋째, 직급에 맞는 역할을 수행하기 위해서는 그 역할을 수행할 수 있는 능력을 가진 사람을 배치하여야 한다. 따라서 직급은 직급별 역할 수행에 필요한 능력의 등급이다. 이것이 바로 직능자격 제도이다. 과거 90년대 대기업의 경우 이를 대부분 7~9등급으로 나누었다.

넷째, 보상의 측면에서 직급은 급여나 기타 금전, 비금전적 보상의 등급으로 볼 수 있다. 직무의 난이도가 높고, 권한과 책임이 클수록, 또한 그 일을 수행하는 사람의 능력 수준이 높을수록 더 많은 보상을 하는 것은 당연한 일이다.

적재적소(適材適所)의 인력 배치와 공정한 보상은 인사관리의 기본이다. 이러한 측면에서 조직 내에서 중요하고 어려운 직무를 수행하기 위해서는 그 일을 수행할 수 있는 일정한 능력을 가진 사람을 배

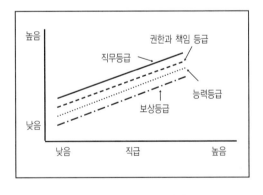

〈그림 2-1〉 직급의 의미

치하고, 이들에게 필요한 권한 및 책임이 부여되어야 하며, 또한 그 일의 수행에 대한 적절한 급여나 처우를 해주어야 할 것이다.

결국 조직은 '일정한 직무(일)를 수행하기 위한 사람의 집단'이고, 따라서 일의 중요도와 난이도, 사람의 능력, 권한과 책임, 그리고 거기에 상응하는 보상은 불가분의 관계에 있다고 할 수 있으며, 직급이라고 하는 것은 조직 내에서 이 4가지를 통합한 의미의 높낮이(등급)라고 할 것이다.

직무급과 직능급의 차이

직무급(職務給)이란 직무의 가치에 따라 급여를 정하는 급여 제도의 명칭으로, 직무를 수행하는 개인의 능력이나 기타 인적 요소와는 무관하다. 반면 직능급(職能給)은 직무를 수행하는 사람의 능력에 따라 급여를 책정하는 것으로 직무보다는 인적 요소를 더 강조한 제도이다. 하지만 인력의 적재적소 배치라는 측면에서, 해당 직무수행능력이 없는 사람을 그 직무를 수행하게 하는 것은 올바른 인사관리가 아닐 것이다. 또한 반대로, 직능급의 경우 개인의 직무와 무관하게 개인의 직무수행능력에 따라 지급한다고는 하지만, 상당한 능력을 가진 사람은 당연히 상당히 어렵고 중요한 직무, 즉 직무 가치가 높은 직무를 수행하게 하는 것이 당연할 것이다. 그러므로 이론상으로 직무급과 직능급의 구분이 있을 수 있다 하더라도, 현실적으로 기업에 적용하는 데는 별 차이가 없을 수 있다. 실제로 직무급을 채택하는 기업의 직급·급여체계와 직능급을 채택하는 기업의 그것과는 외관상으로 별 차이가 없는 것은 바로 이 때문이다.

3. 유사한 개념들 : 직위, 직책, 직급 명칭

직급체계를 설명하는 데 있어 직급 외에도 직책, 직급 명칭, 호칭 등 유사한 용어들이 다소 혼란스럽게 사용되고 있다. 직급체계를 설계하기 위해서는 먼저 직급을 비롯하여 유사한 용어들을 정리하고, 직급체계의 정확한 의미를 확실히 이해할 필요가 있다.

다음은 2006년 7월 6일 <동아일보>에 게재된 기사이다.

제목 : 고위공무원, 5개 직무 등급으로 차별화

1일 출범한 고위 공무원단 소속 공무원은 과거의 1~3급으로 나뉘었던 계급 대신 일의 책임 정도를 기준으로 5개 직무 등급으로 나눠 연봉 등에서 차별화된 대우를 받게 된다. 중앙인사위원회는 6일 행정자치부와 기획예산처 등 관계부처와 협의를 거쳐 정부 부처 국장급 이상 1,240개 직위에 대한 직무 등급을 최종 확정해 발표했다. 새로 마련된 직무 등급은 1,240개 직위 가운데 중간 그룹인 '다' '라' 등급이 52.8%(655개)로 가장 많고, 최하위 '마' 등급이 31.5%(391개), 상위그룹인 '가' '나' 등급이 15.7%(194개)다. 업무의 난이도나 책임 정도가 차이가 있는 직무를 수행하는 데 따른 보상체계도 달라졌다. 직무수당의 경우 최상위 가 등급은 연간 1,200만 원을 받지만, 최하위 마 등급은 연간 240만 원으로 최대 960만 원의 차이가 난다. 이번 직무 등급 배정에서는 '계급 파괴' 현상도 나타났다. 과거 1급 직위 가운데 일부가 최하 마 등급에 배정됐는가 하면 3급 초임국장이 다 등급에 오르는 경우도 있었다. 가 등급은 각 부처 본부의 실장급, 나 등급은 실장급, 소속 기관장이 주로 배정됐다. 다 등급은 본부 정책국장, 라 등급은 국장급과 일부 부장, 마 등급은 심의관과 파견 직위 등이다. 이 가운데 과학기술 및 연구 직위는 행정직에 비해 상대적으로 높은 직무 등급을 받았다. 예컨대 1급은 보통 나 등급을 받았지만 과학기술직 1급은 가 등급이 부여됐다. 중앙인사위 관계자는 "직무분석 과정에서 연구업무의 전문성과 창의성이 높은 평가를 받았다"며 "고위공무원에 대한 직무 등급제 실시로 50여 년 간 이어온 계급 중심의 인사제도가 직무와 성과 중심으로 패러다임이 바뀌게 될 것"이라고 설명했다.

이 기사는 웬만한 인사담당자들도 한 번 읽어서는 얼핏 이해하기가 어려운 내용이다. 내용을 정확히 이해하기 위해 앞의 기사에 나온 직급관련 용어들을 추려서 정리해 보면 다음과 같다.

- **계급**: 과거 1~3급(고위 공무원의 계급, 공무원의 전체 계급은 1~9급, 9등급으로 나누어져 있음)
- **직무 등급**: 이번에 새로 고위 공무원단에 도입된 가~마의 5개 등급, 업무의 난이도나 책임 정도의 차이를 직무분석에 따라 구분하여 등급을 구분함. 가 등급은 주로 실장급, 나 등급은 실장 산하의 국장급, 다 등급은 본부 국장급 직무
- **직위**: 고위 공무원 직위 1,240개(직위는 한 사람에게 할당된 단위 업무(과업)의 집단으로 직위의 수는 조직 내의 인원수와 동일)

인사담당자의 용어로 앞의 글을 해석해 보면 다음과 같이 정리할 수 있다.
"과거 공무원의 급여를 직급에 따라 차등을 두는 것을, 고위 공무원단(1~3급 공무원)에 한하여 직무분석에 따라 책정된 직무 등급별로 별도의 직무수당을 차등하여 지급함으로써, 직급보다는 직무 등급에 따라 급여의 차이를 더 많이 두게 되었다. 아울러 국장, 실장 등의 직책은 1~3급의 범위 내에서 기존의 직급과 완전히 분리하여 운영하는 것으로 바뀌었다."

앞에서 설명한 직무 등급, 급여 등급 등이 직급과 일치해야 한다는 관점에서 보면 몇 가지 문제가 발견된다. 직무 등급에 대한 급여의 차등은 직무수당으로 차등화하고, 나아가 직책(국장, 실장 등) 또한 직급과 전혀 무관하게 운영된다는 것이다. 이러한 문제는 수십 년간 지속되어온 기존의 공무원 직급체계와 연공급적 승진관리, 그리고 현재의 개인간의 서열들을 완전히 무시하기 힘든 상황에서 성과주의적, 직무급적 성격을 추가할 수밖에 없는 현실이 반영된 일종의 과도기적 현상이라고 할 수 있을 것이다.

직급과 유사한 용어로 가장 많이 쓰이는 직위라는 말과 직책이라는 용어가 있다.

직위(職位, Job Position)

직위라는 용어가 가장 실무자들을 혼란스럽게 만드는 것 같다. 직위의 국어 사전적 의미로 보면 '직무상의 지위'로 되어 있고, 인사전문분야에서 직무분석의 용어로는 '한 사람의 개인에게 할당된 과업의 집합'이라고 설명되어 있다. 글자 자체의 의미로 보면 직위에서의 위(位)는 직무의 위치, 조직상의 위치, 즉 포지션(Position)의 의미로 조직 내에 가로세로 또는 상하로 얽혀진 여러 사람의 일들 중에서 수평, 또는 수직적 위치를 말한다. 계급적 성향이 강한 한국 사회에서 우리가 일상적으로 쓰는 직위의 의미는 상하간의 수직적 위치를 말한다고 할 수 있다. "그 친구는 회사에서 직위가 뭐래?" 또는 "그 친구 직위가 어찌 되는데?"라는 질문에서 보는 바와 같이 한국인에게 직위는 조직 계층상의 위치, 즉 높은 위치냐, 낮은 위치냐를 나타내는 용어로 쓰이고 있다.

반면 평등주의 문화인 서구 사회에서 직위는 조직 내 수평적, 평면적 위치를 의미한다. 우리에게는 상하(수직적 위치)의 개념으로 들리는 사장,

임원, 부장 등의 직무에 대해서도 그들은 회사를 대표하는 일, 부(部)를 통솔하는 하나의 일(Job)로서 단지 직무의 난이도나 중요도가 높은 수평적 관점에서의 위치(Position)로 받아들여진다. 그래서 직무분석에서 말하는 Position은 등급이 아니라 위치 또는 자리의 수를 의미하고 그 수는 인원의 수와 같다.

요약하면, 직위는 군대 조직에서의 계급, 그리고 앞의 기자가 썼던 '계급'과 같은 의미이며, 인사관리 용어로는 직급과 같은 의미이다. 또한 직위는 다음에 기술하는 직책의 의미로 종종 쓰이기도 한다. 따라서 우리가 일상적으로는 직위라는 말을 쓰더라도 인사 제도를 설계할 때나 조직 내에서는 직위라는 일반적, 비전문적 용어, 또는 직무분석상의 직위의 의미와 혼동되는 직위보다는 의미가 명확한 직급이나 직책이라는 용어를 사용하는 것이 바람직하다.

직책(職責, Job Responsibility)

직급, 직위와 유사한 용어로서 직책은 조직 내의 업무추진을 위한 직무, 역할, 권한의 관리체계로서 직무상의 책임(responsibility)을 뜻한다. 나아가 직책이란 일정 직급에 있어서 권한과 책임을 수반하는 구체적인 직무(보직)를 의미한다. 직책은 일정 직무를 권한과 책임의 관점에서 표현한 용어이며, 따라서 직무와 직책은 동일한 '일'의 표현방법의 차이이다. 그래서 일반적으로 "그 친구, 그 회사에서 무슨 일 하는 데?"라고 물어 올 때, 우리는 "그 친구, 인사담당이야"라고 대답하거나 좀 더 상세히 "그 친구, 그냥 인사담당자야" 또는 "인사담당 과장이야"라고 대답할 수 있다. 이 경우 인사담당은 직무를 언급한 것이고, 인사담당자나 과장이라는 것은 사원으로서 또는 과(課) 조직의 장(長)으로서의 직무책임(직책)을 표현한 것이라 할 수 있다. 즉, 사원으로서 아니면 과장으로서 직무책임을 수행하는 사람이라는 의미이다.

하지만 조직의 인사관리상 직책이라는 용어는 높은 수준의 책임과 권한이 요구되는 직무에 대해서 주로 사용된다. 일반적으로 일정 조직을 책임지는 사람, 즉 조직책임자는 높은 수준의 책임과 권한을 필요로 한다. 즉, 회사 조직에서 직책이라 함은 영업본부장, 생산부장, 마케팅팀장, 인사부장, 총무과장 등을 말한다. 또한 조직책임자가 아니더라도 예를 들어, R&D 조직에서 책임연구원, 수석연구원 등의 직책들은 조직책임자는 아니지만 그 직무상 조직책임자에 못지않게 높은 수준의 권한과 책임을 요구한다고 할 수 있고, 따라서 제품개발 책임 연구원, 담당 수석연구원이 직책이 된다. 조직책임자가 아닌 직무로서 조직 내 직책으로 일컬어지는 경우는 전문가 집단에서 많이 발견된다. 내가 속해 있는 컨설팅 회사의 경우, 인사담당 전문위원, 교육담당 수석위원 등이 그것이다. 직책과 비슷한 용어로 보직(補職)이라는 말이 있다. 보직의 의미는 직책과 같지만, 조직 내에서 사용되는 공식용어로서는 징계의 한 방법인 '보직 해임'의 경우에만 사용되고 있고, 그 이외의 용도로 사용되는 경우는 별로 본 적이 없다.

직급과 직책을 이해하기 위해서는 남자라면 누구나 쉽게 이해할 수 있는 군대 조직을 상기하면 된다. 장교들의 계급(회사 용어로는 직급)으로는 소위, 중위, 대위가 있고, 그 위에 영관 장교로서 소령, 중령, 대령이 있다. 아마도 사병으로 제대한 사람이라면 누구나 다 그렇듯이 소위나 중위 계급을 단 장교들을 '소대장'이나 '중대장'으로, 그리고 중령이나 대령은 '대대장'이나, '연대장'으로 모셨을 것이다. 여기서 소령, 중령은 계급, 소대장, 중대장은 직책으로 이해를 하면 된다. 또한 연대나 사단의 상급부대의 본부에는 중위나 소령의 계급으로 사단장을 보좌하는 참모나 전속부관의 임무를 수행하는 장교들도 보았을 것이다. 이 경우, 작전참모, 인사

참모, 사단장 전속부관 등이 직책이 된다.

인사관리 교육을 할 때도 그렇고, 인터넷상의 인사 전문 카페나 사이트에서 만나는 많은 인사담당자들이 직책과 직급을 혼동하는 경우를 자주 볼 수 있다. 이렇게 다른 두 개념을 많은 사람이 혼동하는 데는 과장, 부장 등의 직급 명칭이 이전의 과 조직의 장(長)으로서, 부 조직의 장(長)으로서의 직책 명칭과 동일한 데서 비롯하였다.

군대와 같은 대규모 조직에서는 전통적으로 철저히 계급(직급)과 직책을 명확히 분리하여 운영을 해 온 반면, 일반 기업 조직에서는 직급과 직책의 분리가 애매했거나 아예 분리되지 않았기 때문이다. 그래서 직급에 대한 별도의 명칭을 정할 필요가 없었다. 왜냐하면 직급이 높은 거의 전부의 직원들은 적어도 과장 아니면 부장이었기 때문이다. 당시의 과장은 직급이면서 동시에 '과의 책임자', 즉 인사과장, 경리과장, 생산과장의 책임이 부여되었다. 또한 급여 역시 과장 직급의 월급으로 책정되고(기본급 자체의 등급이 올라가거나 또는 호봉제 하의 기본급에 직책수당을 별도로 지급), 별도의 결재권, 인사평가권, 부서 경비사용권한 등의 처우가 부가적

〈표 2-1〉 포스코의 직급 · 직급 명칭

직급	직능자격
1급	이사보
	관리직
2급	부관리직
	총괄직
3급	주무직
	주임직
4급	주사직
	기사직
5급	기원
	담당

으로 부여되었다.

이후 90년대 초반을 지나면서, 제1부에서 서술한 바와 같이 직능자격 제도가 도입됨에 따라 직급과 직책을 분리하게 되었다. 그러나 한국 기업에서 수십 년간 지속되어온 과장, 부장의 명칭은 이후에도 그대로 사용되게 되었다. 단지 조직책임자는 부장이나 과장이 아닌 팀장으로 대체되었다. 물론 직능자격 제도를 도입하면서 직급과 직책의 명칭을 별도로 사용한 경우도 많이 있다. 즉, 이전의 과장, 부장을 조직책임자로 그대로 둔 채, 직급의 명칭을 별도로 작명하여 사용한 것이다. <표 2-1>은 1990년 초, 비교적 일찍 직능자격 제도를 도입한 포스코의 직급과 직급 명칭이다.

한국 기업의 직급체계의 변천 과정과 직급 명칭 그 자체의 어감으로 인하여 많은 사람들이, 심지어 인사담당자들도 직급과 직책을 혼동하고는 있지만, 이 두 용어의 구분은 인사 제도를 설계하거나 조직개편업무 등 인사관리에 있어서 대단히 중요하다. 따라서 적어도 인사담당자라면 그 개념을 명확히 이해하고 정확히 사용해야 할 것이다.

직급과 직급 명칭

지금까지 직급과 직급 명칭을 같은 의미로 사용하였으나, 이 두 용어를 구분하는 것이 인사관리상 필요하다. 우선 직급 명칭의 의미는 다음의 공무원 직급체계를 보면 쉽게 이해할 것이다.

다음 표에서와 같이 공무원의 예를 들면, 직급(계급)은 1~9급에 이르는 숫자로 등급을 나타내고 있으며, 각각에 대한 명칭이 있다(공무원 직급체계에는 직급 명칭이라는 용어는 없이 그냥 1급 관리관으로 표현하고 있다).

앞에서 언급한 바와 같이 직급은 조직 내 구성원들의 일의 수직적 분화에 따라 발생하는 필연적인 등급이다. 하지만 직급 명칭은 직무 및 인원 관

〈표 2-2〉 공무원 직급체계

직급	직급 명칭	직책(예시)
1급	관리관	차관보 등
2급	이사관	중앙부처 국장 등
3급	부이사관	중앙부처 주요 과장
4급	서기관	중앙부처 계장
5급	사무관	교장, 교감 등
6급	주사	
7급	주사보	
8급	서기	
9급	서기보	

리에 필수적인 것은 아니다. 그래서 서구 기업에서는 직급은 있지만 직급 명칭이라는 것이 없고, 단지 우리의 직책에 해당하는 매니저(Manager)나 좀 더 세분하여 주니어 매니저(Junior Manager), 시니어 매니저(Senior Manager) 등이 있을 따름이다. 직급에 대해 명칭을 작명하는 것은, 옛날부터 사람의 이름을 함부로 부르지 않는 전통에서 유래된 지극히 한국적인 현상이다. 90년대 초반 직능자격 제도를 도입하기 이전에는 조직 내 호칭의 문제, 즉 직급 명칭의 문제는 거의 존재하지 않았다. 일정 직급 이상의 사원들은 전원 과장, 부장의 직책을 가지고 있었기 때문에 조직 내의 호칭은 그대로 과장, 부장의 직책으로 가름할 수 있었기 때문이다. 이후 직능자격 제도가 도입되고 직책과 직급이 분리됨에 따라 직책이 없는 고참 직원들에 대한 호칭의 문제가 발생하였고, 따라서 직급 명칭의 문제가 대두되었다. 이러한 문제는 직능자격 제도의 원조격인 일본 기업에서도 비슷한 상황이다.

직급 명칭은 순전히 조직 구성원들 상호간의 호칭으로 사용하기 위해 만들어진 것이다. 하지만 한국인의 호칭이 항상 그렇듯이 그 사람의 조직 내의 지위, 나아가 사회적 지위를 나타내는 지표로서 작용한다. 호칭과 관련하여 일반적인 현상은, 직급 명칭과 직책의 둘 중에서 기업 내부적으로나 사회적으로 좀 더 높아 보이는 호칭이 선호되고 있다는 것도 상식적으로 알아 둘 필요가 있을 것이다. 즉, 조직 내에서 대부분의 팀장이 차장급으로 되어 있는 경우, 부장 직급의 팀장은 팀장이 아닌 부장의 직급 명칭을 선호한다는 것이다. 또한 이 경우, 만약 과장이 팀장을 맡은 경우에는 과장보다는 '팀장'의 직책 명칭이 선호된다.

최근에는 이러한 직급 호칭이 조직 내의 원활한 의사소통을 방해하고, 위계의식을 조장한다는 차원에서 직급 명칭을 아예 없애고, 팀장 직책자는 팀장, 그 외 팀원들은 직급, 나이와 관계없이 이름을 부르도록 하는 기

〈표 2-3〉 LG전자의 직급·호칭

직급	호칭	
	일반	연구
G1	부장	책임
G2	차장	선임
	과장	
G3	대리	주임
G4	사원	연구원

업도 생겨나곤 있지만, 직원들이 적응하기까지는 상당한 시간이 걸릴 것으로 보인다. 특히 대외적으로 업무상 다른 기업의 사람을 만날 때, 본인보다는 상대방이 당황스러워한다는 것이 더 큰 문제이다.

"도대체 어떻게 불러야 하죠?"

또한 LG전자와 같이 직급과 조직 내 호칭을 완전히 분리하는 경우도 있다. 이 경우 호칭은 그야말로 조직 내 호칭이고, 그 사람이 입사한지가 대략 몇 년이고, 나이가 대략 몇 살인지를 남들에게 알려주는 것 외에는 아무 의미가 없다. 능력도, 책임도, 일(직무 가치)도 아닌 것이다.

직급과 직급 명칭을 별도로 구분하는 것은 인사 관리상 실무적인 효용이 있다. 이제는 연구 직종 근무자가 있는 거의 모든 회사에서 연구원과 그 외 영업, 관리직 직원들의 호칭은 이원화되어 있다. 대기업의 경우 제품의 디자인이 중요시됨에 따라 디자이너에 대해서도 전문직군으로 연구원과 비슷한 책임 디자이너, 선임 디자이너 등의 직급 명칭이 생겨나고 있다. 이 경우 직급과 직급 명칭이 구분되어 있지 않다면 여러 가지 인사업무에 불편함이 발생한다. 예를 들어 직급으로 3급 이상자 전원에 대해 특정 교육을 시키려고 할 때, 또는 3급 이상의 승진기준과 이하의 승진기준을 다르게 설계하고자 할 때 숫자나 알파벳으로 표현된 직급이 없다면 어떻게 할까?

'교육 대상자 : 영업관리 직군은 과장 이상, 디자인 직군은 선임 디자이너 이상, 연구 직군은 선임연구원 이상 전원'으로 표현하는 수밖에 없을 것이다. 그래서 두 개를 분리하면, 그냥 '교육 대상자 : 3급 사원 이상'으로 간단히 표현할 수 있다.

제2장 직급체계의 설계

1. 직급 수의 결정

직급체계를 설계할 경우 가장 중요하지만 아주 쉬운 과제가 바로 조직 내에 몇 개의 직급을 둘 것이냐 하는 것이다.

앞에서 본 공무원 직급체계에서 보는 바와 같이 행정직 공무원의 경우 9 등급으로 되어 있다. 군인의 경우 사병을 한 계급으로 보면 부사관, 위관장 교, 영관장교, 장군 등 총 16개의 계급이 있다. 그리고 일반 기업으로서 삼 성전자는 7등급, LG전자는 4등급, 일반 중소기업은 5~6등급으로 되어 있다. 반면 교직공무원의 직급은 단일 직급으로 호봉으로만 관리되고 있 으며, 교장, 교감은 직책으로, 교사 몇 호봉 이상인 교사 가운데 인사위원 회에서 임명하는 것으로 되어 있다.

우리가 잘 알다시피 교사들은 전부 직급도 단일 호봉이면서, 평교사의 경우 학교 내에서나 학교 밖에서 '선생님'으로 호칭하고 있으며, 교감이 나 교장의 직책으로 승진한 경우 교감선생님, 교장선생님의 직책으로 호

〈표 2-4〉 삼성전자의 직급체계

자원/영업/기술/제조		R&D/Design	
직급	호칭	직급	호칭
G7	부장	E6	수석
G6	차장	E5	책임
G5	과장		
G4	대리	E4	선임
G3		E3	
G2	사원	E2	사원
G1		E1	

칭하고 있다.

왜 군대 조직은 16개의 수많은 계급이 있으며, 공무원은 9등급, 그리고 일반기업은 4~6등급, 그리고 교사들은 단일 직급인가?

직급의 수에 영향을 미치는 요인과 직급이 많고 적음이 인사관리에 있어 어떤 의미가 있는지 살펴보자.

1) 조직의 인원 규모

직급의 수를 책정함에 있어, 우선적으로 조직의 인원 규모를 생각할 수 있다. 인원이 많다는 것은 그만큼 다양한 직무가 존재한다는 것이고, 그 다양한 직무는 중요도나 난이도의 측면에서 최하위 등급에서 최고 등급으로 넓게 분포하고 있을 것이다. 반면 작은 조직은 직무의 난이도나 중요도

〈표 2-5〉 인원 규모별 직급의 수

회사	인원	직급수	비고
xx텔레콤	300명	6개	제조업
(주)xx	30명	4개	출판업
xxIT학교	25명	5개	교육기관
(주)xx	1500명	7개	패션업

의 측면에서 개인간의 분화, 확산 정도가 큰 조직에 비해 적다고 보아도 무방할 것이다. 따라서 직급의 수도 줄어들 수 있다. <표2-5>는 내가 컨설팅한 회사의 사례이다.

2) 조직 및 직무의 특성

〈표 2-6〉 조직 성격별 직급의 수

조직	인원	직급수	비고
행정직 공무원	15만 명	9개	
교육공무원	34만 명	1개	
군대	00만 명	16개	사병 제외
LG전자	3만 명	4개	생산직 제외
삼성전자	5만 명	7개	〃
중소기업	200명 내외	5~6개	〃

위의 <표 2-6>는 우리나라의 대표적인 조직의 인원규모와 직급의 수이다. 표에서 보는 바와 같이 직급의 수는 조직의 규모와는 무관해 보인다. 이는 직급의 수를 결정함에 있어 조직의 규모보다는 해당 조직의 직무 특성이나 다른 요인이 더 작용한다는 것을 보여준다.

각 조직별로 직무 특성을 살펴보자.

먼저 군대의 예를 보자. 군대의 미션은 적과의 전투에서 생사를 걸고 싸워 이겨야 한다는 절체절명의 조직 목표를 가지고 있다. 전투 상황에서 지휘 명령체계와 복종은 승리를 위한 필수적인 요소이다. 또한 정규전의 경우 군인들은 혼자서 전투에 참가하는 경우는 거의 발생하지 않고, 항상 분대, 소대, 대대, 연대 등으로 치밀하게 짜인 조직 내에서 주어진 임무를 수행해야 하기 때문에 지휘체계, 명령체계, 역할체계로서의 세분화된 계급을 필요로 한다. 또한 지휘관은 계급에 따라 산하 부하들, 수십, 수백, 수천 명의 생명을 좌우할 수 있기 때문에 군대에서의 계급은 그만큼 중요하다.

바꾸어 말하면 그만큼 계급에 따른 직무가 세분되어 있고, 또한 그 중요도의 차이가 극심하다.

군대 조직의 직무 특성에 대해 정반대 편에 있는 것이 교사의 직무이다. 교사들은 개인 개인이 학생들을 대상으로 '연구하고 가르치는' 동일한 직무를 수행한다. 즉, 교사들의 직무의 난이도나 중요도는 모든 교사들이 동일하다. 교사들의 업무는 수평적으로나, 수직적으로나 분화되지 않고 교사의 각 개인 자체로서 학생들에 대해 '교육'이라는 직무를 수행한다. 초등학교 1학년을 가르치는 것이나 중등학교 1학년을 가르치는 일이 직무의 가치로 보나, 개인적 능력으로 보나 차이를 둘 이유가 없다고 보는 것이다. 또한 교사들이 가르치는 일 이외에 별도의 팀을 조직하여 특별히 공동으로 수행할 일이 발생하는 경우도 드물다. 만약 학년에 따라 '가르치는' 업무의 가치가 다르다거나, 이에 따라 교사들의 능력이 달라야 하거나, 또는 기업과 같이 여러 명이 팀을 짜서 공동으로 수행할 일이 자주 발생하고, 팀 내에서 맡은 역할의 직무 가치가 달라져야 한다면, 거기에 상응하는 직급체계를 두어야 할 것이다.

결국은 기업 내의 직급의 수는 개인간의 직무의 가치, 즉 직무의 난이도나 중요도의 차이가 많이 나는 경우는 직급을 많이 가져가고, 모든 직원들이 비슷한 난이도나 중요도가 비슷한 일을 한다면, 그 정도에 따라 직급의 수가 줄어들 것이다.

3) 인사 정책

서로 다른 직무의 난이도나 중요도, 또는 이러한 직무의 차이에 따른 수행능력의 차이를 어느 정도 세분하여, 또는 통합하여 운영할 것인가 하는 것은 인사정책의 문제이다. 즉, 중요도와 난이도 또는 능력 수준의 대역폭을 어느 정도로 자를 것이냐 하는 브로드밴드(Broadband)와 네로우밴드(Narrowband)의 의사결정 문제가 발생하게 된다.

이 용어는 직무급에서 개별 직무의 직무 가치를 등급화할 때, 한 등급에 포함하는 점수의 범위를 설정하는 개념이다. 즉, 직무 가치가 550점, 560점, 600점, 650점인 직무들이 존재할 경우 550~580점으로 1등급, 580~610점을 2등급으로 매기게 되면 네로우밴드가 되어 총 4개의 등급이 설정되고, 550~600점, 600점~650점의 50점을 한 등급으로 묶게 되면 총 2개의 등급으로 브로드밴드가 된다. 전통적으로 미국의 대기업은 밴드와 밴드간의 연봉 차이를 7~15%로 만들었고, 이에 따라 20~30개의 네로우밴드를 가지고 있다. 반면 브로드밴드를 도입한 회사는 5~6개 정도의 등급이나 범위를 관리하고 있다. 또한 전통적인 네로우밴드 직무급에서는 각 직급의 최소 급여와 최고 급여의 폭이 20~50% 정도인데 반해 브로드밴드에서는 100~200% 정도의 폭을 유지한다. (출처: 오즈컨설팅 보고서 2002)

이러한 직무 가치에 따른 밴드의 개념은 직능등급제를 채택하고 있는 대부분의 한국 기업에도 그대로 적용될 수 있다. 앞서 설명한 바와 같이 직능등급은 직무 가치가 아닌 사람의 능력 등급이기 때문에 직무 가치의 등급화와 같은 논리로 직무수행능력의 등급화가 가능하다. 문제는 직무 등급은 직무분석에 의한 개별 직무 가치의 측정을 거쳐 이루어지는 반면, 개인의 직무수행능력 등급은 직무분석과 같은 절차 없이 다소 개념적, 추상적으로 설정된다. 그러나 직무 가치라는 수치에 의존하든, 개인의 직무능력이라는 다소 애매한 개념으로 정의하든간에 그 폭을 넓게, 또는 좁게 설정하는 인사정책적인 의도는 전혀 다르지 않다.

먼저 직급의 수를 축소시키는 브로드밴드 정책을 보자.

직급의 수를 적게 가져간다는 것은 한 직급에, 직무급에서는 다양한 직무 가치를 가진 직무들이, 직능급에서는 다양한 능력을 가진 사람들이 포진한다는 것이다. 직능급 하에서의 브로드밴드의 가장 큰 장점은 성과주의의 확대이다. 동일 직급에 포함된 다양한 근속의 인원들에 대해 동일 조건으로 승진급 심의를 하게 됨으로써 근속, 연공보다는 성과에 의해서 승급이 결정된다. 또 한편으로 승급의 기회를 축소함으로써, 직원들의 지나친 승급에 대한 기대를 줄일 수 있고, 그 관심을 연봉의 상승으로 돌릴 수 있다. 직무급에서 브로드밴드의 가장 큰 장점은 인력활용의 유연성이다. 직무급에서의 연봉의 상승은 높은 직급으로의 이동에 의해 가능하기 때문에, 또는 낮은 직급으로의 직급 이동은 연봉의 하락 또는 상승폭의 제한을 가져오기 때문에 직무 이동이 어렵다. 하지만 브로드밴드에서는 종래의 여러 직급을 한데 묶어 설정하기 때문에 그만큼 인력의 순환 배치가 용이해진다.

직능급체계를 운영하고 있는 LG와 삼성의 경우, 이러한 브로드밴드 정책과 (상대적으로) 네로우밴드 인사정책의 대표적 사례이다. 앞에서 본바와 같이 LG는 4개 직급, 삼성은 7개 직급의 체계로 되어 있다.

4) 종합 — 적정 직급의 수

앞에서 살펴 본 바와 같이 조직의 직급의 수는 인력 규모, 조직 및 직무특성, 인사정책에 의해 결정된다. 한국의 모든 조직의 직급 수는 조직의 특성상 양 극단에 있는 군대 조직의 16개 직급, 학교 조직의 교사의 단일 직급 사이에 위치할 것이다. 또한 대기업의 경우 성과주의를 극단적으로 반영한 LG전자의 4개 직급에서 삼성전자의 7개 직급 사이에 포진한다고 보면 틀림없을 것이다. 포스코가 6개, 직무급을 채택하고 있는 CJ그룹이 6개 정도로 설정되어 있다(이상 화이트컬러 기준).

기업의 규모별 적정 직급 수와 직급 명칭

화이트컬러 종업원 기준으로 50명 내외에서 100명 이내이면 1급~5급의 5 직급 정도가 적절하다. 단지 사원의 직급에서 이직까지 우리나라의 채용관행상, 고졸과 전문대졸, 대졸간에는 대체로 직급을 달리하여 적용하는 경우가 대부분이기 때문에 사원 직급을 두 직급(대졸과 대졸 미만) 정도로 나누면 한 직급이 더 늘어나 6 직급이 된다.

직원 30명 미만인 경우에는 직무가 덜 세분되어 있고, 한 사람이 개인의 능력수준과 무관하게 다양한 직무, 즉 고난도 직무와 저난도 직무를 가릴 것 없이 여러 종류의 직무를 수행하여야 할 경우가 많다. 즉, 사원급 인사 담당자 1명이 인사 제도의 운영, 기획, 급여지급 등 대기업에서 3개의 직급자가 수행하는 일을 혼자서 수행하기 때문에 4 직급 정도 아니면 최대 5 직급 정도로 설정하는 것이 적절하다. 직급을 적게 가져가는 것, 즉 브로드밴드가 소기업의 특성인 인력의 다기능화, 다직무화를 잘 반영하고 활용한다는 차원에서 도움이 되며, 그 이상으로 직급을 세분하는 것은 오히려 인력 운영에 장애가 된다.

앞에서 직급 명칭에 대해 설명하였듯이 직급과 직급 명칭은 분리하는 것이 편리하다. 직급은 1급, 2급 등의 아라비아 숫자로 하거나 직무급이나 LG에서 보는 것처럼 Junior의 J, Senior의 S 등 알파벳 머리글자를 쓰거나 삼성에서 보는 것처럼 G1, G2(여기서 G는 Grade) 등으로 되도록 간단하게 정하면 된다. 직급 명칭 또한 따로 고민할 것 없이 한국에서 가장 보편적인 직급 명칭인 사원 1, 사원 2, 대리, 과장, 차장, 부장으로 하거나 연구직의 경우 연구원, 선임연구원, 책임연구원, 수석연구원으로 명칭을 하면 될 것이다. 직급 명칭은 CEO의 취향에 따라 어떻게 작명을 해도 상관은 없지만, 한국 사회에서 '호칭'의 보편적 의미를 지나치게 무시하기는 쉽지 않을 것이다.

직급 이행 기준

　직급체계를 회사의 설립과 함께 엄격히 설계하고 운영하는 경우는 없을 것이다. 창업기의 소규모 조직에서 성장단계를 거쳐 중 규모의 기업이 되고, 다시 중견기업, 대기업으로 가는 과정에서 수차례의 직급체계의 변경은 필연적이라 할수 있다.

　직급체계를 변경하는 것은 연봉이 변화하는 것은 아니나, 직원들의 호칭, 승급속도 등에 중대한 변화를 초래한다. 즉, 직급체계의 변경 전에는 과장으로 불리던사람이 차장으로 될 수도 있고, 또 이전에는 과장까지 승급하는데 3년이 걸리던것이 이제는 4년이 걸릴 수도 있다. 이 두 종류의 변화는 직원들의 입장에서 대단히 민감한 문제이다. 따라서 새롭게 직급체계를 변경할 경우, 기존의 개인들의 직급과 호칭, 체류연수를 어떻게 조정하는가는 조직 구성원들의 엄청난 관심사가된다.

　구 직급체계에 따른 개인의 직급, 연차 – 호봉제의 경우에는 급호를 가질 것이다– 를 신 직급체계로 조정, 이행할 경우에는 다음 한 가지 원칙에 유의하여야 한다.

　"기존의 직급서열, 연차서열을 최대한 현행대로 유지한다."

　직원의 수가 많고 각 직급별로, 직급 년차별로 많은 인원이 있는 경우, 이 작업은 결코 만만하지 않다. 이러한 이행 기준을 만들 때 특별한 방법은 없다. 기존의직급에 비해 직급이 늘어나던지, 아니면 줄어들던지 간에 반드시 상대적으로 피해를 보거나 이득을 보는 계층이 생긴다. 예를 들어 차장 직급이 없이 과장 직급다음에 부장이 있던 체계에서 중간에 차장 직급을 신설하고, 직급 체류연수를 3년으로 설정한 경우를 보자.

　작년에 부장이 된 사람과 올해 부장 대상자가 되는 사람의 경우, 구 직급체계에서는 1년의 차이가 나던 것이 변경된 직급체계에서는 차장 직급이 신설됨으로써, 연차 차이는 적어도 2년 이상으로 늘어나게 된다. 기존의 질서를 흩뜨리지 않은 범위에서 부장으로의 승급 속도가 늘어나는 '충격'을 어떻게 최소화할 것인가? 바로 인사담당자의 과제이다.

거꾸로 과장, 차장, 부장의 3 직급으로 운영하던 것을 직급 축소 차원에서 차장 직급을 없애버리고 부장, 또는 과장 직급으로 분리하여 이행시켜야 한다면, 어떤 문제가 발생할 것인가? 이 경우 직급 연차에 따라 고참 차장은 부장으로 이행할 것이고, 나머지는 과장 직급으로 이행하여야 할 것이다. 같이 차장으로 있는 사람들이 직급 연차 1년 차이로 인해 어떤 사람은 부장으로, 어떤 사람은 과장으로 변경되어야 한다. 여기서 과장으로 직급이 낮아지는 사람의 불만이 야기된다. 왜냐하면 이 사람들은 직급이 낮아졌을 뿐 아니라, 이듬해 심사에 의해 부장으로 승급할 것이기 때문에 1년 차이가 2년, 3년의 차이로 늘어 날 수도 있기 때문이다.

직급체계 변경(차장 직급의 신설)으로 인한 고참 차장의 부장 승급시에는 일반적으로 심사를 실시하지 않는다. 그래서 차장 몇 년차 이상은 심사 없이 부장으로 승급 - 엄격한 의미에서 승급은 아님 - 한 사람과 1년 차이로 부장이 못되고, 과장으로 되레 직급이 낮아지는 사람이 발생하게 되어, 이 사람들의 불만이 야기된다.

새로운 직급체계로의 개인별 이행은 이러한 문제의 소지를 항상 안고 있는 사안이지만 불가피한 문제이다. 그렇기 때문에 인사담당자는 기존의 서열을 변화시키지 않는다는 원칙 하에서 불만의 크기를 최소화할 수 있는 다양한 아이디어를 강구하여야 한다.

2. 직급 체류연수(年數)의 결정

1) 직급 체류연수의 의미

직급 수의 결정과 관련하여 제법 많은 지면을 할애하면서 복잡하게 설명했지만, 사실 직급의 수를 결정하는 일은 전혀 어려운 일이 아니다. 하지만 단순해 보이는 회사의 직급의 수 또는 직급의 단계에는 그러한 여러 가지 다양한 인사정책적 의미가 포함되어 있다는 것을 이해하여야 할 것이다. 직급체계를 설계함에 있어 또 하나 중요하고, 좀 더 깊이 고민하여야 할 사항으로 '승급 속도'의 문제가 있다. 승급 속도는 상위 직급으로 승급을 하기 위해 한 직급에서 최소한 머물러야 할 표준 체류연수에 의해 결정된다. 표준 체류연수는 승급 기준의 주요한 요소로서 승급 제도의 일부로 포함할 수 있지만, 직급의 수와 직급별 표준 체류연수는 승급 속도의 관점에서 상당히 밀접한 관계가 있기 때문에 직급체계의 일부로서 설명하기로 하겠다.

20대에 신입사원으로 입사하여 조직 내 최고 직급, 예컨대 부장으로 승급하는 총 기간은 직원들의 정년, 비전, 생애 고용 등과 같은 장기적 근무와 관련된 주요한 근로조건의 하나이다. 또한 직원들의 승급관리는 우수 인재의 유지, 동기부여 차원에서 대단히 중요한 이슈이다. 신입사원 초임은 조금 낮더라도 승진 속도가 빠르다든지, 또는 승진 속도는 늦더라도 적어도 부장 직급까지는 웬만하면 도달하도록 해서 그 시점까지의 고용은 어느 정도 보장한다는 등의 인사방침적 사항은 인재들이 직장을 선택하는 주요 근로조건이 된다.

직급의 수를 5개로 하느냐, 6개로 하느냐 하는 것이 불과 1개의 직급을 더하고 덜하는 문제인 것처럼 보이나, 대략 직원들의 최장 근속을 – 임원으로 승진하는 사람은 제외할 경우 - 20대 중반부터 50대 초반까지 25년 정도로 본다면, 5직급으로 할 경우 직급 체류연수가 평균 5년, 6개로 할 경우 4년으로 실질적으로 사원들의 승진 속도에 대단한 영향을 미치게 된다.

LG전자와 삼성전자의 표준 체류연수를 포함한 직급체계를 비교하는 것은 상당한 학습의 의미가 있다. 다음의 표에서와 같이 LG전자는 4개의 직급, 대졸사원으로 보면 3개의 직급과 각 직급별로 체류연수를 최소 3년

〈표 2-7〉 LG전자와 삼성전자의 직급 체류연수

〈LG전자〉

직급	연한
G1	
G2	3년
G3	3년
G4	3년

대졸

〈삼성전자〉

직급	연한
G7	
G6	5년
G5	5년
G4	4년
G3	4년
G2	3년
G1	3년

으로 설정한 반면 삼성전자는 총 5개의 직급에 4~5년으로 체류연수 기준을 두고 있다 (LG전자에는 직급 체류연수를 3년으로 한다는 명확한 기준이 있는 것은 아니다). 제도적으로 대졸사원이 입사하여 최고 직급까지 승급하는 데 LG는 6년, 삼성은 18년으로 무려 3배의 승급 속도가 차이난다. 실제 운영에 있어 제도만큼 승급 속도의 차이가 나는 것은 아니지만 실제 두 기업간의 평균 승급 속도는 상당한 차이가 발생할 수밖에 없는 구조이다. 약간 지나친 감이 있지만, LG는 직급의 수와 체류연수를 대폭 축소함으로써 우수인재에 대한 초고속 승급, 그에 따른 연봉의 급상승의 길을 열어둠으로써 최우수인재의 확보, 유지를 위한 과감한 보상을 제도적으로 천명한 것이라고 볼 수 있다. 또한 30대 중반에 임원으로 승진하는 것도

제도적으로 가능하다. 이에 따라 조직은 점점 젊어지고 성과가 부진한 사람들은 조기에 퇴직을 하게 될 것이라는 추정도 가능하다.

반면에 삼성전자의 성과주의나 우수인재에 대한 파격적 보상에 관한 한, 결코 LG전자에 비해 적다고는 할 수 없을 것이다. 다만 LG전자가 그러한 인사 방침을 직급체계에 반영하였다면, 삼성전자는 LG와는 달리 돈이나 직급에 대해 제도를 뛰어 넘는 파격적 방식으로 성과주의를 실행하고 있다. 삼성전자의 직급체계, 즉 직급 계층이나 체류연수만으로 본다면, 어쩌면 전형적인 연공주의적인 성격을 띠고 있다고 할 것이다.

2) 직급별 표준 체류연수의 설정

일반적으로 직급별 체류연수를 설정할 때, 대졸 신입사원이 입사하여 조직 내에 가장 뛰어난 사람으로 최고 직급까지의 도달하는 데 걸리는 최소 기간을 몇 년으로 할 것인가가 판단의 출발이 된다. 회사가 연륜이 짧은 벤처나 중소기업의 경우는 대체로 직원들의 평균 근속은 5년 내외, 연령적으로는 30대 중반이나 그 이하인 경우가 많다. 이런 경우에는 고직급자가 수요에 비해 공급이 부족한 현실을 반영하여 체류연수를 짧게 설정함으로써 적절한 직급별 인력구조를 유지할 수 있을 것이다. 회사가 성장하여 조직과 인원 규모가 확대됨에 따라 직급의 수를 좀 더 늘려가거나 체류연수를 늘려, 승진 속도를 적의 조정함으로써 직급별 수요와 공급의 균형을 유지하고, 아울러 적절한 인력구조를 유지할 필요가 있을 것이다.

또 한편으로 동기부여적인 측면에서 보면, 한 직급의 체류연수는 3년 정도가 적절해 보인다. 한국인에게 기간으로서 '3'이라는 숫자는 유난히 선호되는 경향이 있다. 작심삼일, 100일을 표현하는 말로 석 달 열흘이라는 말, 또는 중·고등학교의 학제가 3년이라는 점 등등에서 보는 바와 같이 기간으로서의 '3'은 어떤 일을 계속 유지해야 하는, 또는 그 이후에는 뭔가가 바뀌기를 기대하는 숫자로서의 의미를 가진다. 그래서 한 직급에서 3년 동안 체류한다는 것은 그 직급에서 해야 할 일을 다 했다는 의미, 또는 그 직급에 필요한 것은 다 배웠다는 의미, 그래서 뭔가 심기일전하여 새로운 일에 도전을 하고 싶어 하는 시기가 될 수 있다는 점이다. 그래서 이러한 정서적, 심리적 측면에서 동기부여, 심기일전의 최적기간으로 체류연수를 3년으로 하는 것이 적당해 보인다.

직급별 표준 체류연수를 설정함에 있어 직급의 수와 관계없이 먼저, 직급별 체류연수를 3년으로 공통적으로 설정한 다음, 앞서 설명한 회사의 직급별, 연령별 인력 분포 등의 인력구조를 감안하여 1년 정도 가감함으로써 쉽게, 그리고 합리적으로 설정할 수 있을 것이다.

마지막으로 고려할 사항은 직급별 업무의 중요성, 인재 유지나 동기부여의 필요에 따라 체류연수를 가감할 수 있다.

통상적으로 대기업과 같이 오래된 기업의 경우, 즉 최하위 직급에서 최고 직급까지의 인력분포가 적절한 피라미드 구조를 가지고 있는 경우는, 과장 이하의 승급기간보다 차장 이상의 승급기간이 길다. 이것은 두 가지 이유가 있다.

우선 과장 이하의 직급은 젊기 때문에 이직률이 높고, 따라서 이들을 조기에 승급시킴으로써 이들을 유지(Retention)하고, 또한 조기 승급이라는 보상을 통하여 동기부여를 하기 위함이다. 예를 들어 전산이나 전자 등 IT 업계와 같이 직무숙련 기간이 비교적 짧은 산업의 경우라면 30대 중반 정도에서 관리자가 아닌 담당자로서 최고의 기술에 도달하고, 그에 따라 성과를 내는 계층이라고 할 수 있을 것이다. 이 경우 사원이나 대리 직급, 나아가 과장 직급의 체류연수를 타 직급에 비해 짧게 설정함으로써 이들의 성과에 대한 동기부여를 강하게 하고, 또한 이들의 유지를 도모할 수 있다.

반면 기계나 자동차 직종은 전자 직종보다는 숙련기간이 오래될 수 있고, 건설이나 조선과 같은 직종은 30대 후반이나 40대 초반 정도에서 최고의 성과를 기대한다면, 하위 직급보다는 적어도 과장, 차장의 체류연수를 단기간으로 설정할 필요는 없다고 할 수 있다.

<표 2-8>은 내가 컨설팅한 회사의 사례로서, 앞에서 서술한 현재의 인력 분포, 회사의 사업 특성, 그리고 업무의 성격을 종합적으로 감안하여 설계한 직급체계이다. 이 회사는 30명 미만의 마케팅 대행업체로서 대부분의 직원이 30대 초반 이내이며, 3명의 팀장이 있는 소규모 회사이다.

표의 직급체계에서 최하위 직급은 대졸 미만의 직급이고, G2 직급이 대졸 초임 직급이다.

〈표 2-8〉 소규모 기업의 체류연수

직급		직급 명칭	
직급	체류연수	관리 / 마케팅	기자
G4 (Leader)		부장 차장	수석 기자
G3 (Senior)	2년	과장	
G2 (Junior)	2년	대리	기자
G1 (Assistant)	2년	사원	

<표 2-9>는 화이트 컬러 직원 300명 규모의 통신장비 제조업체로서 설립 10년차가 된 회사이다. 대기업에 비해서는 비교적 직원들의 연령이나 근속이 짧고, 특히 회사의 특성상 대리 직급의 인력 유지 및 동기부여가 중요한 회사이다.

〈표 2-9〉 중견기업의 체류연수

직급	직급명칭		체류
	관리/기술	연구원	연수
1급	부장	수석	
2급	차장	책임	4년
3급	과장	선임	4년
4급	대리	전임	3년
5급	사원	연구원	4년
6급	사원		2년

3. 직급 정의

　직급체계를 설계함에 있어 마지막으로 고려해볼만한 사항은 각 직급에 대해 해당 직급의 정의를 명문으로 기술하는 일이다. 직급 정의는 직무급에서는 해당 직급의 직무적 특성이나 성격, 직능자격 제도에서는 해당 직급의 직무능력 수준이 서술적으로 표현된다. 이러한 직급 정의에 대해 대체로 직무급에서는 직무 가치 몇 점에서 몇 점 사이의 직무로 정의하는 경우가 일반적이나, 직능자격 제도에서는 각 직급에 대한 엄밀한 서술적 정의가 필요하다. 왜냐하면 직능자격 제도에서는 이론상 해당 직급(직능자격)에 해당하는 직무능력이나 자격이 있으면 승급이 가능하기 때문에 승급을 억제할 수 있는 수단으로서 명확히, 구체적으로 정의된 직급 정의가 필수적이다. 그리고 이러한 직급 정의는 평가 제도의 설계, 승격 제도를 설계하는 가장 기본적인 기준으로 활용된다. 그래서 직능자격 제도가 도입되던 시기에 각 기업들은 직급에 대해 명확하고 구체적으로 직급 정의를 표현하기 위해 엄청난 노력과 비용을 투입하였다.

　하지만 현실적으로 아무리 명확하고 구체적으로 표현한다고 하더라도 한 직급에 속하는 회사 내의 모든 직종이나 직군에 대해 그 직무수행능력이나 자격을 한데 아울러 설명하는 것 자체가 추상적이 될 수밖에 없는 어려움이 있다. 이러한 표현상의 추상성, 불명확성으로 말미암아 그 자체로서 승격심사의 구체적 또는 절대적 잣대로 활용하는 데는 한계가 있을 수밖에 없었다. 결국은 승격심사의 잣대는 대상자의 상대적 서열에 의한 승격 T/O에 의존할 수밖에 없었다.

대부분 연봉제를 시행하고 있는 요즘은 이러한 직급 정의의 역할을 대부분 역량평가항목 도출을 위한 역량 모델링(뒤에서 설명) 작업에서 수행되고 있어, 과거와 같은 상세한 직급 정의는 그 사례를 찾기 힘들 정도로 그 가치가 소멸된 개념이 되었다.

<그림 2-2>는 LG전자의 직급 정의를 소개한 자료이다.

〈그림 2-2〉 LG전자의 직급 정의

직급체계를 변경하는 것은 집의 기둥을 새로 세우는 일이기 때문에 조직에 일대 변혁을 불러일으키는 중요한 사건이다. 직급체계를 변경하게 되면 조직 내의 호칭, 직급 연차의 가감 등 기존 개인간의 서열과 질서를 흩뜨려 놓기 때문에 직원들에게 주는 충격은 인사 제도의 어떤 변화보다도 심대하다.

그래서 기업에서 경영혁신을 본격 추진하여야 하거나 조직의 분위기를 일신하는 충격요법으로서 직급체계와 호칭체계를 바꾸어 보는 것은 해볼 만한 일이다. 거꾸로 직급체계를 자주 변경하는 것은 직원들의 인사정책에 대한 불신을 불러일으키며, 아울러 승급 제도가 무력화 되며, 직급의 변경으로 인한 혼란 등으로 단기적인 성과의 하락을 반복하는 결과를 초래할 것이다.

제3장 승급 제도의 설계

1. 용어의 정의

지금까지 직급이 상승하는 것을 표현하기 위해 승진이나 승급 등의 용어를 구분 없이 사용하였다. 이제부터는 이에 대한 정확하고 통일된 용어를 사용할 필요가 있다.

승진과 비슷한 의미의 용어들이 많이 있다. 승급, 승격, 진급, 승호의 말들이 있으며, 기업마다 다양하게 이들 용어를 사용하고 있다. 영어로는 프로모션(Promotion) 한 단어로 통일되어 있는 것이 우리말로는 이렇게 다양하게 표현되는 것은 아마도 한자어로 구성된 우리말의 조어상의 특성 때문일 것이다.

• 승호

먼저 승호(昇號)는 과거 호봉제 하에서 호봉이 올라가는 것을 말한다. 공무원 직급체계는 여전히 몇 급 몇 호로 규정되는바, 호봉이 상위 호봉으로 올라가는 것을 말한다.

참고로 LG에서는 호봉이라는 말 대신 '급호'라는 단어를 사용하였고, 급호가 올라가는 것을 승급이라고 불렀다. 따라서 승호는 승진과는 다른 개념이고, 작은 의미의 상승을 뜻한다.

• 승급·승격

다음으로 승급(昇級)은 급수가 올라가는 것, 즉 직급이 올라가는 것을 말한다. 직급과 직책이 분리되어 있는 현재 많은 기업들의 직급체계에서는 승급이라는 용어가 제일 적절해 보인다.

비슷한 크기의 상승을 뜻하는 승격이라는 용어는 직능자격 제도가 도입되기 시작한 이후부터 국내에 쓰이던 용어이다. 직능자격 제도에서의 직급은 직능자격 등급을 말하는 것이다. 즉, 직능자격이 오른다는 뜻으로 승격의 용어가 등장했다. 하지만 비록 현재의 연봉제가 이 직능자격 제도를 기반으로 운영되고 있다고 하더라도, 애초에 이 제도가 도입될 때보다는 자격의 의미가 많이 퇴색되어 있으므로 승격이라는 제한적, 고유명사적 단어보다는 보다 포괄적인 승급이라는 말이 더 적절하다 할 것이다.

• 진급

진급(進級)이라는 말은 일정 직급에 이른다는 의미로 인사관리 용어라기보다는 가장 보편적으로 쓰이는 보통의 용어이다. 사람들의 일상대화에서, "(공무원 하는) 그 친구 진급했다더라…, 그래 원래 몇 급이었는데?"라든지, "삼성 다니던 그 친구 이번에 진급했대" 등등과 같이 아주 일반적으로 쓰이는 말이다. 그래서 진급이라는 용어는 지나치게 일반적이라는 측면에서 기업 내에서 인사관리 업무상의 용어로 쓰이기에는 적절하지 않다.

• 승진(升進)

승진이라는 말의 한자말을 뜻풀이하면 오르고 또 나아간다는 의미로서 앞의 여러 용어들보다는 더 크게 뭔가가 크게 상승한 듯한 느낌을 준다. 직능자격 제도가 도입되기 시작한 90년대 중반 이전 직급과 직책이 분리되지 않았던 시절에는, 직급이 오른다는 것은 조직의 책임자(長)가 된다는 의미로 직급에 따르는 자격, 능력, 직무, 급여의 상승에 더하여, 조직책임자로서의 결제권, 인사권, 심지어는 사무실 내 책상이나 좌석의 이동까지 포함한 것을 의미하였다. 내가 과장으로 발령받은 첫날, 과장이 됨으로써 무엇이 변경되는지를 한번 헤아려본 적이 있다. 호칭, 명함, 책상의 이동 등등. 심지어는 집사람의 호칭마저 사모님으로 바뀌는 것까지 포함하면 15가지 정도가 바뀌었던 것으로 기억된다. 한마디로 과장이 된다는 것은 조직 내에서의 위상, 즉 사원에서 관리자로 '신분'이 바뀌는 것을 의미했다. 요즘의 과장이나 부장의 승급 발령과 비교해 보면 참으로 격세지감이 들지 않을 수 없다. 이렇게 승진이라는 말은 한자적 의미와 예전의 상황을 볼 때 적어도 조직 내 신분(직급과 직책)이 상승하는 것을 표현하는 용어로 보는 것이 타당하다. 요즘은 이렇게 직급과 직책이 동시에 오르는 경우가 별로 없기 때문에, 이를 승진이라고 표현하기에는 지나친 느낌이 든다.

결론적으로 직급과 직책을 분리하여 운영하는 대부분의 기업에서, 직급이 오르는 것을 '승급'으로 부르는 것이 가장 적절하다.

하지만 조직 내에서 직급이 오르는 것을 승진이나, 진급, 아니면 승급으로 하는 것은 별로 중요하지는 않다. 다만 인사담당자는 그 용어들의 의미를 나름대로 구분할 줄 알아야 할 것이며, 더욱 중요한 것은 조직 내에 여러 용어들이 혼용되지 않도록 통일된 용어를 지정하여 사용하는 것이다.

승급 제도를 설계하고 보고하는 자리에서 이미 사장 이하 많은 임원들이나 관리자가 승진이나 진급이라는 용어에 더 익숙해 있다면 그냥 그 용어를 채택해도 무방할 것이다. 그런 자리에서 자꾸 '승진'이 아니고 '승급'이라는 말이 더 정확하다고 우기다가 괜히 제도 자체의 본질을 잃어버리는 우(愚)를 범하지 않기를 바란다.

2. 승급 제도의 의의

승급 제도는 직급체계의 운영제도라는 측면에서 직급체계의 하부 체계로 보는 것이 옳다. 즉, 직급체계가 하드웨어(Hardware)라면 승급 제도는 소프트웨어(Software)로서 직급체계의 운영체제(Operating System)이다.

승급 제도는 일정한 직급체계에서 어떤 사람을, 또는 어떤 직무를 몇 직급으로 부여할 것인가를 결정하는 제도이다. 앞서 설명한 바와 같이 직급은 직무의 가치 등급인 동시에 직무를 수행하는 사람들의 능력 등급이고, 또한 거기에 상응하는 책임과 권한의 등급체계인 동시에, 해당 직급자들의 급여를 포함한 처우의 등급이다. 어떤 직원에게 이러한 직급을 부여하는 것은 인사 관리적으로 어떤 의미를 가지는가?

기업의 입장에서 인사관리의 목적, 즉 사람에게 기대하는 것은 오직 기업이 기대하는 '성과' 하나이다. 기업 전체적으로는 기업의 총 매출, 순익 등 재무적 성과일 수도 있고, 또한 고객만족, 혁신 수행 등 보다 장기적인 측면의 성과를 기대할 수도 있다. 승급관리는 이러한 구성원의 성과 향상을 위해 회사가 보유한 인사관리의 수단 중 가장 강력하고도 포괄적인 관리 수단이다.

개인의 성과와 관련하여 다시 한번 성과함수를 되돌아 보자. 개인의 성과는 역량과 노력의 결과물이다.

$$성과 = 능력(Ability) \times 노력(Motivation) \times 기회요인(Opportunity)$$

먼저 성과함수의 좌측 변수인 역량과 관련하여 승급 제도의 의미를 보자. 역량이라는 것은 특정 직무를 수행할 수 있는 개인의 능력을 말하며, 특정 직무와 관련하여 능력 변수를 크게 하기 위해 인사관리에서는 두 영역으로 구분하여 관리한다. 먼저 개인의 능력에 맞는 직무를 부여하는 일, 즉 직무배치 업무로서 이는 HRM의 영역이다. 그 다음으로 적소에 배치된 적재의 능력개발은 HRD의 영역에서 담당하는 일이다. HRM영역에서는 이러한 적재적소의 배치의 실행을 위해 기업 내에서 두 가지의 현실적인 일을 수행하여야 한다. 하나는 직무의 수평적 전개의 측면에서 직무의 성격에 따라 그 직무를 수행하는 적당한 사람을 배치하는 일이고, 두 번째는 직무의 수직적 전개의 측면에서 능력이 뛰어난 사람을 더 어려운, 즉 직무 가치가 더 높은 직무에 배치하는 일이다. 전자를 위해 인사부서에서는 직원을 채용하고 전공, 학력 등을 참고하여 일정 조직 단위까지 배치발령을 수행한다. 이후 조직 내에서 구체적으로 일을 배정하는 것은 현업관리자, 즉 라인관리자(Line Manager)의 몫이다. 이것은 채용관리의 영역이다. 승급관리는 직무의 수직적 전개에 있어서의 직무 배치, 즉 능력이 뛰어난 사람을 더 중요하고 난이도가 높은 업무에 배치하는 업무이다.

두 번째로 승급관리는 성과의 좌측 변수 즉 '노력' 변수를 통제하는 동기부여 수단이다. 동기부여 차원에서 승급관리는 가장 큰 보상수단을 가진 가장 큰 동기부여 수단이 된다. 연봉제를 포함한 급여 제도는 더 나은 성과에 대한 더 많은 급여를 부여함으로써 개인의 동기를 자극한다면, 승급은 승급에 따른 더 나은 급여뿐 아니라, 더 어렵고 중요한 직무의 배치, 그리

고 그러한 보다 중요한 업무를 수행하는 데 필요한 권한과 책임의 부여 –
이것이 보상인지, 아니면 의무인지는 받아들이는 개인에게 달려 있지
만 – 라는 보상이 주어진다. 이러한 가장 강력한 동기부여 수단인 '승급'
이라는 보상을 어떻게 운영하는가에 따라 동기부여의 가장 큰 방향이자
목표가 되는 '개인의 성과'에 가장 지대한 영향을 미치는 것이기 때문이
다. 직장인들 치고 승급에 관심이 없는 사람은 없을 것이고, 그래서 직장인
이라면 자기가 승급하는 것은 물론, 다른 사람의 승급에도 지대한 관심을
가지고 지켜보게 된다. 조직이 어떤 사람을 승급시키는가에 따라, 그 '어
떤 사람'을 역할모델(Role Model)로 하여, 그 사람의 행동과 특성을 따라
하도록 수많은 조직 구성원의 동기부여가 일어날 것이기 때문이다. 조직
이 기대하는, 또는 표방하는 성과를 내는 사람을 승급시키면 당연히 구성
원들의 동기는 그러한 성과를 내는 방향으로 모아질 것이고, 그게 아니라
조직이나 CEO가 평소 강조하고 말하던 기대나 성과와 무관하게 승급 대
상자가 결정된다면, 조직 구성원의 노력의 방향을 바로 그러한 성과나
CEO의 기대하는 성과와는 무관한 방향으로 결정될 것이다.

그래서 승급 제도, 즉 어떤 사람을 승급시킬 것인가의 기준에는 그러한
CEO의 기대, 조직에서 가고자 하는 방향과 조직이 기대하는 성과(또는
성과를 내기 위한 여러 가지 중요한 방법들)의 내용과 그를 측정하는 방법
을 포괄적으로 포함하여야 한다.

3. 승급 제도의 설계

승급 제도는 누구를 승급 대상으로 할 것인가 하는 승급 대상의 자격에
관한 기준과 승급 대상 중 승급자를 결정하는 심사 기준의 두 가지 요소를

담아야 한다.

1) 승급 자격 기준

승급 대상자를 정하는 것은, 일단 승급심사의 명부에 올리는 사람을 누구로 할 것인가를 결정하는 문제이다. 즉, 어떤 자격 기준을 가진 사람을 승급 후보자로 보고, 그 중에서 승급할 사람을 골라내느냐 하는 것이다. 만약 승급 자격에 대한 기준이 없다면, 매년 전 직원을 대상으로 승급심사를 하게 되는 행정상의 문제가 발생할 것이다. 또한 승급이라고 하는 것이 개인으로 봐서 매년 일어나는 것이 아니고, 직장생활을 하는 수십여 년 동안 올라가야 할 몇 개의 계단으로 수년 만에 발생하는 사건으로 본다면, 그러한 승급의 자격에 제한을 두는 것은 당연할 것이다. 이것은 마치 신입사원을 채용할 때 학력, 학점, 전공 등의 지원자의 자격에 대한 제한을 두는 것과 똑 같은 것이다. 채용 전형시 이러한 자격 기준으로 1차 전형을 수행하고 면접 등의 2차 심사로 나아가는 것이다.

직급 체류연수

승급 대상을 정하는 기준, 즉 상위 직급으로 승급하기 위한 자격으로 가장 일반적이고 공통적으로 활용되는 기준은 표준 직급 체류연수다. 직급의 수와 체류연수는 직원들의 생애 승급 속도를 결정하는 중요한, 그리고 불가분의 요인으로서 앞의 직급체계에서 설명하였다. 그러나 여기서는 승급 자격으로서의 체류연수의 의미를 좀 더 살펴보자.

예를 들어 대리 직급에서 과장 직급으로 승급하기 위해 최소 대리 직급에서 3년은 체류해야 한다는 자격 기준을 보자. 직급 체류연수 3년의 기간은, 일 개인이 사원 직급에서 승급하여 대리 직급의 새로운 직무(더 어렵고 중요한 직무)를 배우고 익히고, 그리고 그 직무 수행에 있어 일정한 성과를 달성하고, 이를 조직에서 확인하는 데 필요한 최소의 기간으로 본다는 의미이다. 비슷한 의미로 최소 대리 직급에서 3년간은 능력을 향상하여야 상위 직급인 과장 직급의 직무를 수행할 만한 자격이 있다고 간주하는 것이다. 이러한 사고는 다분히 연공주의적 시각으로서 연공에 따라 능력이 향상된다는 가정을 전제로 하고 있다. 성과주의에서는 이러한 연공주의적 요소를 최대한 배제하려 하고 있으나, 제1부에서도 언급한 바와 같이 동일한 조건에서 평균적인 사람의 능력은 경험 기간에 따라 상승한다는 경험적 사실을 상당부분 반영한 것으로 보아야 할 것이다. 이러한 사고는 직무급에서도 별로 다르지 않다. 능력·성과주의에 철저한 서구의 인사체계에서도 더 높은 등급의 직무로 이동(Promotion)할 수 있는 요건으로서 직급 체류연수의 개념을 사용하고 있다. 직무급체계의 직무기술서에는 일정 직무를 수행하기 위한 경력(Career) 조건으로서 통상 일정 기간의 직무경험(Job Experience)을 반드시 요구하고 있으며, 여기서 말하는 직무경험 및 기간은 바로 직급 체류연수의 서구식 표현방식이라 할 것이다.

발탁승급 제도

표준 직급 체류연수와 관련하여 발탁승급 제도를 운영할 수 있다. 발탁승급 제도는, 즉 역량과 성과가 계속해서 뛰어난 사람은 남들보다 더 빨리 승급을 시킨다는 취지에서 반드시 필요한 제도이다.

IMF 외환위기 이전부터 대기업에서는 심각한 인사 적체를 겪고 있었다. 80년대의 고도성장기를 지나 90년 중반 이후부터 회사의 성장이 지체되고, 따라서 신입사원 채용은 최소화 되고, 근속의 증가에 따라 고직급자가 더 많아지는 상황이 이어졌다. 하지만 이 시기에 발탁승급 제도가 오히려 더 활성화된 것은 약간은 아이러니하다.

"고속도로가 아무리 밀려도 갓길은 있어야 한다. 그래야 급한 차량이 이동할 수 있지 않은가?"

발탁 제도를 확대하는 데 대한 CEO의 말이다.

일반적으로 발탁승급 제도는 최근 2년 내지는 3년 동안 연속해서 인사고과의 최고등급을 받은 사람에 한해, 표준 체류연수보다 1년 정도 미달되더라도 승진심사의 대상에 포함시키는 형태로 설계된다.

가능한 자격 요건

승급 자격의 의미를 알기 위해 다음의 대화를 보자.

"그 친구 이번에 승급했어?"

"승급은 고사하고 승급 대상에 들어가지도 못했어!"

"아니 왜?"

"글쎄 승급 자격시험에서 떨어졌대나봐."

"아니 자격시험에도 통과 못했다면 그 친구 그만 두어야 하는 거 아냐?"

승급 자격 기준이란 승급을 하기 위한 최소의 자격을 정한 기준이기 때문에 직급 체류연수기준 이외에 승급 자격이 미달된다는 것은 조직에서 요구하는 최소한의 요건조차 갖추지 못한 사람으로 '낙인'이 찍히는 중대한 의미를 갖는다. 따라서 누구나 세월의 흐름과 함께 같이 늘어가는 직급 체류연수의 기준 이외에 별도로 정하는 자격 기준이 있다면, 그것은 회사에서 추구하는, 또는 직원들이 준수하여야 할 가치나 기본역량에 대해 가장 강력한 메시지로서의 의미를 가진다. 예를 들어 글로벌 시대를 맞이하여 전 직원의 영어 능력이 반드시 필요하고, 이를 강력히 추진해야 할 경우 승급의 자격 기준으로서 일정 영어 점수 이상을 명기할 수 있을 것이다. 이러한 메시지는 직원들에게 '영어 점수가 안 되면 이 조직에서는 영원히 승급도 못하는 신세가 되지 않기 위해서 열심히 영어공부를 하시요' 라는 의미를 전달하는 것이다. 비슷한 관점에서 혁신을 강력히 추진하여야 할 경우, 혁신활동에 대해 일정 부분 이상 참여하지 않을 경우 승급 대상에서 제외한다는 기준을 만들 수도 있을 것이다. 또한 대기업에는 이런 경우가 별로 없으나, 중소기업의 경우 직원들의 근태 문제는 상당히 심각할 수 있다. 이때 최근 1년간 3일 이상 무단 결석자의 경우 아예 승급 대상에서 제외한다는 내용을 승급 자격 기준에 삽입한다면, 근태에 대한 CEO의 의지나 회사의 방침을 가장 강력히 천명하는 셈이 되는 것이다.

이러한 직원들의 의식이나 행동 변화를 요구하는 가장 강력한 수단으로서의 승급 자격 기준을 설정할 때 주의할 점은, 그 기준이 누구도 이의를 제기하지 못할 만큼 객관적이어야 한다는 것이다. 영어 실력을 반영하기 위해 TOEIC 점수 500점 이상, 또는 승급 자격시험 합격, 혁신활동의 추진 기준에 의해 혁신활동 참여 건수 5건 이상 등으로 명확히 하여야 한다. 자격 기준이라고 하는 것은 본인이 그 자격 요건의 충족 여부에 대해 사전에 명확히 알고, 그 결과에 대해 전적으로 동의할 수 있도록 객관적으로 설정되어야 비로소 기준으로서의 신뢰성과 이를 바탕으로 한 강력한 정책효과를 기대할 수 있는 것이다. 만약 회사가 강력히 추진해야 하는, 그래서 전 직원의 적극적 동참을 요구하는 정책이라 하더라도 그 기준을 객관적이고 명확히 설정하기 힘든 경우에는 다음의 심사 기준의 한 항목으로 설정하는 것이 바람직하다.

2) 심사 기준의 설계

심사항목의 설정

승급 제도에 있어 다음으로 해야 할 것은 승급 자격이 있는 사람들 중에서 어떤 항목을 심사하여 승급시킬 사람을 선발(Select)할 것인가에 관한 심사 기준을 설계하는 일이다.

앞에서 설명한 바와 같이 승급관리는 두 가지 성격을 가진다. 하나는 승급을 성과함수의 좌측 요인, 즉 직무능력과 관련한 수직적 직무 배치의 성격이고, 또 하나는 성과함수의 우측변수인 동기부여를 위한 보상으로서의 성격이다. 이론적으로 승급의 이 두 가지 성격 중 무엇을 더 중시하느냐에 따라 승급 대상자의 심사 기준은 달라질 수 있다.

역량 항목

역량과 관련한 일반적인 인사 이론으로 다음과 같은 원칙이 있다.

'탁월한 성과에 대해서는 돈으로 보상하고, 승급이나 직책 임명(관리자로 임명하는 것)은 성과보다는(더 높은 직급의 직무를 수행할 수 있는) 능력에 따라야 한다.'

엄격한 직무급 제도에서는 승급을 직무 등급의 상승으로 보고, 반드시 직무 가치가 더 높은 직무로의 이동을 전제로 승급을 실시하고 있다. 하지만 직무수행능력에 따라 승급을 시행하는 직능자격 제도에서도 승급이 이러한 직무 이동을 완전히 무시하는 것은 결코 아니다. 앞에서 요약한 LG의 직급 정의에서 보는 바와 같이 직급이 낮을수록(G4 직급) 기준과 절차가 상세히 정해진 정형적인 업무를 수행하는 반면, 직급이 높은 사람(G2 직급)은 소규모 리더와 같은 복잡하고 대외적이고 비정형적 업무를 수행한다는 것이다.

이런 의미에서 앞의 인사원칙은 이론적으로나 경험으로 보아 타당하다.

현 직급에서의 직무를 수행함에 있어 뛰어난 성과를 보이는 사람이 상위 직급의 직무를 잘 수행하지 못하는 경우도 많이 있다. 예를 들면 탁월한 일선 영업담당자가 보다 상위 직급인 영업기획업무에서도 반드시 탁월한 성과를 낼 수 있을 것인가는 의문이 갈 수 있고, 특히 영업조직의 책임자가 되는 경우에 이런 문제는 더 심각해질 수 있다. 조직책임자는 리더십이라고 하는, 일선영업 담당자로서는 한 번도 발휘해본 적이 없는 전혀 다른 역량을 필요로 하기 때문에 리더로서 승급 후 조직에서 실패하는 경우도 전혀 없는 것은 아니다.

GE의 리더십 교사인 램 차란이 지은 《리더십 파이프라인》은 직급의 상승을 리더십의 관점에서 서술한 책이다. 이 책에서는 직급과 능력의 관계를 다음과 같이 서술하고 있다.

"자신의 맡은 바 임무를 충실히 수행한 사람이 한 단계 승급을 하게 된다. 자신이 했던 일에 대한 보상 차원으로 승급을 했건만, 그 다음 단계에서는 자신의 능력을 인정받지 못하며, 차라리 과거가 훨씬 좋았다고 이야기하는 경우를 종종 보게 된다. 그것은 자신의 위치가 달라짐에 따라 자신이 발휘해야 할 핵심 역량도 달라졌으며, 일을 다루는 방식도 달라졌음을 제대로 인식하지 못했기 때문에 일어나는 현상이다."

그래서 저자는, "초급관리자에서부터 CEO에 이르기까지 그 단계별 리더가 지녀야 할 핵심능력은 다르며, 인재를 양성하거나 인재를 초빙해 올 때도 그 자리에 맞는 능력을 지니도록 키워내야 하고, 또한 그런 능력을 갖춘 인재를 발굴해야 한다"고 이 책에서 주장하고 있다.

요약하건대, 승급심사는 '상위 직급'의 직무를 수행하는 데 필요한 능력을 갖춘 인재를 선발하는 작업이라는 것이다. 따라서 승급의 제1 심사항목은 '능력' 요소이어야 하며, 우리는 인사평가의 평가항목 중의 하나인

'역량평가'의 결과를 적의 반영하면 될 것이다.

성과 항목

한편으로 성과에 대한 보상으로서의 승급의 성격을 감안하면 승급의 제 2 심사항목은 '성과'가 되어야 한다. 아마도 직장인들이 바라는 가장 공통된 '소망'은 바로 승급일 것이다. 따라서 모든 직장인들이 이 '승급' 욕구를 충족하기 위해 끝없는 노력을 기울이고, 또 승급을 못했을 경우 더없이 실망하게 된다. 이와 같이 개인의 노력과 그에 따른 높은 성과에 대한 보상으로서 승급의 동기부여 효과는 결코 무시되어서는 안 되는 것이다. 이 또한 인사평가의 '성과평가'의 결과를 적의 반영하면 될 것이다.

그 외 주요 심사항목

승급심사항목을 결정함에 있어 역량과 성과 항목에 더하여, 기업에서 중시하는 핵심 가치 – 물론 이러한 부분도 인사평가요소의 일부를 구성하겠지만 – 나, CEO가 요구하는 특별한 항목들, 예를 들면 혁신활동 참여도, 교육훈련 이수 의무, 또는 대부분의 대기업처럼 영어능력(주로 TOEIC 점수)을 심사항목으로 넣을 수 있다. 또한 IT 기술과 같이 하루가 다르게 발전하는 기술 환경에서 연구원들의 기술습득 노력을 강조할 목적으로 기술 논문 시험을 치르고, 그 시험 성적을 심사항목으로 반영할 수 있을 것이다.

성과 요소와 역량 요소, 그 외 주요 심사요소를 서술의 편의상 주심사요소라고 하겠다.

기타 가감점 항목

승급 기준에는 일반적으로 앞에서 서술한 인사평가의 결과, 그리고 회사의 주요 방침이나 정책을 반영한 주심사요소 외에 승급 가감점 항목을 포함시킬 수 있다. 가감점 항목은 대부분의 회사에서 대내외 포상이나 징계 사항 등으로 하는 것이 일반적이다. 예를 들어 포상 기준에 '사장 표창 시 승급심사에 2점을 가점한다' 등이 그것이다. 이외에도 제안 제도를 도입하고 활성화시키기 위한 목적으로 제안 제도에 '승급 직전 1년 동안의 제안 실적이 10건을 넘을 경우 1점, 20건이 넘을 경우 2점을 승급심사에 가점한다' 등의 기준을 정하고, 그 기준에 따라 승급심사에 반영하는 것이다.

그러나 대체로 중소기업의 경우 이러한 세세한 규정들을 다 갖추고 있는 경우가 드물기 때문에, 사실 점수로서 승급심사에 반영하는 것은 실무적으로 애로가 있을 수 있다. 그렇다고 그런 회사의 정책들을 반영하지 않는 것은 '회사 정책과 인사관리의 정렬(Alignment)' 측면에서 바람직하지 않다.

이 경우 각 사안에 대해 일일이 점수화를 하는 것보다는 그냥 그러한 잘한 일, 못 한 일을 빠뜨리지 않고 심사 리스트에 기재하여, 그것에 대한 반영을 심사위원들에게 위임하는 것이 더 적절한 방법이다.

가감점 요소는 서술의 편의상 보조심사요소로 명명하겠다.

심사항목의 인사정책적인 의미

승급자격 기준과 승급에 반영하는 모든 항목은 각 항목에 대한 인사정책적인 중요도에 따라 그 비중을 결정하여야 한다. 즉, 회사가 그 항목을 설정함으로써 기대하는 직원들의 행동변화의 크기에 따라 그 비중을 달리 설정해야 한다는 것이다. 앞에서 설명한 바와 같이, 승급 자격 기준은 회사에서 직원들에게 절대적으로 요구하는 사항을 반영하는 것이다. 반면 어떤 항목을 가감점 요소(부심사요소)로 책정하는 것은 회사 정책에 대한 권장으로서 "가급적 직원들이 어떤 일을 했으면 좋겠다"는 의사표

시가 되는 것이다. 예를 들어 회사가 직원들의 영어 능력 향상을 도모하고
자 할 경우, 영어 능력의 지표가 되는 TOEIC 점수를 자격 기준, 또는 주심
사요소나 부심사요소로 설정하느냐에 따라 직원들의 영어 능력 향상을
위한 노력의 정도에 미치는 영향은 현격히 달라진다는 것이다.

마지막으로 가감점 항목과 관련하여 종종 발생하는 문제점을 보자. 일
반적으로 가감점 항목은 그 업무를 담당하는 부서에서 기준을 제정하여
인사담당자에게 통보하는 것이 일반적이다. 예를 들어 제안실적에 대한
승급심사의 가감적 기준은 제안 담당부서에서 제정한다. 이 경우 제안 담
당자는 자기 업무의 중요성을 지나치게 크게 평가한 나머지 가감점을 과
다하게 설정할 수도 있다. 그럼으로써 승급심사에 있어 능력과 성과의 비
중이 낮아지게 되고, 그 결과 승급 제도의 본래 취지를 훼손하는 일이 발생
한다. 승급관리의 전체를 담당하는 인사담당자는 이러한 심사항목과 회
사의 정책적 의도를 종합적으로 살피고 필요한 기준을 재개정할 수 있어
야 한다.

이상을 나타내면 다음과 같다.

구분	자격 기준	주심사항목	보조심사항목 (가감점 항목)

인사정책적
의미
	승급을 위한 최저 기본
	자격으로,
	• 하위직급에서의 최저
	  경력, 체류연수
	• 회사의 가장 강력한
	  인사정책 반영
		상위직급자로서의 능력
		이나 현직급에서의 성과
		와 더불어, 회사의 중요
		정책을 기준으로 설정함.
			회사에서 추진하는 정책
			에 대해 직원들에게 권
			장할 사항

예시	• 직급 체류연수 • 사내 기술논문 통과	100점 • 인사고과 점수 - 성과평가 점수 - 역량평가 점수	30점 이내 • 상벌사항 • 어학점수 • 제안실적

〈그림 2-3〉 승급 기준의 구조

세부기준의 설계

승급자의 결정을 위한 심사요소를 설정하였다면, 다음으로 각 요소들을 어떻게 점수로 반영할 것인가에 대한 세부 기준이 필요하다. 승급심사를 위해 인사담당자가 수행하는 업무는 바로 이 점수를 기준으로 심사 리스트를 작성하여 보고하는 일이다.

인사평가 결과(역량, 성과)의 반영

역량과 성과 요소 그리고 별도로 설정한 주심사요소는 100점을 만점으로 설계하는 것이 기본이다. 그리고 보조심사요소는 그 자체로 주심사요소의 점수에 산술적으로 가감을 하면 된다. 하지만 부심사요소는 가감점 기준에 따라 점수가 제한 없이 늘어나는 경우도 있다. 예를 들면 제안 5건당 1점씩 부여한다는 제안 기준이 있을 경우 100건을 제안한 사람은 20점이 가산된다. 이 경우에 대비하여 가감점 요소의 상한 기준을 별도로 정하는 것이 바람직하다. 컨설팅을 하면서 가끔씩 주심사항목과 보조심사항목을 합하여 주심사항목 90점, 보조심사항목 10점 등으로 총점을 100점으로 하는 경우를 종종 접하기는 하나, 나는 개인적으로 주심사항목 100점, 보조항목 10점 등으로 별도로 설계한다. 어느 방식을 택하든지간에 큰 차이는 없으나, 대체로 심사항목의 성격을 명확히 구분하여 운영한다는 점에서 직원들에게 설명하기도 쉽고, 심사하기에도 좀 편리해 보인다.

평가항목간 반영비율

주심사항목의 만점을 100점으로 할 경우 대부분 인사평가 중에서 능력평가 점수와 성과평가 점수에 대해 각각 일정 비율을 곱하여 합하는 방법을 많이 사용한다. 즉, '승급은 능력에 따르고, 보상은 성과에 따른다'라는 원칙에 따라 능력평가 점수를 50% 이상 반영한 60점으로 하고, 성과평가 점수를 50% 이내로 반영한 40점으로 설계할 수 있을 것이다.

기간별 평가 결과의 반영

• 심사 대상 기간

평가항목간의 반영 비율이 결정되면, 다음으로 승급심사의 대상 기간을 결정하여야 한다. 즉, 최근 몇 년간의 인사평가나 기타 심사항목들에 대한 실적을 반영할 것인가의 문제이다. 즉, 예를 들면 대리에서 과장 승급을 위한 체류연수로서 3년을 책정할 경우, 또는 4년을 책정할 경우 그 기간 동안의 인사평가 결과를 전부 반영할 것인가의 문제이다.

승급이라고 하는 것은 '직급 체류의 전 기간 동안 발휘한 역량과 성과'에 기반을 둔다는 측면에서 전 기간의 평가 결과를 반영하는 것이 일견 타당하다. 전 기간의 평가 결과를 반영하는 데는 또 하나의 현실적 이유도 있다.

만약 직급 체류의 전 기간이 아닌 최근 2년의 점수만 심사에 반영하고, 그래서 현 직급 초년도, 또는 2년차의 평가 결과를 반영하지 않는다면, 반영되지 않는 1개년 또는 2개년의 인사평가는 소위 전략평가의 희생양이 된다. 전략평가란 평가자가 자기 조직의 평균 평가 점수를 낮추기 위해 인사평가의 점수에 영향을 받지 않는 퇴직 예정자 등을 대폭 낮게 평가하는 경우를 말한다(상세한 내용은 '인사평가' 편을 참조하기 바란다). 따라서 만약 현 직급 초년도의 평가 결과를 승급에 반영하지 않는다면, 이에 해당되는 사람들의 인사평가는 아주 낮아질 것이다.

하지만 인사 제도의 단순화의 측면에서 승급심사일 기준, 최근 2년의 평가 결과만으로 심사하는 것도 괜찮은 방법이다. 그리고 직급 체류연수와 관계없이 최근 3년을 초과하는 평가 결과까지 반영할 필요는 전혀 없다. 사람의 역량이나 성과가 단기간에 급변하는 것이 아니라는 측면과 연봉제 하에서의 전략평가 행태는 상당히 제한되기 때문이다. 연봉제 하에서 개인의 인사평가 결과는 그대로 연봉에 반영되기 때문에 관리자가 함부로 특정 개인의 인사평가를 무리하게 낮게 하는 일은 어렵기 때문이다.

• 기간별 반영 비율

승급심사의 대상 기간이 정해지면 다음으로, 평가 기간별로 그 점수를 어떤 비율로 반영할 것인가를 결정하여야 한다. 앞에서 설계한 대로, 한 직급의 체류연수는 대개 3년 내지 4년 정도가 되기 때문에 승급심사를 위해서는 이 체류연수 동안의 전체 인사평가 결과를 감안하여야 할 것이다. 체류연수별로 어떤 비중으로 반영할 것인가?

승급을 직무 등급의 상승으로 보는 시각에서 보면, 승급 대상자의 가장 최근의 인사평가 점수가 승급 후의 성과나 능력을 예측하는 데 가장 정확하다고 할 수 있다. 그래서 최근의 평가 점수에 더 많은 비중을 두는 것은 이론적으로 올바른 접근이라 할 수 있다.

또 다른 한편으로 승급이 지난 직급 체류연수 동안의 성과에 대한 보상이라는 측면에서 보면, 과거의 성과를 현재의 성과에 비해 낮게 평가할 이유는 별로 없어 보인다. 오히려 똑 같은 비중으로 반영하는 것이 더 공정하다고 할 수 있을 것이다.

인사평가 결과를 기간에 따라 반영 비율의 차이를 두는 문제는 전술한 '승급을 보는 시각'에 따라 달라질 수 있다. 만약 승급을 새로운 고난이도의 직무에 배치한다는 시각에서 최근의 평가 결과를 더 많이 반영하는 경우를 보자. 이러한 이론적 관점에서 2008년 1월 승급 대상자의 경우, 표준 직급 체류연수가 3년이라면, 2005년 인사평가 점수 20%, 2006년 30%, 2007년 50% 등으로 설계가 가능하다.

하지만 나는 인사 제도 설계에 있어 가장 중요한 것은 제도의 논리성이나 이론성보다는 직원들의 제도에 대한 납득성과 운영의 용이성을 강조한다. 현실적으로나 이론적으로나 특별한 문제가 발생하지 않은 한 인사 제도는 단순하고 운영하기가 쉬워야 한다고 믿는다. 왜냐하면 제도가 복잡하면 할수록, 그 제도의 고객(직원, 조직책임자, 사장을 비롯한 임원들)의 이해도가 떨어지고 담당자의 업무 부담만 늘어난다. 인사 제도는 그것이 조직 구성원들에게 잘 이해되고, 일선 관리자나 인사담당자들이 운영하기 수월해야 제대로 작동을 하기 때문이다. 아주 단순한 예로서 승급심사에 반영하는 기간을 직급 체류연수 4년으로 하는 것과 최근 2년으로 하는 것에서도 실무상의 차이가 크다. 인사담당자가 승급심사표를 작성하기 위해 한정된 A4지에 수개 년도의 평가 결과를 표기하는 일조차도 결코 쉬운 일이 아니다. 이러한 관점에서 인사평가 점수의 비중을 기간별로 차등을 두는 것은 바람직하지 않다. 제도의 내부적 이론성, 논리성에 따라 제도를 복잡하게 설계하는 것은 일견 그럴 듯해 보이기는 하나, 제대로 운영되기에는 어려움이 있다. 인사평가 결과를 기간에 차이를 두지 않고 똑같이 반영하는 것은, 또 한편으로 잘하는 사람은 늘 잘하고, 못하는 사람은 늘 못한다는 일반적인 경험에 비추어 보아도 그렇게 무리한 방법은 아니다. 2005년에는 'A(우수)' 등급을 받은 사람이 2007년에는 'C(미흡)'를 받고, 2007년에는 다시 S를 받는 경우는 거의 없다고 볼 수 있고, 설사 그런 사람이 있다 하더라도 그 소수를 위해 전체 제도를 복잡하게 만들 필요는 없다고 보는 것이다.

오히려 인사담당자가 더욱 신경을 쓰고 살펴야 하는 것은 정교한 기준에 의해 산출된 점수가 아니라, 앞에서 예를 든 사람의 경우, 그 사람이 왜 2007년에 C를 받았는가를 파악하고, 혹시 특수한 외적 요인에 의해 그런 평가를 받았다면, 평가 제도로는 커버할 수 없는 그런 불가피한 외적 요인을 파악하여 승급심사에 반영하는 일일 것이다.

또한 CEO는 물론 인사담당자가 작성한 승급심사 리스트의 점수나 순위를 존중하여야 하지만, 그 점수의 이면에 있는 개인에 대한 여러 정보를 파악할 수 있도록 가급적 직속상사나 인사담당자의 의견을 최대한 청취하는 것이, 굳이 승급 결정만이 아니더라도 조직 내 인재에 대한 정확한 파악을 위해 필요하다 할 것이다.

결론적으로 승급심사에 반영하는 인사평가 점수는 ① 표준 체류기간 동안의 전기간 또는 최근 2년간의 인사평가 점수를 성과평가 점수와 역량평가 점수를 각각 단순 합산하여 체류연수로 나누고 ② 앞에서 정한 각각의 비중, 즉 능력점수 60%, 성과평가 점수 40%로 하여 합산하면 된다. 만약 역량이나 성과 요소 이외에 별도의 주심사요소, 예를 들어 논문평가 점수를 설정하였다면, 그 점수 기준과 비중(상한점)을 별도의 반영 기준에 따라 반영하면 된다. 단, 이 경우 인사평가의 만점 점수인 100점은 그대로 유지하고 추가로 그 항목의 점수를 합산하는 것이 바람직하다.

〈표 2-10〉 승급심사 기준

심사항목	역량평가	성과평가	논문	비고
비중	40	60	10	최근 3개년의 인사평가 점수 평균

〈그림 2-11〉 논문평가 결과 반영기준

평가등급	S	A	B
점수	10	8	6

만약 인사평가 결과의 집계 점수를 그대로 반영하지 않고 인사평가의 최종 결과를 S~D까지의 5등급으로 책정하는 경우에는 〈표 2-12〉와 같은 등급의 점수 환산 기준이 필요할 것이다.

자! 이 정도면 훌륭한 승급 기준이 되었을까?

이는 컨설팅을 하면서 내가 보아온 가장 일반적 형태의 기준이라 할 수 있다. 또한 제도가 단순하면서도 승급은 능력에, 보상은 성과에 따른다는

〈표 2-12〉 인사평가 등급 환산기준

등급	S (탁월)	A (우수)	B (보통)	C (미흡)	D (불량)
점수	100	80	60	40	20

인사 이론도 적절히 반영하였기 때문에 경영진이나 라인 관리자에게 설
득력이 있어 보인다.

3) 심사 기준 설계의 마지막 문제

앞에서 설계한 심사 기준에는 한 가지 결정적인 맹점이 있다.

'과연 역량평가 점수 60%, 성과평가 점수 40%를 반영하는 것이 실무적
으로 가능할 것인가? 또는 가능하다 하더라도 과연 그럴 필요가 있을까?'
하는 것이다.

연봉제 하에서 역량 점수와 성과 점수와 나누어서 각각 따로 반영한다
는 것은 업무 현실에서 어쩌면 불가능하거나 또는 전혀 필요 없는 작업이
아닌가 한다.

그 이유는 '제4부 인사평가 제도'에서 상세히 설명하겠지만, 요약하면
다음과 같다. 연봉제 하에서 인사평가의 결과는 연봉 등급의 결정에만 활
용되고, 그 이후에는 존재 목적을 상실하게 된다. 즉, 인사평가의 결과는
S, A, B, C, D로 표기되는 단일한 등급으로만 유지되고, 역량평가 점수나
성과평가 점수로 분리된 점수는 더 이상 존재 의의가 사라지게 된다는 것
이다. 과거 호봉제 하에서의 인사평가 점수는 평가자들의 평가 점수를 인
사담당자가 집계한 하나의 데이터에 불과한 반면, 연봉 등급은 인사평가
의 점수와 몇 가지 다른 요소들을 종합하여 최고경영층의 심사를 거쳐 내

려진 최종 인사 판단이다.

연봉제 하에서 연봉 등급의 결정과정과 그 의미를 이해한다면 승급심사에서 성과와 역량의 비중을 달리하는 것이 불가능하다는 것을 알 수 있을 것이다. 연봉 조정을 위해 최고경영자가 심사숙고 끝에 내린 개인에 대한 종합평가 결과인 연봉 등급을 무시하고, 승급심사를 위해 데이터에 불과한 원래의 인사평가 점수(역량/성과)로 다시 환원하여 점수를 산출하는 것이 과연 반드시 필요하고, 또는 가능한 일인가? 또한 사장의 입장에서, 예를 들어 인사평가 점수가 B 등급인 직원을 연봉 등급심사과정에서 'A' 등급으로 결정하였음에도 불구하고, 이것을 다시 승급심사에서는 원평가 점수의 등급인 B 등급으로 표기된 걸 본다면 어떤 일이 일어날까?

이렇게 되면 승급 기준은 다시 한번 단순해진다.

〈표 2-13〉 연봉등급 환산기준

등급	S (탁월)	A (우수)	B (보통)	C (미흡)	D (불량)
점수	100	80	60	40	20

4) 승급 포인트제

승급 제도를 설계함에 있어 또 하나의 방식으로 승급 포인트제가 있다. 승급 포인트제는 직급 체류기간별 연봉 등급 점수를 일정 기준에 따라 누적시켜, 그 점수(포인트)를 기준으로 승급 대상자의 자격을 부여하는 제도이다. 즉, <표 2-14>에서 보는 바와 같이 한 해의 연봉 등급에 따라 포인트를 부여하고, 그 점수를 직급 체류기간 동안 누적시키는 것이다.

2008년 승급을 기준으로 대리의 직급 체류연수를 3년으로 하고, 대리에

연봉등급	S	A	B	C	D
포인트	5	4	3	2	1

서 과장으로 승급하는 경우를 보자.

그 대리의 연도별 연봉 등급이 최근 3년간 각각 A, B, A인 경우, 누적 포인트는 11점이 된다. 만약 S 등급을 3년간 연속해서 받았다면 15점이 될 것이다. 누적 포인트로서 승급 대상자의 자격 점수를 설정할 경우 직급 체류연수보다 1년 적게 연속해서 S 등급을 받았을 때의 누적 포인트를 최소 점수로 한다. 즉, 상기의 경우 과장 승급 대상자는 승급 포인트 10점 이상인 자가 되는 것이다. 이렇게 승급 포인트를 설계할 경우 2년간 S를 받은 사람은 승급 대상자에 포함되어 자동으로 발탁승급이 이루어질 수 있으며, 3년 연속해서 C 이하를 받은 사람은 6점으로서 승급 대상에서 제외된다. 따라서 이런 사람은 그 다음해 B 이상의 등급으로 4점을 획득해야 누적 포인트 10점이 되어 승급 대상이 되는 것이다.

승급 포인트제는 발탁승급 제도를 포함하여 제도 설계 및 운영이 대단히 단순하다는 측면에서 일부 기업이나 컨설턴트로부터 선호되고 있다. 하지만 제도의 단순함을 중시하는 나로서도 다음의 두 가지 측면에서 승급 포인트제를 별로 권하고 싶지 않다.

우선 승급 대상자가 불분명해진다. 직원들의 입장, 또는 관리자의 입장에서 누가 올해의 승급 대상이 되는지를 명확히 하는 것은 중요하다. 승급 포인트제는 이러한 직급별 연차와 인사평가 등급, 또는 연봉 등급을 통합해버림으로써 누가 대상자인지를 확인하기 위해서는 직급별 연차 이외에 또 하나의 절차, 즉 등급별 점수 기준과 이를 누적시킨 점수를 알아야 한다. 연봉 등급이나 평가 등급이 본인에게 통보되는 것을 전제로 하더라도 그 점수를 기억하는 것은 쉽지 않다. 그래서 단순히 관리자나 직원 본인들이 쉽게 외우고 있는 직급 연차에 따른 승급 대상자격 기준이 더 바람직하다.

승급 포인트의 두 번째 문제는 승급 대상에서 탈락된 사람에 대한 정보가 제공되지 않는다는 것이다. 승급심사는 1년에 한 번 각 직급별로 직급 체류연수 이상의 고참 직원들에 대해 이루어진다. 이렇게 1년에 한 번 발생하는 '개인에 대한 심의'는 단순히 승급자를 확정하는 의미 외에도 인사상의 중요한 의미를 가진다. 즉, 승급심사를 통해 사장을 비롯한 경영층은 조직 내에서 누가 더 우수한가를 파악하는 것뿐 아니라, 누가 더 열등한지를 파악하고 공유하는 것이다.

승급을 심의하는 자리에서는 항상 승급자 외에 승급에서 탈락한 사람에 대해서도 논의가 분분하고 향후 그 사람을 어떻게 관리할 것인지에 대해서도 논의가 이루어지는 것이 현실이다. 승급 포인트제는 누적 포인트 일정 점수 이하인 사람을 이러한 논의의 대상에서 제외함에 따라 조직 내 사람들의, 특히 열등한 사람에 대한 정보의 공유를 원천적으로 차단하는 역기능을 수행한다.

좀 더 고민해 보아야 할 것 하나

연봉 등급 S, A, B, C, D의 대응하는 각각의 환산점수를 100점, 80점, 60점…. 각각 20점 차로 두는 것이 과연 합리적인가? 그렇지 않다면 얼마의 차이를 두어야 합리적인가.

제3부에서 상세히 설명하겠지만, S, A … 등의 등급은 인사평가 점수를 기본으로 연봉심사 기준과 절차에 따라 개인별로 등급화한 것이다. 이 과정을 간단히 설명하면 다음과 같다.

인사평가 제도의 평가 점수 집계 기준에 따라 개인의 인사평가의 총점이 결정된다. 이 인사평가 점수에, 연봉 심사 기준상의 다른 심사요소들에 대한 각각의 점수를 합하여 최종점수를 집계한다. 이 최종점수를 순서대로 정렬하여 높은 점수 순으로 최상위 10%에 대해 S 등급, A 등급은 차상위 20% 등의 등급별 T/O에 따라 강제적으로, 상대적 서열에 따라 매겨진 등급이 바로 연봉 등급이다(물론 이 최종 점수를 기준으로 별도의 심사 절차가 있기 때문에 그 점수 순위가 연봉 등급은 일치하지 않는 경우도 많다). 따라서 실제로 S 등급이나 A 등급의 원평가 점수는 최대 10점에서 적게는 0.1점까지의 차이가 날 수가 있다.

바로 이 0.1점의 차이로 인해 한 등급의 연봉 등급이 차이가 나게 되고, 그 등급 차이로 인해 다시 승급시에 10점의 차이를 둔다는 것은 어쩌면 상당히 비합리적일 수가 있다.

여기서 연봉심사시의 원평가 점수 차이 0.1점과 등급화로 인한 10점의 차이의 의미를 살펴보자.

먼저 한 등급 차이의 점수 차 10점은 무슨 의미인가? 과연 S 등급으로 100점을 받은 사람의 역량이나 성과가 A 등급의 80점을 받은 사람의 그것보다 25% 더 높다는 의미인가? 또는 예를 들어 영업사원 중에서 S 등급을 받은 사람이 100만 원의 실적을 올렸다면, A 등급을 받은 사람은 80만 원의 실적을 올렸다는 것을 의미하는 것인가? 그렇다면 영업사원이 아닌 간접부서 인원들, 연구원들의 연봉 등급과 실제적인 역량이나 성과의 차이를 어떻게 수치로 나타낼 것인가?

결론은 이 등급 차로 인한 10점의 차이와 원 최종 점수 0.1점의 차이는 역량이나 성과의 차이를 나타내는 수치로서 아무런 의미가 없다는 것이다. 다시 말해 10점이건 0.1점이건 간에 그것은 두 사람의 상대적 순위만을 의미할 뿐이라는 것이다.

점수 환산 기준을 살짝 바꾸어 주심사요소의 비중을 100점으로 했을 때, S 등급을 100점, A 등급을 90점, … D 등급을 60점으로 하면 어떤가? 이것이 인사적으로 어떤 의미가 있고 결과를 낳을 것인가? 등급간 점수 차이를 10점으로 한 경우와 20점으로 한 경우를 시뮬레이션해 보면 승급심사를 위한 순위에 아무런 영향을 미치지 않는다.

등급과 점수와 실제 개인의 능력과 업적의 정확한 수치적 산출을 끊임없이 고민해 왔던 나로서 내린 결론은 원 최종점수로 심사하나, 등급으로 하나 결과적으로 전혀 차이가 없다는 것이다. 어차피 승급뿐 아니라 기업 내에서 연봉을 포함한 모든 보상이라는 것은 자원의 한계를 가지고 있기 때문에, 개인의 상대적 순위에 따라 배분이 되는 것이다. 따라서 점수가 높고 낮은 것은 전혀 중요한 것이 아니고, 상대적 순위만이 중요하게 되는 것이다. 0.1점 차이로 승급에서 탈락하거나, 10점 차이로 탈락하거나, 또는 반대로 0.1점 차이로, 또는 10점 차이로 승급을 하는 경우에 점수 자체가 승급에 미치는 영향은 아무것도 없다.

복습문제

2008년 4월 2일 총무과 인사교육 담당자 황대리는 사장의 호출을 받고 사장실로 달려갔다.

사장께서는 "우리 회사의 사업 전략상, 이제는 전 직원들의 영어능력이 중요하다. 영어능력을 향상시키기 위한 대책을 강구하라"고 황대리에게 지시하였다.

여기서 황대리가 사장의 지시를 이행하기 위해 할 수 있는 수단이 어떤 것이 있을까?

우선 황대리는 직원들의 영어능력 향상을 위해 교육의 방법을 생각할 것이다. 영어 학원비 지원, 영어강사 사내 초청교육, 온라인 영어교육 지원 등 각종 방법을 기획할 것이다. 아울러 영어능력을 승급이나 연봉의 결정에도 반영할 것인가를 반드시 검토하여야 한다.

본문에서 말한 바와 같이 승급이라는 것은 직원들의 행동이나 의식을 일정한 방향으로 유도하는 가장 강력한 수단이기 때문이다. 연봉 또한 당연히 강력한 동기 유인책이 된다. 또한 승급에 반영한다면 승급 자격으로 할 것이냐, 주심사요소로 할 것이냐, 아니면 부심사요소(가감점)로 할 것이냐를 결정하여야 한다. 마찬가지 방법으로 연봉 심사 기준에 반영할 수 있을 것이다.

영어능력 강화라는 회사의 정책을 인사에 반영할 때 어떤 제도, 어떤 기준에 반영할 것인가 하는 것은 결국 그 정책의 중요도에 따라 결정하여야 할 일이다.

다음은 IT분야의 연구개발을 중시하는 회사의 사례이다.

이 회사는 IT 관련 연구개발 중심 회사이기 때문에 이 회사의 CEO는 급격하게 발전하는 기술에 대한 직원들의 학습은 대단히 중요한 경쟁력의 요소가 된다고 믿고 있다. 이러한 CEO의 의지를 반영하여 직원들의 학습 노력을 장려하기 위해 논문시험을 치르고, 이 점수를 승급에 반영하고자 한다. 이러한 경우 구체적으로 어떻게 승급 기준을 설계할 것인가?

먼저 본문에서와 같이 인사평가 점수를 100점으로 한 경우 논문의 만점 점수를 몇 점 정도로 하는 것이 적절한가? 여기에 대해서는 이론적인 정답은 없다. 다만, 우리가 공정하고 객관적인 인사평가 제도를 운영한다는 전제라면 대략 20점을 넘기기는 힘들 것이다. 사실 논문 점수가 높은 사람은 역량이 높을 것이고, 따라서 역량평가 점수가 높게 나올 것이기 때문에 역량을 이중으로 반영되는 셈이다. 그러므로 20점을 초과하는 것은 승급에 있어 역량의 비중을 너무 높게 책정하는 결과를 초래한다.

이런 경우는 만점을 20점으로 하고, 개인의 취득 점수 나누기 20으로 계산한 점수를 그대로 반영하면 된다. 이 경우 20점의 의미는 논문을 만점 받은 사람과 0점을 받은 사람의 차이를 연봉 등급으로 볼 때 한 등급의 차이만큼 나는 것으로 이해할 수 있다(연봉 등급 1등급의 차이를 20점으로 설계한 경우).

논문 점수의 100점과 0점의 차이를 인사평가의 한 등급의 차이와 같다는 데 대해 고민해 보라. 논문 점수의 차이가 적다고 생각한다면 연봉 등급의 2등급의 점수인 40점을 만점으로 해보라. 인사평가 점수 100점에 논문 점수 40점이 된다. 논문 점수의 비중이 너무 높지 않은가?

참고로 논문 시험은 당해 연도 승급 대상자에 한하여 한 번 실행한다.

5) 승급 T/O

승급 T/O는 승급 대상자 중에 몇 % 정도를 승급시킬 것인가의 문제이다. 적정 승급 T/O를 설정하는 데는 별다른 규칙이 있는 것은 아니지만, 대략 다음의 몇 가지 요인들을 검토하여 결정한다.

완벽한 직무급에 의한 직급체계를 유지하는 회사라면 이러한 T/O의 문제는 발생하지 않는다. 왜냐하면 직무급에서는 새로 발생하는 상급의 직무나 공석이 발생한 상급의 직무가 있을 경우에만 승급이 가능하게 되기 때문이다. 즉, 승급 T/O는 직무 자체에서 자동으로 정해지고, 또한 연중 수시로 이루어지기 때문에, 즉 공석이 생긴 직무를 비워둘 수는 없기 때문에 수시로 승급이 이루어진다. 하지만 대부분의 한국 기업에서는 직능급을 운영하고 있고, 또한 설사 직무급을 표방한 회사라도 승급 T/O의 문제는 중요하다.

T/O를 결정하는 요인

• 동기부여적인 효과

우선은 승급의 동기부여적인 효과를 최대한 크게 하여야 한다는 것이다. 일반적으로 승급 제도와 같이 여러 대상자 중에서 더 많은 보상을 제공할 사람을 선정하는 경우, 동기부여의 측면에서 가장 효과적인 비율은 대상자의 30% 정도로 보면 된다. 30% 정도의 확률은 빅터 브룸의 기대이론의 측면에서, 일반적으로 조직 구성원이 느끼기에 '나도 노력하면 승급할 수 있다'는 기대를 가지게 하는 확률이다. 그래서 승급을 하기 위해 나름대로 최선의 노력을 유도해 낼 수 있는 수준이라는 것이다. 그리고 '내가 30%, 즉 3대 1의 경쟁을 뚫고 승급했다'는 사실은 상당한 인정감과 이에 따른 만족감을 줄 것이다.

만약 10%의 경우라면 어떨까? 10%의 성공 확률은 일반적 정서에서 대단히 어려운 확률이며, 10명 중 1등이 된다는 것은 평균적인 사람이라면 쉽게 도전하기 어려운 목표라고 할 수 있다. 그래서 그 목표(승급)를 도전하기를 포기하고, 따라서 성과에 대한 동기부여가 되지 않을 것이다.

아니면 반대로 80%, 90%의 승급 비율이라면 어떨까? 그러면 직원들은 '우리 조직은 특별히 꼴찌만 아니면 다 승급할 수 있다. 그래서 굳이 승급을 위해 별다른 노력을 할 필요가 없다'라고 느낄 것이다. 또한 승급에 따른 만족감도 전혀 기대하기 어려울 것이다.

• 직급별 인력구조

급속히 성장하는 신생 기업의 경우 매년 조직이 30%씩 성장하고, 신입사원, 경력사원을 가리지 않고 많이 채용하는 기업의 경우에는 상위 직급의 인원이 많이 부족한 현상이 생긴다. 이 경우는 인력 구조가 극단적인 피라미드형태가 되는 바, 하급자를 지도할 수 있는 리더 계층이 부족해진다. 따라서 이런 경우의 승급률은 상당히 높아지고, 직급 체류연수도 짧게 설계된다. 이러한 현상은 90년대 초반 이전, 고도성장기에는 LG를 비롯한 대기업에서도 항상 관리 인력이 부족했고, 그래서 거의 대상자 전원이 승진(직책과 직급이 같이 상승한다는 의미)하는 경우도 제법 많이 있어 왔다.

반면에 조직의 성장이 정체되고, 조직 구성원의 근속연수가 증가함에 따라 점점 종형으로 바뀌어 가는 것이 어쩔 수 없는 상황에서는 상위 직급에 대한 과감한 구조조정이 없다면 당연히 승급률은 낮게, 보수적으로 운영하게 된다.

• 승급 속도

승급 T/O를 결정하는 마지막 변수는 승급 속도이다. 앞에서 설명한 바와 같이 승급 속도는 직급의 수, 직급 체류연수에 따라 결정되지만, 승급 T/O 또한 중대한 영향을 미친다. 직급 체류연수를 3년으로 설계하더라도 승급 T/O를 50%로 설정하면 그 직급에서의 평균 승급 속도는 4년이 되는 것이다. 이러한 승급 속도는 직급이나 이에 따른 연봉 등의 보상에 영향을 미치게 된다. 따라서 근속연수별 보상 수준의 차원에서 동종 타사, 경쟁사의 승급 속도를 감안하여야 한다.

중견 중소기업을 컨설팅하면서 항상 느끼는 일이지만, 중견 중소기업은 대기업에 비해 확실히 직급이 인플레가 되어 있다. 입사 연도가 같은 대졸 사원의 경우 대기업보다 중소기업이 저직급의 경우는 2~3년, 고직급의 경우는 3~5년 정도가 빨리 승급한다. 이것은 물론 승급률뿐만이 아니라 직급 체류연수가 짧은 탓이긴 하나, 이렇게 승급 속도를 빨리 운영하는 이유 중에 하나가 '연봉을 대기업 수준만큼 주기 어려우니, 사회적 지위로서의 의미가 있는 직급을 더 올려 주어야 할 필요성' 때문이다.

요약하면 승급 T/O를 결정하는 요인은 동기부여의 효과, 직급별 인력구조, 타사와의 근속별, 또는 연령별 직급 비교를 종합적으로 검토하여 정하는 것이다. 따라서 승급 T/O는 승급 기준에 정확히 대상자의 몇 %로 확정을 하는 것보다는, 대략적으로 가이드라인 수준의 적정 승급 T/O를 설정해 두고, 매년 승급 시기에 그러한 여러 상황을 종합하여 당해 연도의 승급 T/O를 탄력적으로 책정하는 것이 바람직하다.

예를 들어 올해 대리에서 과장의 승급 T/O의 가이드는 50%이나, 전년도 과장급 인원의 퇴직이 많아 보충이 필요한 사유가 발생했다면, 올해는 60% 정도로 하는 것이 적절할 것이다.

하지만 기업의 규모가 작은 벤처기업의 경우 T/O를 정하는 것 자체가 어려운 경우도 있다. 즉, 과장 진급 대상자가 되는 대리 직급의 인원이 너무 적을 경우, 예를 들어 2명인 경우, 이에 대해 T/O를 50%로 하고, 80%를 하는 것은 의미가 없다. 이런 경우는 T/O에 의해 대상 인원을 정하는 것이 아니라, 심사 단계에서 직접 개인별로 역량과 성과를 심사하여 두 사람이다 적격자로 판단되면 모두 승급시키고, 한 사람이 부족하다면 한 사람만 승급시키면 될 것이다. 이른 바 절대평가적 방식이다.

• 승급 T/O의 일반적 사례

승급 T/O를 결정하는 요인들을 감안한다고 하더라도, 적정 승급 T/O를 설정하는 것은 여전히 어려운 문제이다. 여기서는 승급 T/O에 관해 많은 기업들에서 일반적으로 시행하는 승급 T/O를 소개하고자 한다.

대체로 하위 직급인 사원급에서는 특별한 하자가 없는 한 대상자 전원을 승급시키는 것이 일반적이다. 직급체계의 설계하기에 따라 다르겠지만, 대부분의 중소기업의 경우 대졸사원은 주임급, 전문졸 사원은 사원1급, 고졸 사원은 사원2급 등의 학력에 의해 직급을 구분하고 있다. 이 직급에서는, 학력간 급여 격차 해소 차원에서 학교경력만큼의 직급 체류연수가 지나면 특별한 하자가 없는 한 거의 전원이 자동으로 승급한다. 이러한 방식이 우리가 학교에 입학하여 일정기간만 지나면 특별한 경우가 아닌 한 전원 졸업하는 것과 비슷하다는 의미에서 '졸업방식'이라는 표현을 쓰고 있다. 한편, 고직급에서는 대략 50% 내외, 부장 정도의 직급에서는 40% 내외로 설계하면 큰 무리가 없다. 이러한 방식을 대학에 진학할 때, 엄정한 입학전형과 신입생 정원 기준에 따라 심사를 거쳐 입학한다는 의미에서 '입학방식'이라고 한다.

6) 그 외 포함하여야 할 기준들

승급 일자

승급 기준에는 승급 기준 일자를 명기하는 것이 좋다. 연중 수시로 개별 심사를 통해 승급을 시킬 수도 있으나, 가급적 년 1회 승급일자를 정하여 운영하는 것이 바람직하다.

대략적으로 연간 인사관리 일정을 고려할 때, 3월 정도가 적당해 보인다. 12월은 연말 인사평가 시행, 1월은 개별 연봉 조정으로 가장 바쁜 시기이다. 이런저런 인사 일정을 감안하면 2월 중에 승급심사를 완료하고, 발령일자는 3월 1일자가 적절하다.

승급자의 확정 절차 - 승급심사

일정한 자격을 갖춘 대상자 중에서 적격자를 선발하는 일을 심사(審査)라고 한다. 회사에는 승급심사뿐 아니라 연봉 심사, 조직책임자를 임명하는 심사, 교육 대상자를 선정하기 위한 심사 등 많은 종류의 심사 업무가 있다. 심사는 의사결정자 혼자 하는 것이 아니라 관련된 2인 이상의 인사권자들이 모여 회의나 토론을 거치는 과정을 말한다. 물론 어떤 적격자를 선정하는 데 있어 대상자가 적은 경우에는 심사라는 절차 없이 인사권자가 바로 결정을 할 수도 있지만, 승급자를 결정하거나 개인별 연봉을 결정하는 일은 전 사원들을 대상으로 하기 때문에 반드시 심사과정을 거치는 것이 필수적이다. 심사의 필요성에 대해서는 제3부에서 좀 더 상세히 설명하겠다.

인사컨설팅을 하면서 내가 접한 대부분의 기업에서는 이러한 심사와 관련하여 다음과 같은 방법으로 수행하고 있다. 예컨대 승급심사의 경우 인사담당자가 작성한 승급심사 리스트를 놓고 경영층(임원급)의 논의를 거쳐 사장에게 품의하는 방식을 채택하고 있다. 사장이 직접 심사단계에 참여하는 경우는 거의 없고, 거의 결재를 하는 방식으로 하고 있는 것이다. 이는 아마도 한국의 경영 관행, 또는 의사결정 관행이 그러한 것으로 이해될 수 있다.

엄밀한 의미에서 직원들의 모든 인사권은 사장에게 있다. 단지 조직의 규모가 클 경우, 일정한 위임전결 기준에 따라 인사권을 위임할 수 있다.

그래서 직급이 낮은 직원의 경우는 해당부문의 장(예컨대 사업부장)이 최종 인사권을 가질 수 있으며, 직급이 높은 차·부장의 경우는 사장이 직접 인사권을 행사하도록 기준을 정할 수 있을 것이다.

승급심사와 같은 경우, 나는 인사위원회 방식을 적극 권장하고 있다. 최종 인사권자와 직속하위의 조직책임자가 한데 모여, 승급심사 리스트를 놓고 토론을 거쳐 승급자를 확정하는 위원회 방식이 그것이다. 과장 이하의 직원들에 대해서는 최종 인사권자인 사업부장과 팀장들, 그리고 차·부장에 대해서는 사장과 임원들이 한 자리에서 논의하는 방식이다. 인사위원회의 구성과 역할에 대해서는 뒤에 별도의 장에서 설명하겠다.

4. 승급 제도의 운영

승급 제도가 완성되면, 그 다음의 과제는 승급 제도를 제도의 취지에 맞게 운영하는 일이다.

인사 제도를 제대로 운영하는 일은 제도의 설계 못지않게 중요하다. 오히려 제도는 엉성하게 개요 수준으로 설계되었다고 하더라도 운영을 통하여 제도의 미비한 부분을 보완할 수 있다는 측면에서 제도 자체보다는 운영이 더 중요하다고 할 수 있다.

1) 승급 기준의 공지

새로운 승급 제도가 확정되면, 전 사원들에게 반드시 공지되어야 한다. 승급 제도는 수많은 의미의 인사정책, 방침, CEO의 의지를 반영한 것이기 때문에 사전에 공지되어 조직 구성원들의 노력을 그 쪽으로 끌고 가야 한다. 그러기 위해서는 승급 제도를 포함한 중요한 인사 제도가 변경될 때는 제도의 취지, 제도가 강조하는 인사방침이나 정책들, 현업관리자들이 유의하여야 할 점을 정리하여 전 사원을 대상으로 발표하여야 한다. 또한 이러한 제도나 기준에 대해 누구나 항상 열람이 가능하도록 사내 인트라넷 등에 공지되어 있어야 할 것이다.

2) 당해 연도 승급 계획 수립

모든 인사 제도는 완벽하지 않다. 또한 한번 정한 인사 제도가 영원히 지속되지 못할 것은 명백하다. 그렇기 때문에 인사담당자는 매년 제도의 기본 틀을 유지하는 범위 내에서 제도의 실행과 관련된 세부 사항을 변경, 개선해 나가야 한다. 회사 사업 전략의 변화, CEO의 새로운 방침, 직원들의 제도에 대한 불만들을 끊임없이 수렴하고 이를 인사 제도에 반영하여야 한다. 앞에서 서술한 바와 같이 CEO의 새로운 방침, 예를 들어 '올해는 경영혁신의 원년'을 선언할 경우 그 혁신활동의 구체적 성과를 승급심사 항목에 반영을 하거나, 직급별 인력구조의 분석을 통해 직급별 승급 T/O를 변경하거나 하는 일이 그것이다. 이러한 사항들에 대한 구체 계획을 수립하여 '20××년 승급 실시 계획'으로 보고하는 것이다.

3) 승급심사표의 작성

승급자의 확정과 관련하여 승급심사표를 작성하는 일이 인사담당자의 마지막 작업이다. 승급 대상자들의 간단한 인적 사항과 심사항목별 점수가 표기되고, 그 점수의 총점 순으로 정리한 것이 바로 승급심사표이다. 승급심사표에는 규정된 기간만큼의 연봉 등급을 표기하는 등 심사에 필요한 개인의 정보를 가급적 상세히 기술한다. 승급심사표는 심사 단위별로 작성한다.

4) 승급심사

앞에서 잠깐 서술하였지만, 승급심사를 포함한 모든 인사 심사는 인사위원회에서 심사하는 것이 바람직하다. 보통 인사위원회는 인사를 담당하는 팀장급이 참여하여 심사과정을 청취하거나 대상자에 대한 본인의 의견을 개진할 수도 있다. 적은 조직일수록 인사 담당 팀장은 직원 개인에 대해 여러 정보를 파악할 수 있기 때문에 인사평가가 커버하지 못하는 개인에 대한 직원들의 평가 등에 대한 정보도 제공할 수 있으며, 그 의견은 승급자의 당락에 중요한 영향을 미치기도 한다.

5) 승급자의 발표

대부분의 기업들에 있어서 승급자는 각종 사내 매체를 통해 전 구성원들에게 공지를 한다. 인트라넷, 게시판, 조회 등을 통해 발표의 형태를 띤다. 또 회사에 따라 별도로 사장이 불러서 서면화된 임명장, 또는 사령장(인사명령장)을 수여하는 경우도 많이 시행하는 방법이다. 이러한 행사는 인사적으로 상당히 의미가 있다. 뛰어난 역량이나 성과에 대한 범 조직적인 축하(Celebration)는 승급자에 대한 더 큰 만족감을 줄 수 있을 것이다. 이는 승급에 대해 과거부터 관행처럼 내려온 한국 사회의 전통의 일부일 것이다. 조직생활에서 승급만큼 더 좋은 일이 있겠는가?

그러나 연봉제가 강화되고, 구성원들의 입퇴직이 잦아진 요즘은 이러한 사령장을 주는 등의 축하 제도는 점점 사라지는 추세에 있다. 연봉제, 직능급적 직급체계에서 승급의 의미가 과거의 승진과 같이 커다란 변화를 의미하는 것이 아니기 때문이다.

'CEO 메모'

1. 직급체계의 의미

직급이라는 것은 모든 조직에서 발견되는 개념이다. 조직 내의 여러 개체는 조직의 목적 달성을 위해 각각 분업화된 임무를 수행하게 되며, 분업화는 수평적 분화와 수직적 분화의 두 방향에서 이루어진다. 수평적 분업화는 주로 조직의 목적 달성을 위한 업무 프로세스에 따라 기능적으로 분화되고, 수직적 분업화는 주로 조직 내부 개체들의 지휘, 통솔, 관리, 그리고 개체간의 조정을 목적으로, 그 임무를 수행하기 위한 권한이나 책임, 난이도에 따라 상하(上下)의 방향으로 분화된다. 이렇게 분화된 직급들간의 권한이나 역할, 책임, 수행능력 등에 대한 '체계적' 관리가 필요하게 된다. 이른바 직급체계가 필요해지는 것이다.

직급체계는 '조직 목표의 달성'을 위하여, 각 개체들이 일(업무)을 수행하기 위해 가장 기본적으로 갖추어야 할 요소이기 때문에 인사관리 시스템의 근간이 된다. 인사관리 시스템이 하나의 '집'이라면, 직급체계는 그 집을 짓기 위한 초석이 되거나, 또는 집의 기본 골격, 즉 기둥에 해당된다고 할 것이다.

인사관리의 측면에서 직급은 다음과 같은 4가지 의미를 가진다.
① 직급은 해당 직급의 역할이나 그 역할을 수행하는 데 필요한 권한과 책임의 등급이다.

② 직무급체계 하에서 직급은, 직무의 난이도와 중요도에 따른 직무 가치의 등급이다.

③ 직급에 맞는 역할을 수행하기 위해서는 그 역할을 수행할 수 있는 능력을 가진 사람을 배치하여야 한다. 따라서 직급은 직급별 역할 수행에 필요한 능력의 등급이다.

④ 직급은 보상의 등급이다. 직무의 난이도가 높고, 권한과 책임이 클수록, 또한 그 일을 수행하는 사람의 능력 수준이 높을수록 더 많은 보상을 하는 것은 당연한 일이다.

2. 승급관리

직급체계를 설계하는 것은 집의 기둥을 세우는 가장 중요한 일임에는 틀림이 없으나, 그 일 자체가 결코 어려운 것은 아니다. 한국 기업의 일반적인 직급 구조는 사원, 대리, 과장, 차장, 부장의 5단계로 이루어져 있으며, 기업의 규모나 사업의 성격에 따라 1단계 정도 가감하여 설계할 수 있다. 보다 중요한 것은 직원 개인들의 직급의 상승, 즉 승급관리이다. 많은 기업에서 승급이라는 용어 대신 승진이라는 용어를 사용하기도 한다.

1) 승급관리 의의

승급 제도는 일정한 직급체계에서 어떤 사람을, 또는 어떤 직무를 몇 직급으로 부여할 것인가를 결정하는 제도이다. 직급은 직무의 가치 등급, 직원들의 능력 등급, 책임과 권한의 등급, 급여를 포함한 처우의 등급이기 때문에 어떤 개인을 승급시킨다고 하는 것은 다음의 두 가지 의미를 가진다.

① 직무배치 : 승급관리는 직무의 수직적 전개에 있어서의 직무배치, 즉 능력이 뛰어난 사람을 더 중요하고 난이도가 높은 업무에 배치하는 업무이다.

② 성과에 대한 보상 : 승급은 승급에 따른 더 많은 급여 외에 더 어렵고 중요한 직무를 수행하는 데 필요한 권한과 책임의 부여, 그리고 기업 내·외적인 신분의 상승이라는 보상의 일환이다.

2) 승급 제도의 설계

승급은 회사가 가지고 있는 가장 큰 보상수단이며, 따라서 가장 강력한 동기부여 수단이다. 이러한 가장 강력한 동기부여 수단인 '승급'이라는 보상을 어떻게 운영하는가에 따라, 동기부여의 가장 큰 방향이자 목표가 되는 '조직의 성과'에 가장 지대한 영향을 미치는 것이다.

따라서 승급 제도, 즉 어떤 사람을 승급시킬 것인가의 기준에는 CEO가 기대하는 직원들의 중요한 행동이나 태도, 조직이 가고자 하는 방향과 조직이 기대하는 성과(또는 성과를 내기 위한 여러 가지 중요한 방법들)의 내용과 그를 측정하는 방법을 포괄적으로 포함하여야 한다.

제대로 설계된 인사고과 제도에서는 상기의 사항들을 인사고과의 평가요소로 포함하기 때문에, 승급 기준은 인사고과의 결과를 주된 심사요소로 설계하게 된다.

일반적으로 승급에 반영하는 인사고과 결과는 최근 3년간 이내의 결과를 반영한다. 또한 승급 제도에는 적절한 규모의 승급 T/O를 설정하여야 하는 바, 일반적으로 저직급에서는 50% 이상, 고직급에서는 50% 이내의 승급 T/O를 설정한다.

3) 승급 제도의 운영

직급체계나 승급 제도는 그 중요성에 비해 제도의 설계는 대단히 단순하다. 직원들의 행동을 바람직한 방향으로 유인하는 가장 강력한 수단으로서, 승급관리의 성공은 오직 승급 제도를 운영하는 CEO의 자세에 달려 있다고 해도 과언이 아니다. 승급자의 심사는 승급 제도에 반영된 대로, 오직 CEO가 기대하는 직원들의 행동과 성과, 능력과 태도에 따라 최종 결정되어야 한다.

승급 대상자의 심사는 CEO가 직접 참여하고 임원급으로 구성된 인사위원회를 통하여 결정하는 것이 바람직하다. 인사위원회 방식의 승급 심사는 조직 내 인재에 대한 공정하고 정확한 판단을 가능하게 할 뿐 아니라, 그 자체로서 임원들간에 인재를 공유하고, 이들에게 CEO의 인사방침을 명확히 하는 자리이며, 임원들의 인재 판단 능력을 파악하는 자리로서의 기능을 수행한다.

제3부
연봉제의
설계와 운영

다음은 내가 컨설팅한 회사에서 연봉제의 운영과 관련하여 발생한 문제 상황을 재구성한 것이다.

(자존심 강하고 자신의 능력에 대해 대단히 뛰어나다고 자부하는 윤미경 주임은 2007년도 연봉 통보서를 받고 기뻐한다. 이미 발표된 올해 J사의 평균 인상률 5%에 비해 자기는 2% 높은 7%를 받았기 때문이다. 인사평가 등급도 평균 등급(B) 이상인 A 등급을 받았다. 이틀 뒤….)

윤미경 : 팀장님, 드릴 말씀이 있습니다.

팀장 : 어, 그래. 이번에 월급 많이 올랐지? 축하해. 윤주임이 열심히 해줬으니 그렇지…. 내가 뭐 한 게 있어야지….

윤미경 : 팀장님, 그게 아니라…. 이거. (사직서를 내민다.)

팀장 : 이거 뭐야? 윤주임 왜 이러는 거야.

윤미경 : ….

팀장 : 아니, 윤주임이 잘했고, 윤주임의 성과나 능력에 대해 전 경영진이 다들 인정을 해서 A 등급을 준 건데…. 왜 그래. 얘길 해봐 얘기를….

윤미경 : 그 점에 대해서는 고맙게 생각합니다만…. 제 연봉이 고객지원팀의 김주임과 같다는 것은 참을 수 없습니다. 입사경력으로나, 학력으로나, 일하는 걸로 봐서 저는 김주임보다는 더 받아야 된다고 생각합니다.

팀장 : 뭐야. 그 친구랑 윤주임을 비교할 게 뭐가 있어. 윤주임 스스로 한 일만 생

각하면 되는 거지. (몹시 화난 얼굴로) 그래, 윤주임이 그 친구보다 얼마나 더 받아야 된다고 생각해?

　　윤주임: 돈 금액이 문제가 아닙니다. 만 원도 좋고 10만 원도 좋습니다.

　　팀장: 허참…. 기가 막히는구만. 그래 고작 연봉 10만 원 안 줘서 회사를 그만 두겠다 그 말이야? 윤주임! 회사 규정에 개인 연봉에 대해서 다른 사람에게 알게 하거나 알려고 한 일에 대해 처벌받는 것은 알고 있겠지?

제1장 연봉제 개요

1. 연봉제의 적용 대상

제1부에서 연봉제의 작동 조건을 소개했다. 요약하면, 연봉제는 기업 외부적으로는 경쟁이 치열하고 고객과 기술이 급격히 변화하는 경영환경에서 내부적으로는 개인의 성과가 팀워크나, 상사의 지시나, 감독에 의존하는 것이 아니라, 개인 스스로에게 책임이 있는, 자기 경영적 업무를 수행하는 사람에 대해 제대로 작동할 수 있다. 기업 내부적으로 이런 조건에 부합하는 사람들은 대부분 관리자, 전문직 직무 수행자, 영업직 종사자 등과 같은 직원들이다. 이를 정리하면 다음과 같다.

Ⅴ 자신의 의사·판단에 따라 업무를 수행하는 사람
Ⅴ 업무상 역할과 책임이 분명하고 실적 파악이 가능한 사람

반면에 업무의 대부분을 상사의 구체적 지시에 의해 수행하여, 그 성과

책임이 개인에게 전가하기가 어려운 경우나, 성과의 측정이 극히 애매하여 차등적으로 판단하기가 어려운 직무나, 생산직 사원과 같이 근로시간과 기계 장비에 따라 성과가 결정되는 경우는 연봉제 적용이 적절하지 않거나, 적용하더라도 거의 제대로 작동하기는 힘들다. 즉, 생산직 사원, 보조 사원, 직급이 낮은 사무 간접 부문의 사원들에 대해서는 연봉제보다는 과거의 호봉제와 같은 급여 제도가 더 효과적일 수 있다.

그렇다면 대부분의 중소 벤처 업체와 같이 직원 수가 30명 ~ 50명 수준의 회사에서 주로 상사의 구체적 지시에 의해 업무를 수행하는 소수의 하급 직원이 있는 경우에는 어떤가?

대부분의 직원에게는 연봉제를 적용하고, 소수의 하급 사원들에 대한 급여체계는 호봉제를 적용함으로써, 두 종류의 급여 제도를 운영할 수 있을 것이다. 하지만 한 회사, 한 사무실에서 그것도 소수의 인원으로 인해 별도의 급여 제도를 운영하는 것은 낭비에 지나지 않는다. 이 경우 연봉제라는 하나의 급여 제도를 운영하면서, 연봉제의 적용을 배제할 필요가 있는 직원들에 대해서는 성과에 따른 급여의 차등적 적용을 약화하거나 배제하면 된다. 개인의 성과에 따른 보상의 차등이라는 연봉제의 본질을 제외하면, 그 제도는 과거의 호봉제와 전혀 다를 바가 없다.

2. 연봉제의 유형

연봉제의 유형은 연봉의 조정방식에 따라 크게 두 종류가 있다. 하나는 누적방식의 연봉제이고, 하나는 비누적방식의 연봉제이다.

1) 누적형 연봉제

다음 그림은 누적 방식의 연봉제로서 기본 연봉의 단일 구조로 되어 있다. 이러한 누적 방식의 연봉 유형은 직무급을 바탕으로 연봉제를 발전시켜온 서구 기업에서 사용하는 방식이다.

누적형 연봉제는 '기본 연봉'의 단일 구조로서, 연봉 인상은 이 단일 기

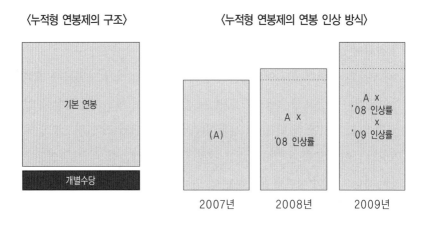

〈그림 3-1〉 누적형 연봉제

본 연봉을 기준으로 조정한다. 즉, 조정된 개인 연봉 = 기본 연봉 × 인상률이 된다.

여기서 인상률은 인사평가 결과를 바탕으로 한 개인별 연봉 등급에 의해 결정된다. 예를 들어 가장 높은 S 등급의 경우는 10%, 평균 등급인 B의 경우는 5%, 가장 낮은 D 등급의 경우 0%로 하는 경우이다. 이러한 인상 방식은 <그림 3-1>에서 보는 바와 같이, 매년 연봉 인상이 누적적으로 적용되기 때문에 누적 방식이라고 한다.

2) 비누적형 연봉제

반면에 비누적형의 경우, <그림 3-2>에서 보는 바와 같이 연봉을 기본 연봉과 성과(업적) 연봉의 두 항목으로 구분되어 있다. 비누적형 연봉제 하에서는 기본 연봉과 성과 연봉의 인상방식이 달리 적용된다. 기본 연봉은 직급별로 회사에서 전체적으로 결정하고, 개인의 성과에 따른 차등적 연봉은 성과 연봉에만 적용한다. 즉, 조정된 개인 연봉 = (조정된) 직급별 기본 연봉 + (조정된) 성과 연봉이다.

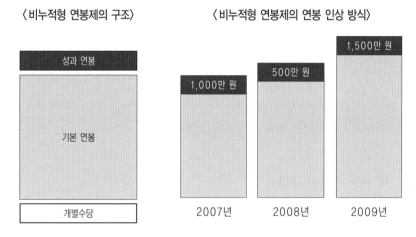

〈비누적형 연봉제의 구조〉　　〈비누적형 연봉제의 연봉 인상 방식〉

〈그림 3-2〉 비누적형 연봉제

여기서 개인의 성과 연봉은 인사평가 결과를 바탕으로 한 연봉 등급에 의해 대개 금액으로 결정된다. 즉, 가장 높은 S 등급의 경우는 1,500만 원, 평균 등급인 B의 경우는 1,000만 원, 가장 낮은 D 등급의 경우 500만 원으로 하는 방식이다. 이러한 방식에 의하면, 연봉은 매년 당해 연도의 인사평가의 결과에 따라 1회만 적용되기 때문에 전년도의 연봉과는 전혀 별도로 결정되고, 따라서 누적이 일어나지 않는다. 그래서 이러한 방식을 비누적

방식이라고 한다.

비누적 방식의 연봉 유형은 직급별 호봉제 급여 제도에 바탕을 두고 있는 한국이나 일본기업에서만 나타나는 특이한 연봉 형태이다.

직급별 호봉제는 직급별로 호봉 테이블에 따라 개인의 급여를 책정하는 방식이다. 이러한 비누적적 방식은 호봉제 하에서 운영하는 급여 책정 방식과 유사하게 연봉의 일정부분을 직급별로 회사에서 책정하고, 나머지 부분(성과 연봉)에서는 연봉제와 같이 개인의 성과에 따라 차등을 두는 방식으로, 누적형 연봉제와 호봉제의 중간 형태로 이해된다.

제2부의 직급체계에서 본 바와 같이 한국을 대표하는 LG전자와 삼성전자의 직급 구조가 서로 상반된 구조를 가지고 있듯이 연봉제도 LG전자는 누적형 연봉제를, 삼성전자는 비누적형 연봉제를 운영하고 있는 점도 재미있다.

나의 경험으로 비추어, 연봉제를 도입하고 있는 우리나라 기업의 경우 누적형과 비누적형의 비율은 반반 정도로 추정된다.

3) 연봉 유형별 장단점

누적형의 경우, 앞에서 설명한 바와 같이 연봉이 하나의 덩어리로 움직이기 때문에 운영이 대단히 편리하다. 또한 연봉이 누적적으로 이상되기 때문에 잘하는 사람과 못하는 사람의 연봉 차액은 점점 더 커진다. 따라서 성과주의, 즉 성과에 따른 보상의 차등을 더 크게 하는 제도이다. 그러므로 이러한 결과가 수년간 누적되면, 조직 구성원의 모든 급여가 달라지게 된다. 그리고 누적형 연봉제는 직급별로 최저한도와 최고한도만 정하고 있고, 비누적형과 같은 직급별로 정해진 기본 연봉의 개념이 없기 때문에 우수 경력사원의 채용이나, 조직 내 특별히 처우를 해주어야 하는 인재에 대해 높은 급여를 책정하는 일에 대단히 유연하게 적용할 수 있다.

한편으로 누적형의 경우, 성과가 제일 낮은 사람, 즉 연봉 등급을 D 등급으로 받은 사람의 경우 대부분 연봉 인상률을 0%로 설계하기 때문에 최소한 전년도와 동일한 금액을 유지하게 된다. 아무리 못하는 사람도 연봉을 삭감하는 것은 조직 운영의 측면에서 쉬운 일이 아니기 때문이다. 물론 D 등급을 마이너스 인상률을 책정하는 데 법적, 실무적 문제가 있는 것은 아니나, 제도의 전체적인 측면에서 마치 급여 삭감을 겨냥한 듯한 억지스런 기준으로 조직 구성원들에게 비쳐질 수 있기 때문에, 부담스럽고 자연스럽지 못한 면이 있다.

한편 비누적형의 경우는 누적형 연봉제에서 발생할 수 있는 지나친 차등을 방지할 수 있고, 또한 전년도의 연봉과 올해의 연봉이 무관하게 움직이기 때문에, 한해 잘 못한 사람이라도 이듬해 잘하기만 하면 높은 연봉을 받을 수 있다는 점에서 '패자부활 형'이라고도 한다. 따라서 누적형에 비해 성과에 대한 차등의 폭은 좁아진다. 또 한편으로 비누적 연봉의 성과 연봉은, 0원에서부터 시작하여 최고 금액을 정하기가 자유롭기 때문에 급여 삭감이 일어나기가 용이하다. 즉, 기본 연봉은 직급별 조정에 의해 500만 원이 오르더라도 전년도 성과 연봉을 1,000만 원 받는 사람이 올해 최하 등급을 받아 0원으로 책정된다면, 실제로 연봉은 전년도에 비해 500만 원이 삭감되는 셈이 된다.

〈표 3-1〉 비누적형 연봉 인상

연도	연봉 등급	기본 연봉	성과 연봉	계
2007년	A	3,000	1,000	4,000
2008년	D	3,500	0	3,500

비누적형 연봉제가 성과에 따른 차등의 폭을 일정부분 제약한다는 측면에서, 비누적형 연봉제는 과거의 직능급의 호봉제, 즉 강한 연공서열에 의

한 급여 제도에서 성과주의형 연봉제를 도입할 때 활용해 볼만한 제도라 할 수 있다. 강한 성과주의, 즉 누적형 연봉제에 따른 조직 구성원의 충격을 완화할 수 있다.

심화학습 ❻

　　앞에서 누적형 연봉제는 성과주의에 더 충실한 제도이며, 비누적형의 경우는 과거의 호봉제를 가미한 '약한 성과주의' 연봉제라고 설명한 바 있다. 그런데 한편으로 다른 측면에서 두 가지 유형의 성격을 살펴보면 어느 것이 더 성과주의적인가, 아니면 더 연공주의적인가, 또는 어느 유형이 성과의 측면에서 더 성과를 제대로 반영한 공정한 제도인가를 판단하기가 쉽지 않은 미묘한 요소가 있다.

　　과거의 호봉제를 보면 매년, 이전의 호봉에 대하여 몇 호봉씩 상승하고, 그에 따라 급여가 인상된다. 이것은 누적식이다. 하지만 호봉제가 누적식이기는 하지만 그 누적의 근거를 순수하게 근속에 두는 데 비해, 누적형 연봉제에서는 누적의 근거가 연봉 등급이 된다. 만약 연봉 B 등급을 계속 받는 사람들이라면(연봉 등급의 인원 배분도 B 등급이 대개 50% 이상으로 가장 많다) 과거의 호봉제와 똑같이 매년 누적적으로 평균 인상률만큼 인상이 된다. 즉, 매년 같은 등급을 받는다면 근속이 많은 사람이 근속의 차이만큼 더 높은 연봉을 받게 된다. 이것이 과연 더 성과주의인가?

　　반면에 비누적 유형에서는 동일 직급 내에서 근속은 완전히 무시된다. 즉, 대리 1년차나 3년차, 5년차 직원들의 연봉은 근속이나 직급 연차와는 완전히 무관하게, 오직 연봉 등급에 의해 결정된다. 한 해에 같은 등급을 받은 사람들의 연봉은 연차와 관계없이 연봉이 똑같이 책정된다. 과연 이것이 덜 성과주의인가? 또는 덜 공정한가?

　　이것을 판단하기 위해서는 다시 한번 근속과 성과, 그리고 연봉 금액의 관계를 생각해 보아야 한다.

　　만약 동일 직급에서 연차가 다른 두 사람이 B 등급을 받았다는 것이, 두 사람이 똑같은 성과를 냈다는 의미라면 비누적 방식이 더 공정하고, 같은 B 등급이라도 두 사람의 성과가 차이가 난다면 누적 방식이 더 공정하다고 할 수 있을 것이다.

이 문제를 판단하기 위해 다음의 경우를 보자.

김후배와 이고참 대리 모두 같은 부서에서 일하는 같은 영업사원이라고 가정해 보자. 목표관리의 측면에서 팀장은 이고참 대리에게 부서 내 최고참 대리로서 적어도 가장 어려운 지역의 영업을 맡기거나 판매 목표를 좀 더 할당할 수 있을 것이다. 이고참 대리보다 근속이 적은 김후배 대리에게는 비교적 영업이 쉬운 지역을 맡기거나, 더 적은 판매 목표를 할당할 수 있을 것이다. 연말에 두 사람이 똑같은 목표 달성률을 보였다면 애초에 판매 목표가 더 많았던 이고참의 실제 성과는 김후배에 비해 더 크다고 할 수 있을 것이다. 하지만 두 사람의 인사평가 결과는 목표 달성률이 같기 때문에 똑같이 B 등급을 받을 수 있다. 이 경우라면 같은 B 등급이라도 성과의 차이만큼 연봉의 차이가 나는 누적 방식이 더 공정한 방식이 된다. 하지만 영업팀장이 관리 방침상 동일 직급의 전 개인에게 완전히 동일한 목표를 할당하고, 그 성과에 대해 연말에 동일한 B 등급으로 평가하였다면 두 개인의 성과는 '같다'는 의미이고, 따라서 비누적형 연봉이 더 공정하다고 할 수 있다.

일반적으로 조직책임자는 부하 개개인의 능력이나 경험을 충분히 고려하여 업무를 할당하고 있다고 보는 것이 타당하다. 또한 개인의 능력이나 경험이 결코, 과거 호봉제 시대만큼은 아니더라도, 연차와 완전히 무관하지는 않다고 보는 것도 타당할 것이다. 그러므로 이 두 가지 점을 감안한다면, 똑같은 연봉 등급을 받더라도 연차에 따라 누적 효과가 발생하는 누적형 연봉제가 더 공정하다고 할 수 있다.

두 가지 유형의 연봉 형태가 모두 나름대로의 장단점을 가지고 있기 때문에 어떤 것이 더 바람직한지는 불분명하다. 그러나 인사관리에 있어서의 성과주의가 확대되는 추세에 비추어 보면, 비누적형 연봉제라 하더라도 기본 연봉의 구성비가 점점 낮아질 것으로 예상할 수 있고, 그에 따라 기본 연봉이 점점 줄고, 성과 연봉이 확대된다면 결국은 누적형 연봉제로 수렴할 것이다. 만약 새로 연봉제를 도입하거나, 기존의 연봉제를 새로 정비할 필요가 있다면, 아예 기본 연봉의 구성비를 0%로 한 누적형 연봉제를 권하고 싶다.

3. 연봉의 구성 항목

1) 단순한 것이 아름답다

연봉제를 시행하는 회사들도, 마치 그 회사의 이름만큼이나 서로 다른 구성을 보이고 있다. 시간외수당을 포함하는 회사, 그렇지 않은 회사, 또는 연장근무 수당은 포함하고 휴일 특근비는 포함하지 않는 회사 등 다양한 방법으로 운영하고 있다.

이러한 여러 급여 항목들을 연봉에 포함하는 것이 바람직한지, 아니면 그 성격상 연봉에 포함하지 않은 것이 올바른지를 판단하기 위해 연봉제라고 하는 급여 제도의 본질을 다시 한번 상기할 필요가 있다.

연봉제는 '개인의 성과(포괄적인 성과의 의미로 역량과 성과를 총칭하는 의미)에 따라 급여의 차등을 두는 제도'이다. 또한 외형적으로 대부분 연간 총 급여에 대해 회사와 개인간 계약의 형태를 띠게 된다. 이렇게 연봉제는 연간 개인이 받는 총 급여를 오직 성과에만 연동시키는 방법이기 때문에, 개인성과의 결과로서의 연봉은 단순, 명쾌하게 구성되어야 한다. 따라서 연봉에는 회사에서 지급하는 모든 급여 항목을 가급적 모두 통합하여 단순하게 운영하는 것이 바람직하다.

단순 명쾌한 연봉 구성이라는 측면에서 연공급적 호봉제에서 운영하던 급여 항목들 중 통합이 가능하거나 통합이 불가능한, 아니면 통합이 바람직하지 않은 항목을 검토해 보자.

2) 시간외근로수당 및 휴일 특근 수당

시간외근로수당은 근로의 성과가 아닌 근로한 시간에 따라 지급하는 급여이기 때문에, 그 성격상 성과에 따라 결정되는 연봉제와는 배치된다. 따라서 이를 연봉에 통합하여 성과와 연동시키도록 하는 것이 바람직하다. 그러나 근로기준법상 시간외, 야근, 철야, 특근 수당 등은 급여의 형태와 관계없이 지급하여야 하는 법정 의무 사항이다. 한편으로 근로기준법에서는 '특정 근무시간을 측정하기가 어려운 근로의 경우, 실제 월 평균 근로시간을 정하여 수당을 지급'하는 것을 허용하고 있기 때문에, 이 조항을 활용할 수 있다. 즉, 연봉 계약시 '상기의 총 연봉에는 월 40시간의 연장, 야간, 휴일근로수당을 포함한다'라는 조항을 삽입하는 것으로 연봉에 통합할 수 있다.

제56조(연장·야간 및 휴일 근로) 사용자는 연장근로(제53조·제59조 및 제69조 단서에 따라 연장된 시간의 근로)와 야간근로(오후 10시부터 오전 6시까지 사이의 근로) 또는 휴일근로에 대하여는 통상임금의 100분의 50 이상을 가산하여 지급하여야 한다.

제58조(근로시간 계산의 특례) ③ 업무의 성질에 비추어 업무 수행 방법을 근로자의 재량에 위임할 필요가 있는 업무로서 대통령령으로 정하는 업무는 사용자가 근로자 대표와 서면 합의로 정한 시간을 근로한 것으로 본다. 이 경우 그 서면 합의에는 다음 각 호의 사항을 명시하여야 한다.

---

3) 가족수당, 근속수당 등

연공급적 호봉제 하에서 장기근속을 유도하는 차원에서 시행되었던 근속수당이나, 복리후생적인 가족수당 등의 속인적(屬人的) 수당은, 앞에서와 같은 이유로 연봉에 흡수, 통합하는 것이 바람직하다.

4) 교통비, 식비, 체력 단련비 등

이것 또한 별도로 운영할 필요가 없다. 단지, 대부분의 기업의 경우 소득세의 면제 측면에서 교통비, 식비 등의 항목을 활용하고 있고, 따라서 매월 지급하는 급여명세서에 별도로 명기하는 것은 필요하지만, 그런 문제는 여기서는 논외로 하자. 어쨌건 이러한 수당을 연봉에 포함하는 것도 연봉제의 운영에 걸림돌이 되지는 않는다.

5) 전산수당, 출납수당, 담임수당, 직책수당 등

이러한 수당은 소위 속직적(屬職的) 수당으로, 이 또한 연봉제 하에서 별도로 운영할 필요 없이 연봉에 흡수, 통합한다. 전산, 출납, 담임, 직책수당 등 직무와 관련된 수당은 과거 연공급제 하에서 해당 직무의 특수한 가치를 인정해 주기 위한, 어느 정도 직무급적인 성격의 급여 제도이기 때문에 해당자의 직무가 변경되지 않는 한 당연히 연봉에 통합하여야 한다.

하지만 직무가 자주 변동될 경우, 또는 일시적으로 그 직무를 수행하는 경우에 지급되는 직무수당의 경우는 문제의 소지가 있다.

직무수당을 받던 담당자가 직무수당이 없는 다른 직무로 이동할 경우는 어떻게 해야 할까? 이미 수당이 포함되어 있던 현재의 연봉에서 과거의 수당 금액을 차감해서 다시 연봉을 책정해야 하는가? 또는 거꾸로 수당이 없던 직원이 수당이 있는 직무로 이동했을 때, 이동으로 인하여 현재는 이미 폐지된 과거의 수당 금액만큼 올려주어야 하는가? 이 두 경우에 해당자 본인으로서는 문제가 없을 수 있지만, 다른 사람들과의 형평 차원에서 문제가 생긴다.

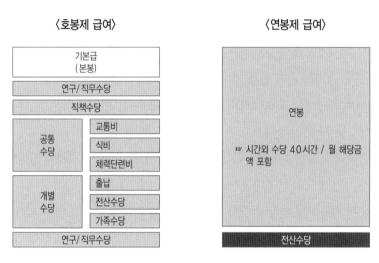

〈그림 3-3〉 연봉제의 구성항목

유사한 예로, 지역수당을 들 수 있다. 대기업의 경우에는 급여수준이 아예 높기 때문에 전국 어느 지역이나 급여 경쟁력을 가지고 있다. 그래서 서울 근무자와 서울 이외의 지역간 급여 차이가 없다. 하지만 중소기업의 경우에는 서울 본사, 또는 연구소에 근무하는 직원들과 지방지역의 급여는 대졸초임에서부터 차이가 난다. 왜냐하면 지방지역의 급여로는 서울지역의 인력 확보가 어렵기 때문이다. 그래서 서울 근무자의 급여는 높게, 지방지역의 급여는 낮게 책정한다. 이 차이를 두는 수단으로 서울지역 근무자에 대해 지역수당을 지급한다. 연봉제에서 이 지역수당을 통합했을 때, 문제는 근무지 이동이 빈번할 경우에 발생한다. 즉, 수당을 연봉에 통합하던 당시 서울지역에 근무하던 사람의 연봉이 지방으로 이동하게 되면, 그 사람의 연봉은 원래 지방지역의 연봉보다 높아지는 문제가 생기는 것이다.

이러한 문제에 대한 해결책으로 다음의 몇 가지 대안이 있을 수 있다.

가. 먼저 직무수당을 지급하는 직무에 대해 수당 금액을 포함한 별도의 연봉 테이블을 만드는 방법이 있다. 마찬가지로 서울지역과 지방지역에 적용되는 지역별 연봉 테이블을 작성할 수 있을 것이다. 이러한 방법은 매년 연봉 조정에 따라 연봉 테이블을 직무별 또는 지역별로 작성하는 행정적 낭비가 많다는 측면에서 바람직하지 않다.

나. 기존과 같이 수당으로 별도로 운영하는 방법

급여 제도의 단순화라는 측면에서 연봉제의 취지상 바람직하지 않다.

다. 선별적으로 연봉에 포함하는 방안

현재 지급하고 있는 수당이 과연 계속해서 존재할 필요가 있는 것인지, 그냥 이전에 지급하던 것이라 관행처럼 지급해 오는 것인지 여부를 검토하여 차제에 폐지할 수 있는 수당이면 폐지하고, 기존의 수당을 지급받던 사람의 연봉에 포함한다. 또한 직무수당을 받는 인원이 소수이고, 기존의 직원 중에서 직무담당자가 지나치게 자주 바뀌는 경우가 아니라면 연봉에 포함한다. 이 경우 수당이 포함되지 않는 연봉을 적용받는 신규 입사자와 기존 직무 담당자간 연봉의 차이가 발생하지만, 전사적인 관점에서 불가피한 문제라 할 것이다.

해당 직무 담당자가 기존 직원들 중에서 자주 바뀌고, 직무 가치나 직무 책임 등으로 직무를 담당하는 사람과 그렇지 않은 사람에 대해 수당만큼의 급여 차이를 두어야 할 경우는 불가피하게 연봉 외의 수당으로 남겨두는 수밖에 없다.

　만약 상기의 지역수당처럼, 지역간 임금수준 격차를 반영하는 것이라면, 또한 그러한 격차를 해소하기 위해 급여가 낮은 지방지역의 급여를 서울지역의 급여수준으로 맞추기에는(인원수가 많기 때문에) 너무 많은 재원이 소요되는 경우라면, 불가피하게 수당을 별도로 운영하거나, 아니면 연봉 테이블을 두 개로 운영하는 것이 불가피할 것이다.

6) 상여금

　상여금에는 고정 상여금과 변동 상여금이 있다.

　가. 고정 상여금은 과거 호봉제의 유산으로, 회사의 실적이나 개인의 성과와는 무관하게 전 직원에게 일괄적으로 매년 정기적으로 지급하는 상여금이다. 월급제 하에서의 고정 상여금은 시간외 임금의 기초가 되는 통상임금에 포함시키지 않기 위해, 월 기본급을 올리기보다는 상여금의 비중을 늘려나간 측면이 있다. 이러한 고정 상여금은 연봉에 당연히 포함하여야 한다. 단지 연봉의 분할 지급 방법과 지급 시기에 대해서는 별도로 정할 필요가 있다.

　나. 변동 상여금은 말 그대로, 회사의 성과나 개인의 성과에 따라 변동적으로 지급하는 인센티브적인 성격이기 때문에 당연히 기본 연봉이 아닌 별개로 운영되어야 한다.

　이상을 종합하면, 개인이 받는 총 연봉은 기본 연봉(비누적형의 경우, 기본 연봉과 성과 연봉), 변동 상여금과 1~2개의 수당으로 구성된다.

제2장 연봉 테이블의 설계

1. 호봉제 급여 테이블과 연봉제 급여 테이블

연봉 테이블을 작성하는 일은 과거의 호봉 테이블을 작성하는 작업에 비하면 훨씬 간단하다. 호봉제 급여 테이블은 직급별 초임을 기준으로 약 10년간(1년에 1호 승호할 경우에는 10호, 2호의 경우는 20호)에 해당하는 호봉별 금액을 일일이 다 책정하여야 하기 때문에 그 분량만 해도 직급별로 1장씩, 여러 장이 된다. 연간 한번 회사의 전체 급여 인상률이 결정되면 그 인상률을 각 호봉별 금액에 적용하고, 그 적용된 금액으로 다시 전체 인상률을 확인하는 작업은 참으로 복잡하고 힘든 작업이었다. 하지만 연봉제의 장점의 하나가 바로 급여 관리의 단순성이 아니던가?

<그림 3-4>는 연봉제 급여 테이블과 호봉제 테이블을 그림으로 표현한 것이다.

독자 여러분은 다음 그림을 보고, 연봉제와 호봉제의 차이를 금방 느낄

수 있겠는가? 만약 차이를 알아챌 수 있다면 어느 정도 급여 제도에 대한 지식이나 경험이 있는 사람이라 할 것이다.

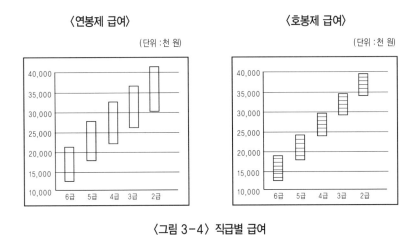

〈그림 3-4〉 직급별 급여

그림에서 나타난 두 제도를 비교하면 다음과 같다.

먼저 같은 점을 찾아보면, 두 제도가 공히 직급에 따른 최저 금액과 최고 금액이 설정되어 있다.

다른 점을 찾아보면 가장 큰 차이로서 직급별 최저, 최소 금액을 표시하는 막대 내에 호봉제는 실선이 있고, 연봉제는 실선이 없다. 호봉제 그림의 실선이 바로 호봉이다. 즉, 5급 1호, 3호, 5호 하는 호봉을 실선으로 나타낸 것이다. 전 직원의 연간 총 급여는 그림의 각 칸의 어딘가에 분포하게 된다. 호봉제 하에서는 전 직원의 급여는 호봉제 급여 테이블의 실선으로 구분된 각 칸에 분포하지만, 연봉제에서는 그 직급에서 정한 연봉의 상·하한 금액 내에 무작위로 산포하고 있다.

두 번째 차이는 직급별 상·하한 폭이 호봉제에 비해 연봉제가 크다. 호봉제의 호봉 간격은 연공에 따른 자동 상승분, 즉 스텝업(Step-up)을 반영한 것이기 때문에 호봉간의 격차를 크게 하는 것은 근속에 따른 인건비의 자동 상승을 그만큼 크게 하게 된다. 이 때문에 연간 스텝업의 인상률은 2%를 넘지 않고, 직급 체류연수를 대략 5년으로 잡아도 초임에 비에 10% 이내밖에 차이가 나지 않는다. 그러나 연봉제 하에서는 스텝업이 없이, 개인의 성과에 따라 연봉이 결정되고 또한 그 성과의 차이에 대한 보상의 차등을 크게 하는 제도이기 때문에, 동일 직급 내에 제일 못하는 사람(하한 금액)과 제일 뛰어난 사람(상한 금액)간의 격차는 호봉제보다는 현저히 커지게 된다(또는 현저히 크게 설계하는 것이다).

비슷한 이유로 상위 직급의 최소 금액과 하위 직급의 최고 금액의 중복되는 구간이 호봉제에 비해 크다. 이 또한 뛰어난 사람은 승급을 하지 않더라고 상위 직급자보다 더 많은 연봉을 받을 수 있음을 의미한다.

이상의 이해를 바탕으로 기본 연봉을 설계해 보자. 기본 연봉의 설계에는 두 가지 과제가 있다. 직급별 초임을 설정하는 일과 직급별 연봉의 범위를 설정하는 일이 그것이다. 이 두 가지 과제는 직능급적 직급체계이든, 직무급적 직급체계이든간에 차이가 없고, 또한 누적형, 비누적형의 연봉 유형에도 차이가 없이 동일하게 적용된다.

2. 직급별 초임의 설정

1) 직급별 초임의 의의

서두에서 설명한 바와 같이 연봉제를 도입 또는 새로 정비함에 있어 맨 먼저 해야 할은 일은 직급체계를 정비하는 일이다. 직급체계가 변경되면 기존의 직급이 늘어나거나 줄어들 수 있다. 이 경우 새로 추가된 직급의 초임만 별도로 설정하면 되고, 기존에 이미 있던 직급에 대해서는 그 직급 초임을 그대로 적용할 수도 있을 것이다.

직급별 초임이라고 하는 것은 해당 직급으로 승급했을 때 받게 되는 연봉으로 대부분의 사람이 그 초임으로 이행하도록 설계된 개념이다. 승급을 시킨다는 것은 제2부에서 본 바와 같이, 새로운 고난이도 직무로의 이동과 이를 수행할 수 있는 자격의 인정, 체류기간 동안의 성과에 대한 보상 등의 복합적인 의미를 가진다.

직급 초임의 간격을 크게 하는 것은 승급에 대해 보상의 성격을 더 크게 부각시키는 의미가 있다. 즉, 승급으로 이루어지는 더 많은 보상(연봉)을 받기 위해 직급체류기간 동안 더욱 열심히 노력하라는 의미로 인식된다는 것이다. 한편으로 승급으로 인한 연봉의 상승을 지나치게 크게 하는 것은 승급의 보상적 성격만을 부각시키고, 또한 직원들의 승급에 대한 지나

〈직급 초임의 차이를 크게 설정한 경우〉   〈직급 초임을 설정하지 않은 경우〉

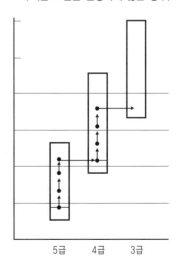

〈그림 3-5〉 승급에 따른 연봉 인상

친 기대를 자아낸다. 또한 승급, 즉 연봉의 상승에 대한 직원들의 지나친 기대는 승급관리의 경직성을 초래하고, 과도한 인건비 부담을 발생시킨다.

이와 반대로 승급의 보상적 의미를 축소하고, 일정 수준 이상의 능력에 따른 새로운 고난이도 직무의 배치라는 의미를 강조하여 직급별 초임을 설정하지 않거나 아주 낮게 설정하여 승급으로 인한 연봉 상승효과가 발생하지 않도록 하는 경우도 생각해 볼 수 있다. 즉, 성과에 대한 보상은 승급이 아닌 연봉의 누적적 인상으로만 시행한다는 것이다.

한국의 어떤 기업이라도 직무급을 채택하던지, 아니면 직능급적 호봉체계를 운영하던지간에 승급의 성격은 비슷하다. 즉, 승급은 보상, 직무 배치, 권한과 책임의 부여, 직무능력에 대한 인정 등의 모든 성격을 포괄하는 것이다. 따라서 현재의 승급에 대한 한국적 정서에서 승급으로 인한 연봉의 상승을, 지나치지 않는 일정 수준에서 보장하는 것이 타당하다 할 것이다. 즉, 직급 초임을 설정하지 않는 것보다는 직급 초임을 설정하는 것이 바람직하다는 것이다.

여기서는 대졸 초임을 기준으로 이상적인 직급별 초임을 설정하는 방법을 설명하겠다. 독자 여러분이 몸담고 있는 회사의 직급별 초임과 비교해 보시기 바란다.

2) 대졸 초임

직급별 초임을 결정하는 데 있어서 가장 먼저 고려하여야 할 것이 대졸 초임이다. 대부분의 기업의 경우 기업 규모와 관계없이 화이트컬러 직종에 신입사원을 채용할 때는 4년제 대학교를 졸업한 인원이 대다수일 것이다. 이는 우리 사회가 이미 대졸 이상의 학력사회이고 4년제 대학 졸업자가 50%를 넘기 때문에 발생하는 현상이다. 대졸 초임은 회사의 급여수준을 나타내는 대표적인 지표이며, 타 직급의 초임과는 달리 회사간에 가장 쉽게 비교할 수 있는 금액이기 때문에 급여수준 비교에서도 최우선 지표가 된다.

연봉제를 도입한다고 해서 기존의 대졸 초임을 변경할 이유는 전혀 없다. 대졸 초임은 급여체계도, 급여 제도도 아닌 하나의 급여수준이기 때문이다. 만약 기존의 대졸 초임이 2,400만 원이라면 신 직급, 신 급여체계에서도 2,400만 원을 그대로 적용하면 된다. 만약 연봉제를 도입하거나 정비하는 과정에서 우리 회사의 대졸 초임이 인근지역 동종 타사에 비해 현저히 낮다거나 높은 사실이 발견되면, 그리고 급여 제도의 변경으로 인해 추가 재원을 쓰지 않겠다면, 그 수준을 올리는 작업은 제도의 변경과는 별도로, 즉 별도의 급여조정 시기에 시행하면 된다.

3) 부장 직급 초임

그 다음으로 결정하여야 할 것은 회사의 최고 직급의 초임이다. 대부분의 회사에서 사원들의 최고 직급의 명칭은 부장이기 때문에 여기서는 최고 직급을 부장으로 표현하겠다. 만약 부장 직급의 초임이 5,000만 원이라면, 신 급여에서도 그대로 5,000만 원을 적용하면 된다. 부장 초임은 회사의 직급체계, 체류연수, 승급 기준 등에 의한 종합적 승급 속도와 회사의 지불 능력이 반영된 또 하나의 대표적 지표이다. 그래서 이 또한 급여 제도의 변경이나 정비의 차원에서 변경할 필요가 없는 금액이다. 단지, 만약 현재의 부장 초임에 100만 원 이하의 단수가 있다면 차제에 깔끔하게 정리하는 차원에서 반올림을 해서 100만 원 단위로 설계하는 것이 좋다. 그래야 추후 작업이 수월해진다.

만약 직급체계의 변경으로 인해 대졸 직급에서 부장 직급까지로 승급하는 최소 기간이 줄어들거나 늘어났다면 어떻게 해야 할까? 이 경우에는 그 차이 연차에 해당하는 연봉의 차이만큼 가감하면 될 것이다. 즉, 기존의 부장까지의 도달 연수가 15년에서 직급체계의 변경으로 13년으로 줄어든다면 2년차에 해당하는 금액을 삭감하여 책정하면 될 것이다. 연차별 연봉 차이는 기존의 개인별 급여 데이터로 간단한 엑셀 작업을 통하여 쉽게 산출할 수 있다.

4) 직급별 초임

직급별 초임의 출발선인 대졸 초임과 종착점인 부장 초임이 설정되었다면 이제 나머지 각 직급별 초임을 설계해 보자.

직급별 초임을 설계함에 있어 우선 고려해야 할 사항은 각 직급간에 얼마의 차등을 두어야 할 것인가? 즉, 이미 책정된 대졸 초임에서 부장 초임까지 도달하는 데 어떤 기울기를 가져갈 것인가 하는 문제이다. 이러한 기울기를 '피치'라고 하자. 이론상으로 그 피치를 정하는 방식은 정액으로 차등을 두는 방식과 정률로 차등을 두는 방법을 생각해 볼 수 있을 것이다.

정액 피치 방식

우선 가장 간단한 방법으로 부장 초임의 5,000만 원에서 대졸 초임 2,400만 원을 빼고, 그 금액을 4직급(총 5개 직급의 경우)으로 나누어 책정하는 방법이 있을 수 있을 것이다. <표 3-2>에서 보는 바와 같이 전 직급별로 동일한 금액으로 차등을 두는 방법은 상승 금액의 측면에서도, 상승률의 측면에서도 문제가 좀 있어 보인다.

일반적인 정서로 볼 때, 저직급에서 고직급으로 갈수록 승급으로 인한 연봉의 상승폭이 더 많아야 할 것처럼 보인다. 즉, 사원에서 대리로 될 때

〈표 3-2〉 정액 피치에 의한 직급 초임

직급	초임	격차	상승률
1급(부장)	50,000	6500	13%
2급(차장)	43,500	6500	15%
3급(과장)	37,000	6500	18%
4급(대리)	30,500	6500	21%
5급(사원)	24,000	6500	27%
6급	20,400		

의 연봉 상승 액보다 차장에서 부장 승급시의 연봉 상승 금액이 더 커야 한다는 것이 일반적인 심리적 정서일 것이다.

만약 이렇게 직급별 초임의 상승폭을 동일한 금액으로 가져간다면, 어쩌면 직급이 올라 갈수록 승급에 대한 매력이 저직급일 때보다 떨어진다고 느낄 수 있을 것이다.

이는 결국 정액으로 차등을 두는 경우 저직급에서는 승급으로 인한 연봉 상승 등으로 승급에 대한 강한 동기를 느끼는 반면, 과장쯤에서는 그렇게 승급하려는, 즉 열심히 해서 성과를 내려는 동기부여가 상대적으로 약해질 것이라고 추정할 수 있다.

정률 피치 방식

다음으로 정률 차등 방식을 생각해 볼 수 있다.

정률 차등 방식은 직급 초임을 똑같은 상승률로 차등을 두는 방법이다. <표3-3>은 대졸 초임 2,400만 원에서 부장 초임 5,000만 원까지 4개 구간을 동일한 상승률로 책정한 직급별 초임이다. 이 경우 상승률을 찾기가 쉽지는 않으나, 엑셀로 몇 가지 상승률로 시뮬레이션을 통해 찾을 수 있다.

<표 3-3>에서 보는 바와 같이 정률 피치로 설계된 금액과 그 초임간의

〈표 3-3〉 정율 피치에 의한 직급 초임

직급	초임	격차	상승률
1급(부장)	49,766	8,294	20%
2급(차장)	41,472	6,912	20%
3급(과장)	34,560	5,760	20%
4급(대리)	28,800	4,800	20%
5급(사원)	24,000	3,600	15%
6급	20,400		

금액 차이를 보자. 독자 여러분이 보기에 별 문제가 없는가? 고직급으로 올라갈수록 승급으로 인한 상승 액이 저직급에서의 상승 액에 비해 지나치게 크다는 것을 알 수 있을 것이다.

이 정도의 금액이 과연 지나친 것인지, 아니면 적절한지는 사람에 따라 다를 수도 있을 것이다. 개인마다 다른 심리에 바탕을 두고 있기 때문에 그러한 차이가 옳고 그른 것을 판단하기는 쉽지 않을 것이다. 그러한 적절성을 판단하기 위해서는 다음을 고려해 볼 수 있다.

급여는 개인의 생산성, 즉 성과에 대한 대가라고 할 때, 승급으로 인한 상승률은 그러한 성과의 향상률을 반영해야 할 것이다. 그렇다면 젊은 이삼십 대 직원의 성과의 향상률과 40대 부·차장급의 향상률을 똑같다고 볼 수 있을까? 아마도 젊은 사람의 일을 배우는 학습능력이나 성과의 향상 속도가 나이든 사람에 비해 더 높다고 보는 것이 일반적일

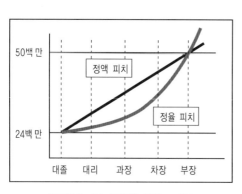

〈그림 3-6〉 방식별 초임 그래프

것이다. 또 한편으로 이러한 상승 피치는 동기부여 측면에서도 젊은 사원, 즉 대리급 사원의 승급에 대한 욕구를 자극하기에는 상대적으로 불충분하다.

이상에서 본 바와 같이 직급별 초임을 설정할 때 정액 피치와 정률 피치 방식 모두가 같은 정도의 문제를 지니고 있고, 따라서 별로 바람직한 방법이 아니다. 그렇다면 마지막으로 이 두 가지의 방식을 혼합하여 적절한 피치를 찾아보는 것이 순서일 것이다. <그림 3-6>은 정액 피치와 정률 피치를 그림으로 나타낸 것이다.

심화학습 ❼

급여 인상의 상박하후(上膊下厚)

직급간의 차이를 나타내는 피치가 '적절하다' 또는 '적절하지 않다'는 것은 다분히 심리적이고 주관적인 판단의 문제이다. 예를 들어 우리가 연봉 조정시에 흔히 쓰는 상박하후(급여가 높은 사람, 또는 직급에 대해서는 연봉을 적게 올리고, 낮은 사람은 많이 올리는 방식)라는 말을 보자. 이 경우 '많이 올리고, 적게 올린다'는 표현에 있어 그것이 인상 금액으로 그렇다는 것인지, 아니면 인상률로 그렇다는 것인지는 항상 논란의 여지가 있다. 어떤 사람은 인상률의 많고 적음을 기준으로 하후상박이라고 느끼는 사람도 있고, 어떤 사람은 금액 기준으로 하후상박이라고 느끼는 사람도 있을 것이다.

그래서 급여의 인상과 관련하여, 그 오르는 정도에 대해 사람들이 받아들이는 느낌(예를 들어 많다, 적다, 적절하다 등)은 항상 인상되는 금액과 인상률의 두 가지 모두를 감안한 결과라는 것이다. 물론 어디에 더 비중을 두고 적절성을 느낄지는 그야말로 사람마다 다를 것이다.

승급에 따른 연봉의 상승폭(피치)에 대한 직원들의 느낌 또한 마찬가지로 상승률과 상승 금액을 동시에 감안한 결과인 것이다. 즉, 이 두 가지를 모두 감안하여 그 상승폭이 '적절하다', '아니다', '그 정도면 충분하고 승급에 대한 동기부여가 된다' 등등으로 느낀다는 것이다. 그러므로 개인이나 집단, 또는 전체의 '급여의 상승폭'을 결정함에 있어 항상 금액과 비율을 동시에 고려하여 그 적절성을 판단하여야 한다.

혼합 방식

직급별 초임의 적절한 피치를 찾기 위해 다시 한번 급여와 승급의 의미를 되새겨 보자. 즉, 급여는 성과에 대한 대가이며, 승급으로 인한 급여 상승은 직급체류기간 동안의 성과, 즉 생산성의 향상을 반영하는 것이다.

나이에 따른 생산성의 향상은 개인에 따라 차이가 있을 수 있으나, 평균적으로 S자형의 곡선(여기서는 피치)을 그리는 것이 일반적이다. 즉, 20대 신입사원이 입사 후 3년 정도는 학습의 시기로 성과의 향상을 크게 일어나지 않으나, 30대의 대리, 과장부터는 본격적으로 성과를 발휘하고 또한 그 향상분도 가장 크다고 볼 수 있을 것이다. 30대가 지나 40대에 차·부

〈표 3-4〉 S자형 피치에 의한 직급 초임

직급	초임	격차	상승률
1급 (부장)	50,000	5,500	11%
2급 (차장)	44,500	7,000	16%
3급 (과장)	37,500	7,500	20%
4급 (대리)	30,000	6,000	20%
5급 (사원)	24,000	3,600	15%
6급	20,400		

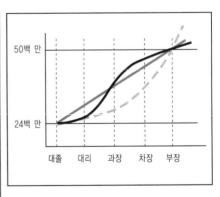

〈그림 3-7〉 S자형 피치 그래프

장으로 접어들면서 성과 향상의 속도는 상대적으로 느려질 것이다. 물론 차·부장의 성과의 절대 크기는 그 이하 직급보다는 높을 것이고, 그래서 부장의 연봉이 그 이하 직급보다 더 많은 것은 당연하다.

이러한 직급별 생선상의 S자형 향상 속도를 감안하여 직급별 초임의 피치 또한 S자형으로 설계할 수 있다. 여기서 피치는 상승 금액으로도, 상승률로도 같은 S자형이 된다.

<표 3-4>에서는 사원, 대리에서 과장, 과장에서 차장으로 승급할 때 가장 많은 금액의 상승이 일어난다. 이렇게 설계한 데에는 중요한 인사정책적인 의미가 담겨 있다.

첫째, 우리 회사의 사업 또는 제품 특성상 30대 대리, 과장의 생산성 향상이 가장 크다고 본 것이다.

둘째, 우리 회사는 타 직급에 비해 대리, 과장급에 대한 동기부여가 가장 필요하다는 것이다. 대리에서 열심히 하면, 또는 과장에서 열심히 하면 가장 많은 연봉 인상이 이루어진다는 메시지는 이들의 승급에 대한 열의, 즉 높은 성과에 대한 동기를 높일 수 있다.

마지막으로 우리 회사는 대리, 과장급이 실무의 주체로서 가장 유지 (Retention)되어야 할 직급으로, 외부의 유혹에 대해 이들을 적극 보호할 필요가 있다는 것이다.

따라서 직급별 집단에 대한 인사정책적인 의도에 따라 이러한 피치의 구체적인 모양은 회사마다 다를 수 있다. <그림 3-7>에서 보는 바와 같이 정률 피치에 가까운 S형이 있을 수 있고, 정액 피치에 가까운, 즉 거의 직선에 가까운 S 피치가 생겨날 수 있다. 또한 S자형의 변곡점이 앞쪽으로 (저직급 쪽으로) 또는 뒤쪽(고직급)으로 변경될 수도 있을 것이다.

회사의 비즈니스 특성상, 직급별(이는 대부분 연령에 비례한다)로 가장 생산성 향상이 높고, 따라서 회사에서 타 직급에 비해 동기부여를 시킬 필요가 있고, 그 직급에 해당 인력의 유지에 각별히 신경을 써야 하는 직급의 피치를 가장 크게 해야 한다는 것이다. 대략적으로 전자, 전산 등 IT 업종의 경우에는 30대, 대리나 과장급에 대해 그러한 필요성이 가장 크고, 자동차나 중공업, 건설 업종의 경우는 IT 업계에 비해 좀 더 늦게 즉, 과장, 차장급에서 그러한 정책의 필요성이 강하다고 할 수 있다. 이 경우 S자의 두 번째 변곡점은 차장 직급에 가까이 나타날 것이다.

이런 것들이 이른바 인사관리의 핵심인 급여정책이라고 할 것이다.

심화학습 ⑧

승급으로 인한 연봉의 인상 효과

본문에서 혼합방식에 의한 S자형 직급별 피치를 설계하면서, 직급별 초임 연봉의 차이를 적어도 20% 이상 높게 설계했기 때문에 해당 직급에서 상한액 부근에 연봉을 받는 소수의 직원들을 제외하고는 거의 전부가 승급으로 인하여 일정 수준의 연봉 인상이 발생하게 된다.

이 피치, 즉 승급으로 인하여 연봉이 실제로 얼마나 상승되는지 실제 시뮬레이션을 통해 살펴보자. 여기서는 5급에서 4급으로 승급했을 때의 경우를 상정하였다.

아래 표는 2008년 4년제 대졸 신입사원으로 입사한 세 사람의 입사 후 연도별 연봉을 시뮬레이션해 본 것이다. 능력이 탁월한 '김탁월'과 평균 정도의 능력과 성과를 내는 '이평균', 겨우 턱걸이로 합격하여 입사한 '강부족'이 그들이다. 이 세 사람은 5년 동안 연봉 등급을 계속해서 자기 이름과 꼭 같은 탁월(S 등급), 평균(B 등급), 부족(C 등급)을 받았다고 하자. 똑같이 입사하여 5급 초임의 연봉을 적용받은 세 사람의 운명은 성과에 따라 달라진다.

여기서 연봉 등급별 인상률은 각각 S 등급 10%, B 등급 5%, C 등급 0%이다. 그리고 5급, 4급의 직급 초임은 매년 평균적으로 3.5%씩 인상하는 것을 가정하였다.

구분		2008년 (초임)	2009년 (2년차)	2010년 (3년차)	2011년 (4년차)	2012년 (5년차)
4급 (대리)	초임	30,000	31,050	32,137	33,262	34,426
5급 사원	김탁월	–	26,400	29,040	31,944	35,138
	이평균	24,000	25,200	26,460	27,783	29,172
	강부족	–	24,000	24,000	24,000	24,000

입사 5년 후 2012년이 되면 김탁월의 급여는 35,138천 원으로 이평균보다는 20% 정도 높은 연봉을 받게 된다. 이 금액을 승급 후 직급인 대리 직급의 초임과 비교해 보자. 초임 또한 매년 인상되어 2012년에는 대략 3,400만 원에 이르게 된다. 2012년도가 되면, 5급 사원 최고 성과자인 김탁월은 4급 초임에 비해 70만 원 정도 높은 연봉을 받게 된다. 계산상으로는 이렇지만, 현실적으로 보면 계속해서 연봉을 탁월로 받는 사람은 발탁을 시키거나 아니면 최소한 직급 체류연수에 도달하는 동안 당연히 최우선 순위로 승급을 할 것이다. 그래서 2008년 입사한 김탁월은 늦어도 2011년(직급 체류연수 3년)에는 무조건 대리로 진급할 것이다. 따라서 2011년도의 급여는 2,9040천 원에서 4급 초임인 33,262천 원을 받게 되어, 승급으로 인한 인상액은 4,222천 원이 된다. 엄밀히 말해 김탁월의 경우 높은 연봉 등급으로 인하여 이미 10% 인상이 예정되어 있었기 때문에 실제 승급으로 인한 인상 금액은 33,262천 원에서 31,944천 원을 뺀 1,318천 원이 순수 승급으로 인한 인상액으로 보아야 할 것이다. 이 금액을 인상률로 보면 4%가 된다. 다음으로 계속해서 이평균은 5년차인 2012년에 승급한다(4급 승급률을 50%로 하면 평균 4년이 된다). 이때 이평균의 승급으로 인한 순수 인상 금액은 5,254만 원(34,426만 원 – 29,172만 원)이 되며, 인상률은 18%가 된다.

승급으로 인해 발생하는 연봉 인상이 이 정도면 많은가? 아니면 적절한가?

현재의 직급 초임

직급 초임을 설계함에 있어 마지막으로 감안해야 할 사항은 현재의 직원들이 받고 있는 연봉 금액이다. 앞에서 설계한 것처럼 논리적 전개나 인사정책적 의도에 따라 설계된 직급 초임이 기존의 연봉수준과 현저히 차이가 나고, 그런 인원이 많아 연봉제 이행, 또는 정비로 인해 인상분이 많이 발생한다면 추가적으로 일부 초임 금액을 조정할 필요가 생길 수 있다. 그러나 많은 경우 심각한 수준의 문제는 거의 발생하지 않으며, 설사 일부 발생한다 하더라도 당장 그 금액을 적용하는 것이 아니라, 현재의 금액을 그대로 연봉으로 전환하고 차기 급여 인상시기에 일부 재원을 초임 조정 재원으로 할당하여 활용하면 된다.

〈표 3-5〉 새로 설계된 직급 초임

직급	1급 (부장)	2급 (차장)	3급 (과장)	4급 (대리)	5급 (사원)
새로운 초임	50,000	44,500	37,500	30,000	24,000
기존 초임	50,000	44,510	36,000	29,000	24,000

심화학습 **9**

직급 초임의 또 다른 의의

직급 초임의 또 다른 의미를 이해하기 위해 앞에서 예로 든 김탁월, 이평균, 강부족에 대해 직급 초임이 작용하는 사례를 보자.

김탁월은 워낙 탁월한 관계로 입사 3년차에 표준 체류연수보다 1년 빨리 발탁 승급하여 2010년도에 4급 초임을 받게 된다. 승급 후 김탁월은 후배 관리에 부족함을 느끼고, 2011년과 2012년 평균성적 등급(B)을 받게 되고, 두 해 연속 평균 인상률인 5%가 인상되었다.

한편, 이평균은 그럭저럭 평균 정도의 성과를 인정받아 2011년도에 남들과 같이 4년차 표준 체류연수에서 4급으로 승급하였고, 이후 2012년도에도 B 등급을 받게 된다.

강부족은 성과가 계속 부족하지만, 다행히 잘리지 않고 4년을 버티고, 5년만인 2012년에 상사의 지원 아래 겨우 4급으로 승급한다.

직급	2008년	2009년	2010년	2011년	2012년
김탁월	S	S	S (승급)	B	B
이평균	B	B	B	B (승급)	B
강부족	C	C	C	C	C (승급)

등급	인상률
S	10%
B	5%
C	0%

이 경우 세 사람의 5년간의 연봉을 추적해 보자.

그림에서 하얀 바탕은 5급의 연봉이고, 검정 바탕은 4급 승급 후의 연봉이다. 여기서 세 사람의 승급 후 초임, 즉 4급 초임이 연도별로 상승하는 것은 매년 3.5%의 기본 연봉 인상률을 적용했기 때문이다.

구분	2008년	2009년	2010년	2011년	2012년
김탁월	24,000	26,400	32,137	33,744	35,431
이평균	24,000	25,200	26,460	33,262	34,925
강부족	24,000	24,000	24,000	24,000	34,426

같은 입사동기인 세 사람의 급여 차이를 보면 세 사람의 급여 차이가 가장 커지는 2010년(김탁월이 승급한 해)의 금액 비율은 강부족을 100으로 볼 때, 이평균은 110, 김탁월은 무려 134가 된다. 만약 김탁월이 3년차에 승급하지 않고 그냥 10%만 인상되었다면 121이 된다. 4급 이후에 여러 사정으로 김탁월이나 이평균 모두 계속 B를 받아 5%만 인상되었다면 2012년에는 어떻게 될까? 세 사람의 연봉의 비율은 100 : 101.5 : 103이 된다. 처음 입사할 때와 같이 거의 차이가 나지 않게 되는 것이다. 즉, 4급으로 승급하여 모두 B를 받기만 한다면 5급 시절의 연봉의 차이는 완전히 무시되고, 단지 직급 연차에 의한 차이만 나게 된다.

이렇게 대부분의 직원이 승급으로 인한 일정한 인상액이 발생하도록 설계하게 되면, 즉 직급 초임의 개념을 도입하면 일정 직급에서의 확대되는 차이가 승급으로 인해 일거에 해소될 수가 있다. 이런 측면에서 누적형 연봉제의 과도한 누적적 인상은 결국 3년마다 다시 리셋(reset)이 되면서 반복되기 때문에 지나친 차등이나 인상은 일정 수준 자동적으로 제어가 된다.

만약 직원들이 계속해서 전년도 연봉을 기준으로 인상이 되면 어떻게 될까? 즉, 직급 초임의 차이가 적거나 초임의 개념 없이 설정된 직급 하한이 아주 낮게 설정되어, 대부분의 직원들이 승급을 해도 직급만 올라갈 뿐 연봉은 올해의 연봉 등급에 따라 인상된다면 어떻게 될까?

구분	2008년	2009년	2010년	2011년	2012년
김탁월	24,000	26,400	29,040	30,492	32,017
이평균	24,000	25,200	26,460	27,783	29,172
강부족	24,000	24,000	24,000	24,000	25,200

가정은 앞의 가정과 똑같다. 그 경우 2012년의 세 사람의 급여 비율은 100 : 116 : 127로 세월이 갈수록 더욱 확대된다. 이래서는 도저히 '패자 부활'이 되지 않는다.

그래서 적정 수준의 승급으로 인한 연봉 인상은 필요하다.

3. 연봉 범위의 설정

1) 적정한 연봉범위

직급별 초임 설계가 끝나면 다음으로 해야 할 일은 해당 직급별로 연봉의 최저 금액과 최고 금액의 범위를 결정하여야 한다. 즉, 한 직급에서 체류하는 동안 받을 수 있는 최고 금액이 상한선이 될 것이고, 하한선은 최저 금액이 될 것이다. 이러한 연봉의 상·하한 폭을 얼마로 하는 것이 적절한가? 또는 그 적절성을 판단하는 기준은 무엇인가?

뚜렷한 전국적 자료는 없지만, 내가 컨설팅한 기업들의 개인별 급여수준을 아주 특수한 경우를 제외하고 분석해 보면, 대략 직급 초임을 기준으로 하한선은 초임의 90% 내외, 상한선은 초임의 110% 이내 정도로 분포하고 있다. 즉, 전 직원들의 급여는 각 직급별로 초임의 90%~110% 이내에 분포하고 있다. 대기업 LG 전자의 경우는 상한선이 초임의 140%까지 올라가 있다. 2000년대 초반에 불어닥친 휴대폰 기술 인력을 둘러싼 일명 '인재 전쟁(Talent War)'을 거치는 동안 일시적으로 급상승한 연봉이 반영된 결과라고 해석된다.

연봉제를 본격적으로 운영해 보려는 회사라면 당연히 기존의 이러한 상·하한 폭을 확대하고 싶을 것이다. 연봉제를 본격 시행한다는 것은 다시 말해 개인의 성과에 대한 차등을 크게 한다는 것인 바, 이것이 몇 년간 누적되면 현재 급여 분포상의 상한선으로는 부족해질 것이다. 또한 향후 핵심인재를 유지하거나, 핵심인재를 고연봉에 채용하는 경우에 대비해서라도 현재의 분포보다는 큰 상·하한 폭을 설정하여야 할 것이다.

〈표 3-6〉 연봉 상하한 폭의 설정

구분	상한(%)	하한(%)	상한(천 원)	하한(천 원)
1급 (부장)	120%	85%	60,000	42,500
2급 (차장)	120%	85%	53,400	37,825
3급 (과장)	130%	85%	48,750	31,875
4급 (대리)	135%	85%	40,500	25,500
5급 (사원)	135%	85%	32,400	20,400
6급	120%	75%	24,480	15,300

<표 3-6>은 앞에서 설정한 직급별 초임에 대해 상·하한 폭을 설정한 예이다. 상·하한의 범위는 앞에 소개한 일반적인 기업의 상·하한 금액보다 약간 크게 설정하였다. 그리고 직급별로 상·하한 폭의 초임 대비 비율을 달리 설계하였다.

이 또한 직급 초임 설정과 비슷한 인사정책적인 의도를 담고 있다. 즉, 예를 들어, IT 사업의 경우 과장 이하의 실무자급의 우수인재를 채용할 필요가 많이 발생한다. 이 경우 핵심인재를 외부에서 유인하기 위해서는 높은 연봉이 필요해지고, 따라서 그 상한선을 타 직급에 비해 높은 비율로 설정한 것이다. 또한 나머지 직급에서는 인재의 외부 채용이 거의 필요하지 않다는 의미도 된다.

그리고 타 직급은 하한선을 85%로 설계한 반면, 6급 사원의 하한선의 75%로 설정하였다. 6급은 2년제 대학 졸업자나 고졸 사원의 신규 채용시 직급으로 제조공장이 있는 경우, 우수한 생산직 사원이 사무실 직종으로 전환될 때 6급을 부여하는 경우가 종종 발생한다. 이때 생산직 직원의 급여가 사무실 직원의 급여에 비해 상당 수준 낮기 때문에 85%로 설계한 하한선보다 훨씬 하회하는 경우가 발생할 수 있다. 이렇게 되면 직종 전환으로 인한 급여의 인상이 지나치게 커질 수 있다. 그래서 6급에 한하여 그보다 더 낮은 75%로 설계한 것이다.

2) 상·하한의 의미

먼저 연봉 하한의 의미를 보자.

<표 3-6>에서 보는 직급체계의 경우 일반적으로 직원들은 5급이나 6급으로 신규 입사하여 근속이 늘어남에 따라 승급을 하게 된다. 그러면 대부분의 직원들이 상위 직급의 초임을 찾아가기 때문에 하한선의 적용 대상

자는 발생하지 않게 된다. 하지만 경력사원을 채용할 때, 예를 들어 직급은 과장으로 주되 급여는 과장 초임만큼 주지 않아도 되는 경우도 가끔 발생한다. 대체로 경력사원 채용의 경우 직급은 그 사람의 경력기간, 나이 등에 의해 결정되며, 연봉 금액은 그 사람의 능력이나 성과에 따라 결정된다. 또는 내부 인력에 대해서도 가끔씩, '급여는 안올려주더라도 직급을 올려 주어야 할 불가피한 경우'가 발생하기도 한다. 이러한 특수한 경우에 대비하여 하한선을 설정하는 것이다.

다음으로 연봉 상한의 의미를 보자.

회사마다 차이는 있을 수 있으나, 대부분의 경우 근속연수별 연봉의 차이는 별로 크지 않다. 예를 들어 성과가 뛰어난 직원의 경우 직급에 체류하는 3년 동안, 매년 평균 인상률에 비해 5%를 더 많이 인상시킨다 하더라도, 대략 초임의 약 116%에 이르게 된다. 계속해서 성과가 뛰어난 직원의 경우라면 직급 체류연수가 지난 이듬해 바로 승급할 것이고, 심지어는 발탁 승급으로 그보다 빨리 승급하기 때문에 그 이상의 금액에는 도달하기 힘들다. 그래서 실제로 초임의 135% 정도로 설정된 상한 금액 부근에 있는 직원은 거의 없다.

그래서 상한 액 또한 하한 액과 마찬가지로 특별한 경우, 즉 예를 들어 핵심인재의 유지를 위해 연봉을 급격히 올려주거나, 외부 핵심인재의 채용을 위한 고연봉의 지급 가능성에 대비하는 의미가 있는 것이다. 이뿐 아니라 상한 금액을 높게 설정한다는 것은, 하위 직급과 상위 직급간의 연봉수준의 중복이 확대된 것을 보여줌으로써, 즉 승급을 통해 직급이 올라가지 않더라도 성과를 많이 내면 상위 직급자에 비해 더 많은 급여를 받을 수 있다는 것을 전 직원들에게 제시한다는 상징적 의미가 있다. 단순히 상징적일 뿐 아니라, 특별한 성과를 낸 사람에 대해 사장이 파격적인 인상을 시킬수 있지 않은가? 승급시키기에는 여러 가지 조직의 질서 문제로 제한되는 상황에서 말이다.

3) 상·하한의 성격

연봉의 상·하한 액은 절대적인 기준은 아니다. 한번 설정한 상한선을 절대적으로 운영하여 상한 금액보다 더 많은 연봉을 기대하는 핵심인재를 놓친다거나, 반드시 회사에서 필요한 외부 인재를 채용하는 데, 상한선 때문에 채용을 못하게 되면 어떻게 할 것인가?

그러므로 연봉의 상·하한 금액은 절대 기준이 아니라, 연봉 금액 수준의 하나의 가이드라인의 성격을 띠게 된다. 대부분 경력사원의 채용은 인사부서가 아닌, 인력이 필요한 현업 위주로 채용이 진행되며, 연봉 협상도 현업관리자나 임원과 채용 후보자간에 이루어진다. 이 경우 급여의 상·하한은 이러한 연봉 협상의 가이드로서 활용된다. 하지만 아주 특별한 경우가 아니라면 한 직급에서의 상한선은 최대한 고수하는 것이 상한선의 의미를 살리는 것이 될 것이다.

4. 표준 연봉 테이블

연봉제는 본질적으로 개인의 연봉이 다 다르기 때문에 과거 호봉제 테이블과 같은 별도의 연봉 테이블은 존재할 필요가 없다. 그러나 경력사원의 채용을 위해서는 아래 <표 3-7>과 같은 표준 연봉 테이블을 운영할 필요가 있다. 표준 연봉 테이블에는 지금까지 설계한 직급별 초임, 상·하한 금액, 그리고 연차별 금액으로 이루어진다. 대부분 경력사원을 채용할 경우 연봉제에서는 직급과 연차, 그리고 금액에 대해서 회사와 지원자간에

직급	초임	2년차	3년차	4년차	5년차	상한	하한
1급 (부장)	50,000	50,750	51,511	52,284	53,068	60,000	42,500
2급 (차장)	44,500	45,168	45,845	46,533	47,231	53,400	37,825
3급 (과장)	37,500	38,063	38,633	39,213	39,801	48,750	31,875
4급 (대리)	30,000	30,450	30,907	31,370	31,841	40,500	25,500
5급 (사원)	24,000	24,360	24,725	25,096	25,473	32,400	20,400
6급	20,400	20,706	21,017	21,332	21,652	24,480	15,300

명확한 합의가 있어야 한다. 입사시 확정된 연차를 관리하여야 승급 대상이 되는 시기를 알 수 있을 것이다.

<표 3-7>의 연차별 금액은 전 년차 금액에서 일률적으로 1.5%씩 인상하여 계산된 금액으로 실제 테이블 작성시에는 각 직급별, 연차별로 인원들의 연봉을 평균한 값으로 하여야 할 것이다.

5. 연봉 밴드의 설정 문제

연봉 설계의 마지막 고려 요소로서 직급별 연봉 밴드의 설정 문제가 있다. 직급별 연봉 밴드(이하 밴드)란 직급별 연봉의 상·하한 금액을 일정 구간 같은 비율로 등분하여 관리하는 것이다.

밴드는 보통 3개 이내로 나누어지는 바, 상한선 부근의 A 밴드, 중간 금액인 B 밴드, 하한선 부근의 C 밴드가 그것이다. 연봉제의 본질상 동일 직

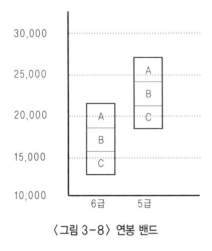

〈그림 3-8〉 연봉 밴드

급에서 성과가 뛰어난 사람은 A 밴드, 중간 성과자의 경우 B 밴드, 저성과자는 C 밴드에 속하게 될 것이다. 즉, 어떤 직원이 속한 밴드는 그 직원의 성과를 표현한다고 할 수 있다. 좀 더 설명하면 A 밴드에 속한 사람은 그 직급에 체류하는 동안 높은 성과를 낸데 대한 보상으로서 A 밴드 수준의 연봉을 받기도 하지만,

또한 그 사람에 대해 회사는 '높은 연봉을 받는 만큼' 그에 상응하여 남들보다 더 높은 성과 내기를 기대하고 있다. 이러한 개인이 속한 밴드와 개인에 대한 조직의 기대 성과와의 형평적 문제는 연봉 조정시에 반영된다. 즉, A 밴드에 속하는 사람은 연말의 인사평가시 S 등급이나 A 등급을 받는 것이 당연한 일이라는 것이다. 마찬가지로 C 밴드에 속한 사람에 대해서는 연말 인사평가에서 C 등급이나 D 등급을 받는 것이 또한 당연(?)한 조직의 기대라 할 수 있다. 따라서 연말의 인사평가 등급은 자기가 속한 밴드에 따라 조정되어야 한다는 것이다. <표 3-8>은 그것을 매트릭스로 나타낸 표이다.

〈표 3-8〉 밴드별 연봉 등급 매트릭스

구분		연봉 밴드		
		A	B	C
인사 평가 등급	S(탁월)	A	S	-
	A(우수)	B	A	S
	B(보통)	C	B	A
	C(미흡)	D	C	B
	D(불량)	-	D	C

<표 3-8>에서 보는 바와 같이 연봉의 밴드와 인사평가 등급의 매트릭스에 따라 새로이 조정된 연봉 등급이 결정된다. 이러한 조정은 다음과 같은 의미를 가진다.

A 밴드를 속한 사람은 아무리 성과가 높아도(즉, 인사평가를 S 등급을 받아도) 연봉 등급을 A 이상 받을 수 없다. 왜냐하면 앞에서 설명한 바와 같이 A 밴드 사람은 당연히 높은 등급을 받는 것이 정상이기 때문이다. 거꾸로 C 밴드에 있는 사람은 아무리 못해도 불량 등급인 D 등급을 받을 수는 없다. 애초에 성과가 낮으리라는 기대가 있었기 때문이다.

이러한 연봉 밴드의 관리 방식은 커다란 장점이 있다. 우선 고성과자의 지나친 연봉 상승을 적정수준 제어할 수 있다. 성과가 높은 사람은 계속적으로 높은 성과를 내는 것이 일반적이라는 점에서 이러한 장치가 없다면 고연봉으로 인한 회사의 부담은 상당 폭 늘어날 것이다. 이러한 현상은 매년 누적적으로 정률로 인상되는 누적식 연봉제의 경우 더욱 심각한 문제를 야기할 것이다. 한편으로 연봉 밴드의 장점은 저성과자에게서도 작용한다. C 밴드에 속한 사람이 인사평가 등급을 B로 받았을 경우, 표에 의하면 A의 연봉 등급으로 조정된다. 이는 저성과자가 조직에서 기대 이상(이 경우 조직의 기대는 C나 D 정도이다)의 성과를 냈을 경우, 조정된 B의 연봉 등급은 해당 직원에 대한 조직의 격려와 칭찬이 될 것이고, 이러한 조직 차원의 격려와 칭찬은 다음 연도의 더 큰 성과를 내는 데 강한 동기를 부여할 것이다.

하지만 또 다른 측면에서 연봉 밴드를 살펴보자. 앞에서 보는 바와 연봉 밴드는 성과에 대한 인사평가의 결과를 자기가 속한 밴드를 통해 다시 한 번 조정함으로써, 성과가 높은 사람과 성과가 낮은 사람의 연봉의 누적적 격차를 축소시키는 역할을 한다. 이것은 장점이 될 수도 있지만, 또 한편으로는 성과주의의 확대라는 측면에서 걸림돌이 되기도 한다. 지금까지 직급체계와 기본 연봉을 설계하면서 계속 강조되고 있는 것이 바로 '잘 하는 사람과 못하는 사람의 연봉의 격차를 크게 하는 것'이었다. 또한 애초 제대로 된 연봉제의 실행을 통해 목표하는 바가 바로, 고성과자와 저성과자에 대한 보상의 격차를 크게 하는 것이었다. 그런데 이러한 연봉 밴드 제도를 이용하여 그러한 격차가 지나치게 커질 가능성에 대비한다고 하는 것은 약간 모순처럼 들린다.

지속적으로 고성과자의 누적적 연봉 인상을 막는 방법은 여러 가지가 있을 수 있다. 누적식 연봉제는 정률로 인상을 하고, 비누적식 연봉제의 성과 연봉에 대해서 정액으로 차등을 두는 것이 일반적이다. 여기서 인사평가에 의해 결정된 연봉 등급간의 격차, 즉 누적식의 경우는 인상률의 차등, 비누적식의 경우는 성과 연봉의 금액 차이를 줄이는 것으로 얼마든지 '지나친 연봉 상승'을 제어할 수 있다.

그리고 연봉 밴드를 설정하는 것은 연봉제의 주요 구조의 일부로서 한 번 결정되면 적어도 수년은 지속되어야 하는 비탄력적인 제도의 일부인 반면, 연봉 등급간의 차등률, 차등 액은 연봉조정 당해 연도의 상황을 반영하여 적의 조정할 수 있는 탄력적인 기준이다. 연봉제가 정착되고, 성과주의를 좀 더 강화하는 것이 회사의 방침이라면, 차등률이나 차등 액을 매년 조금씩 늘려나가면 될 것이다.

또한 지나친 인건비 상승을 막는 제도로서의 연봉 밴드는 그 효과에 비해 관리가 복잡하다. 관리가 복잡하다는 말은 그만큼 연봉제의 운영, 즉 자기의 연봉 결정에 대한 직원들의 이해를 떨어뜨리고, 따라서 연봉제 운영의 걸림돌이 된다. 뿐만 아니라 연봉의 결정 과정이 명쾌하지 않을 수도 있다. 즉, 연봉 결정의 과정을 간단히 보면 먼저 인사평가의 실시, 점수의 집계, 그리고 연봉 등급심사에 따라 등급이 결정된다. 연봉 밴드는 다시 그 연봉 등급을 조정하는 절차를 한 번 더 거치게 한다. 과연 연봉 밴드에 의해 이렇게 결정되는 인상률이 경영진이 심사숙고하여 결정한 연봉 등급별 인상률과 일치한다고 할 수 있을까? 연봉 밴드가 연봉 인상률 결정에 한 번 더 작용함으로써 실제 S 등급자가 얼마가 인상되는지는 연봉 등급을 결정한 경영진은 물론, 담당자조차도 밴드와 연봉 등급간의 매트릭스를 보지 않는 한 쉽게 기억하지 못할 것이다.

이상을 살펴건대, 연봉 밴드를 설정하지 않고, 그냥 상·하한 액만 설정하여 운영하는 것이 더 바람직하다고 생각한다. 내가 컨설팅하는 회사에는 대체적으로 연봉 밴드를 설정하지 않는다. 물론 두 가지의 장단점을 경영진에게 보고하긴 하지만, 컨설턴트의 권장에 따르는 것이 통상적이다.

연봉제는 개인성과의 차이를 급여의 차이로 연결하여 동기부여를 하자는 제도이다. 그렇다면 성과의 차이, 즉 인사평가의 결과에 의해 결정되는 연봉 등급에 따라 차등을 얼마나 둘 것인가? 이러한 결과가 누적될 때, 수년이 흐른 뒤 연봉의 차이는 적절할 것인가? 어느 정도이면 우리가 원래 의도했던 긍정적인 의미, 덜 받는 사람의 불만을 최소화하고 잘하는 사람의 동기부여를 가장 크게 하는 차이라고 할 수 있을 것인가? 어떤 선을 넘게 되면 부정적 의미의 지나친 차이나 과도한 인건비 부담이라 할 것인가?

여기에 대한 정답은 없다. 다만 조직에서 받아들여질 만한 차이의 수준, CEO의 인사방침 등을 종합적으로 고려하여야 할 것이다. 또한 이러한 차이는 점점 확대되는 것이 아마도 전 기업적 추세인 것 같다. 인사담당자는 이러한 차이가 야기하는 조직 구성원들의 태도 변화, 동기 수준의 변화를 매년 끊임없이 예의주시하여 적절한 차등 기준을 세워나가야 될 것이다.

제3장 개인 연봉의 결정

1. 연봉심사 기준의 설계

1) 연봉의 반영 요소

연봉은 개인이 한 해 동안 발휘한 능력과 업적에 따라 결정되기 때문에 당연히 인사평가가 연봉 결정의 가장 핵심이 되는 것은 말할 필요도 없을 것이다. 따라서 연봉을 결정하는 기준의 주된 요소로서 인사평가 결과와 승급심사에서 설명한 부심사요소(가감점 요소)를 반영하여 설계할 수 있다. 즉, 인사평가 외에 당해 연도의 포상이나 징계사항, 또는 전사방침으로 시행하는 혁신활동의 참여도, 제안활동 등에 대해 별도의 가감점 규정이 있는 경우에는 그 점수를 반영하면 된다. 다만, 승급심사에서의 부심사요소와 중복되는 항목은 가급적 피하는 것이 좋다. 또는 연봉심사에 반영된 부심사요소는 가급적 승급심사 기준에서 제외하는 것이 바람직하다. 왜냐하면 한가지의 사건, 또는 성과가 연봉 등급에도 반영되고, 또 연봉 등급을 주심사요소로 하는 승급심사에서 다시 한번 부심사요소로 설정하는 것은 중복 반영이 되기 때문이다.

인사평가 점수 외에, 이러한 부가적 심사요소를 반영해야 하는 이유는 인사평가 제도가 회사에서 시행하거나 장려하는 모든 주요 정책사항을 모두 반영하기에는 한계가 있다는 점 때문이다. 특히 인사평가 제도는 한번 설계되면 적어도 3~4년 정도는 시행되는 장기적인 제도이기 때문에, 예를 들어 올해에 갑자기 시행된 혁신활동이나 갑작스런 안전사고의 증가에 따른 안전에 관한 직원들의 주의의무 사항 등을 그때그때 반영하기 어렵다. 이러한 활동에 대해서는 인사평가 제도를 통해 자연스럽게 반영하기는 힘들다 하더라도, 회사가 직원들에게 요구하는 주요 행동이나 의식이라면 연봉이라는 보상을 통해 동기부여가 주어져야 할 것이다. 이러한 부가적 심사요소는 대략 10점 정도의 범위 내에 점수로 설정할 수 있다. 또한 이러한 부 심사요소를 굳이 점수로 반영하지는 않더라도, 연봉심사 리스트의 부심사요소란에 서면으로 사실을 기록하는 것도 한가지 방법이다. 그리하여 연봉을 최종 심사하는 결정권자가 인사평가 점수와 글로서 표현된 사실들을 감안하여 결정하도록 하면 될 것이다.

2) 연봉 등급

점수와 등급

인사평가 결과를 연봉에 반영하는 데 있어, 연봉 등급의 개념을 도입하는 것이 바람직하다. 국내 대기업 중 포스코와 같이 인사평가 중 MBO에 의한 성과평가 점수를 그대로 연봉에 반영하는 경우가 있긴 하지만, 대단히 드문 경우라 할 것이다.

점수를 그대로 연봉에 반영하는 방법은 인사평가라는 제도를 통해 개인의 능력과 성과를 100% 신뢰성 있게 평가한다는 것을 전제로 시행할 수 있는 방법이다. 마치 학생들의 수학실력을 평가하기 위해 신뢰성 있는 시험을 통해 그 실력을 측정한다고 할 때, 그 시험 점수는 그대로 개인의 수학실력이 된다. 그래서 시험 점수 1점의 차이는 수학실력의 1점 차이를 반영하고, 10점의 점수 차이는 그 차이만큼의 실력 차이를 의미한다. 하지만 우리가 만드는 인사평가 제도는 절대로 완벽할 수 없다. 대략적으로만 보아도 인사평가 제도는 개인의 성과와 그것을 평가하는 평가요소의 타당성, 그리고 그 요소를 평가하는 평가자의 오류 가능성을 감안한다면 평가 제도의 점수 그 자체가 그대로 성과의 차이를 나타낸다고는 누구도 장담할 수 없는 본질적인 문제를 안고 있는 것이다. 그래서 1점, 2점, 3점의 인사평가 점수의 차이는 무의미하다. 그럼에도 불구하고 합리적인 인사평가 제도를 설계하고 운영하고자 노력해야 하는 이유는 그것이 그나마 일정 한도 내에서 개인의 성과와 상관관계를 가지고 있다고 믿기 때문이다. 개인성과에 대한 인사평가의 점수의 신뢰도는 1점, 2점, 3점 등의 단 단위 점수에서는 낮다 하더라도, 적어도 100점, 90점, 80점 등의 10점 단위에서는 상당한 수준의 신뢰성을 보인다고 믿는 것이다. 이 10점대의 점수 차이, 이것이 바로 '등급'이다.

점수를 등급화하는 데 가장 문제가 되는 것은 1점, 그보다 적은 0.1점의 차이로 한 등급이 차이가 발생함으로써 억울한 개인이 발생한다는 것이다. 또한 그것이 승급심사에 반영될 때 10점 또는 20점으로 벌어질 수도 있다. 하지만 이러한 문제에도 불구하고 인사평가 점수의 등급화는 인사평가 제도의 본질적인 한계로 인하여 필요 불가결한 방법이다.

연봉 등급은 일반적으로 탁월(S), 우수(A), 보통(B), 미흡(C), 불량(D)의 5등급으로 나누어 사용한다. 회사에 따라 탁월 등급을 엑설런트(Excellent)의 의미로 'E'로 표기하고, 다른 등급에 대해서도 다른 표시를 하는 경우도 있다. 하지만 기호 자체가 별로 중요해 보이지는 않는다.

연봉 등급의 의미

연봉 등급은 개인의 연봉 결정을 위해 인사평가 점수와 몇 가지 부심사 요소를 종합하여 최종적으로 결정되는 등급이다. 과거 호봉제 하에서는 평가의 결과를 활용하기 위해 같은 방식으로 등급을 결정하고, 이를 인사 평가 등급이라고 하였다. 그러나 연봉제 하에서는 평가 등급 자체가 바로 연봉을 결정하는 등급이라는 의미에서 연봉 등급이라는 명칭이 더 적절하다. 개인의 연봉을 심사하는 일은 바로 이 연봉 등급을 결정하기 위한 심사과정으로 연봉 등급심사라고 할 수 있다. 연봉 등급은 연봉의 결정 그 자체이며, 승급관리나 핵심인재의 선정 등 제반 인사 심사를 위한 가장 기본적인 자료로 활용된다. '제4부 인사평가' 편 에서 연봉 등급의 더 상세한 성격과 의미에 대해서 언급하겠다.

2. 연봉 등급의 심사

1) 연봉 등급별 인원 배분

연봉제의 목적인 '성과에 따른 개인별 연봉의 차등화'를 위해서는 당연히 별도의 차등화를 위한 재원이 필요하다. 이러한 연봉 인상을 위한 재원은 회사의 경영실적, 향후 전망, 경쟁사에 대비한 현재의 연봉 수준, 물가 인상률 등 일반적인 연봉 인상 결정요인에 따라 전사적으로 결정된다. 전년도에 비해 5% 인상이 적절하다고 판단하였다면 평균적으로 전 사원의 연봉은 5% 인상하는 것이고, 그것을 금액으로 표현하면, 예컨대 직원들의 총 연봉 합계가 4억 원이라면, 그것의 5% 인 2천만 원이 연봉 인상 재원으로 될 것이다. 개인별 연봉의 차등화는 결국 이러한 정해진 연봉 인상 재원, 즉 2천만 원을 어떤 사람에게 더 주고, 어떤 사람에게 덜 주는 것을 결정하는 일이다. 따라서 개인의 연봉 인상률을 결정하는 연봉 등급은 인원 규모에 따라 상대적으로 결정된 등급 순위에 따라 강제로 할당할 수밖에 없는 것이다.

등급별 인원 비율은 대개 다음 <표 3-9>의 비율로 하는 것이 일반적이다. 즉, 상대적으로 가장 우수한 인원이 전체 인원의 5% 정도, 우수한 직원이 전체의 20% 정도, 평균 정도의 인원은 60%, 그리고 부족하거나 아주 부진한 사람이 5% 정도로 분포되어 있다고 보는 것이다.

〈표 3-9〉 연봉 등급별 인원 T/O

등급	S	A	B	C	D
T/O	5%	20%	60%	10%	5%

이 정도의 분포 비율은 통계적으로나, 경험적으로나 별 무리 없는 분포라 할 수 있다. 여기서 C 등급을 10%로 함으로써, 분포의 모양이 약간 높은 등급 쪽으로 몰리게 설계한 것은 평가자나 연봉 결정자들의 현실적 성향을 반영한 것이다. 연봉 등급이 단순한 평가 점수의 등급이 아닌, 현실적으로 연봉을 결정하는 일이니만큼 아무래도 연봉을 좀 더 많이 주는 쪽으로 결정을 하기 때문이다. 이것을 군이 관대화나 온정적 경향으로 보기는 힘들 것이다. 인사 실무자가 등급별 인원을 계산할 때, 소수점 이하로 나오는 경우는 허다하다. 4급 사원이 7명밖에 없는 조직의 경우, S 등급은 0.35명, A 등급 인원은 1.4명, B 등급이 4.2명으로 계산될 것이고, 이를 다시 S 등급을 1명, A 등급을 1명, B 등급을 4명, C 등급을 0.7로 해서 1명, D 등급을 0.35로 해서 0명으로 조정할 수밖에 없을 것 같다.

여기서 회사의 정책에 따라 S 등급을 10%로 하거나 A 등급을 15%로 하는 등 대략 5% 범위 내에서 그 비율을 조정할 수 있다.

2) 심사 단위

직급별 심사

연봉의 심사는 직급별로 이루어져야 한다. 직급이란 앞에서 설명한 대로, 비슷한 난이도나 중요도를 가진 업무를 비슷한 역량 수준으로 수행하는 사람들의 집합이기 때문에 한 직급에 속하는 사람들끼리를 하나의 경쟁 집단으로 보아야 한다. 또한 일반적으로 인사평가의 점수는 직급이 높을수록 더 높은 점수로 평가되기 때문에, 전 사원을 전체적으로 일렬로 세우면 직급은 높은 사람이 윗줄에, 직급이 낮은 사람이 아랫줄에 분포하게 된다. 따라서 앞서 설명한 연봉 등급의 강제 할당도 직급별로 이루어져야 하며, 개인의 성과에 대한 상대 순위를 심사하는 심사 작업도 당연히 직급별로 이루어져야 하는 것이다.

조직 단위별 심사

또 하나 심사의 단위를 전사로 하느냐, 아니면 단위 조직별로 하느냐의 문제가 있다. 예를 들어 사업부제를 하고 있는 경우, 그리고 사업장이 여러 곳에 흩어져 있는 경우, 사업부 또는 사업장 단위로 할 것이냐를 결정해야 한다. 이것의 결정요인으로서는 인원의 규모와 이를 반영한 조직체계, 그리고 조직책임자에 대한 권한의 위임 정도라 할 수 있다. 일반적으로 직원들의 인사에 대한 의사결정은 한국의 정서에서 조직 직제상 3단계 상위자가 결정하는 것이 적절하다. 즉, 팀원 – 팀장 – 담당임원 – 사업부장 – 사장의 직제와 같은 대규모 조직에서는 팀원(보통 과장급 이하)의 연봉 결정은 사업부장, 그리고 팀장이나 차장급 이상의 직원들은 사장이 결정하면 된다. 이 경우의 심사 단위는, 팀원들의 경우에는 사업부 단위, 팀장이나 차장급 이상은 전사 단위로 되는 것이다. 사원 – 팀장 – 사장의 직제로 운영하는 소규모 회사의 경우에는 당연히 전사단위로 심사하고, 사장이 결정하면 된다. 서구 기업의 경우는 직속 상사가 부하에 대해 연봉 결정권을 포함한 막강한 인사권을 보유하고 행사하는 경우가 많이 있지만, 아마도 이러한 방식이 아직은 한국적 정서에서 수용되기가 쉽지 않을 것이다.

소규모 회사의 등급 및 심사 단위

인원이 적은 소규모 회사의 경우 직급별로 쪼개어 심사하는 것도 종종 문제가 되고 있다. 예를 들어 전체 직원이 20~30명 정도이면 대략 직급별로 부장 2명, 차장 2명, 과장 5명, 대리 5명, 사원 8명 정도의 분포에서, 이를 직급별로 구분하고, 또 이를 5개 등급으로 강제 할당하는 것은 <표 3-10>에서 보는 바와 같이 사실상 불가능하다.

〈표 3-10〉 소수 인원의 등급별 T/O

직급	인원	S	A	B	C	D
부장	2	0.1	0.4	1.2	0.2	0.1
차장	2	0.1	0.4	1.2	0.2	0.1
과장	4	0.2	0.8	2.4	0.4	0.2
대리	6	0.3	1.2	3.6	0.6	0.3
사원	8	0.4	1.6	4.8	0.8	0.4
계	22	1.15	4.6	13.8	2.3	1.15

이 같은 경우 연봉 등급별로 강제로 할당된 인원 T/O가 T/O로서의 의미를 가지고 심사, 결정이 가능한 집단은 대리, 사원 정도라 할 것이다. 차장, 부장의 경우는 아예 등급별 인원 T/O의 의미가 사라지며, 개인의 상호 비교를 통한 상대 위치를 심사하는 작업도 거의 불가능해진다.

이런 경우에는 차장과 부장, 또는 과장까지 확대하여, 3개의 직급을 합하여 T/O를 정하고 심사하는 것이 방법이 될 것이다. 또한 앞에서 설명한 바와 같이 연봉 등급도 5개가 아닌 3등급으로만 나누어 T/O를 정할 수 있을 것이다. 이러한 경우를 표로 나타낸 것이 <표 3-11>로서, 비로소 심사다운 심사를 할 수 있는 의미 있는 단위가 된다.

〈표 3-11〉 조정된 등급별 T/O

직급	인원	A(20%)	B(60%)	C(20%)
과장 이상	8	1.6	4.8	1.6
대리	6	1.2	3.6	1.2
사원	8	1.6	4.8	1.6
계	22	4.4	13.2	4.4

연봉 등급을 3개로 운영할 경우 탁월한 사람에 대해서는 S 등급을 T/O와 관계없이 부여할 수 있고, 반대로 아주 부진한 사람에 대해서는 역시 T/O에 관계없이 D 등급을 부여할 수 있다. 이 결정은 연봉 등급을 심사하는 자리에서 특별한 개인에 대해 개인별로 결정하면 된다.

3) 심사 및 등급 결정

인사평가의 결과와 기타 몇 가지 심사요소를 바탕으로 연봉 등급을 결정하기 위해서는 연봉 등급심사의 절차가 필수적이다.

인사평가 제도를 포함한 인사 제도를 합리적으로 설계하는 것은 물론 중요하다. 하지만 이에 못지않게 연봉을 비롯한 개인의 보상을 결정하는 '심사 절차'는 제도의 운영과 관련하여 합목적성, 공정성, 객관성을 확보하는 가장 중요한 수단이다. 또한 뒤에서 설명하겠지만, J. S. 애덤스의 공정성이론에 의하면, 투명하고 엄정한 심사과정은 심사 결과에 대한 '공정성'을 부여하는 데 결정적으로 기여하는 수단이다.

심화학습 ⓾
연봉 등급의 결정에 관한 심사의 의미

인사평가 기준이 객관적이고 공정하게 설정되고, 평가자가 정확하게 평가한다면 과연 심사가 필요하지 않은가? 예컨대 만약 합리적으로 설정된 인사평가 기준에 의한 인사평가 점수를 100점으로 하고, 부가적으로 사장 표창 3점 가점, 견책 이하의 징계 건당 1점 감점의 기준에 따라 연봉 등급을 결정하는 과정을 보자.

이 기준에 따라 전 사원의 점수는 집계가 가능하고, 또한 순위를 매기는 일 또한 별로 어려운 일이 아니다. 직급별로 매겨진 순위에 따라, 연봉 등급 배분의 기준에 따라, 최상위 5%는 S, 차상위 20%에게는 A 등급을 매겨 나갈 수 있을 것이다. 만약 인사평가의 점수가 공정하고 객관적이기만 하다면, 이러한 점수 순위에 따라 자로 잰 듯이 연봉을 결정하는 방식은 아마도 가장 공정하고 객관적이라 할 수 있을 것이며, 그 결과에 대해서는 누구도 이의를 제기하지는 못할 것이다. 우리는 이러한 방법을 시험 성적에 의해 당락을 결정하는 모든 입학전형이나, 공무원의 선발 시험 등에서 볼 수 있다. 하지만 우수한 성과를 낸 상위 5%에게 S 등급을 부여한다는 심사의 목적에서 이러한 자로 잰 듯한 결과를 다시 한번 살펴보면 몇 가지 점에서 문제가 발견된다.

먼저 본문에서 점수의 등급화와 관련하여 언급한 바와 같이 인사평가를 통한 개인성과를 100% 정확히 측정하는 것이 불가능하고, 따라서 그 점수를 그대로 연봉 등급에 반영할 수 없다는 것이다. 그래서 인사평가 제도가 측정한 점수를 개인별로 성과의 관점에서 다시 한번 여러 사람들(인사권자)이 다각도에서 논의할 필요가 있다.

심사과정을 거쳐야 하는 두 번째 이유는 앞에서 다룬 성과함수에 나타나 있다. 개인의 성과에는 개인의 역량과 노력 이외에 기회요인이라고 하는 통제, 예측 불가능한 변수가 작용하고 있다. 우리가 설계한 인사고과에 의한 등급의 결정 기준에는 이러한 기회요인을 반영하는 기준을 설계하지도 않았을 뿐 아니라, 기회요인에 대한 반영 기준을 설계하는 것 자체가 불가능에 가깝다. 예컨대 비슷한 역량을 가진 두 영업사원의 경우를 가정해 보자. 한 사람은 별다른 노력 없이 경쟁사의 사고나 갑작스런 고객의 증가 등 순전히 외부적 요인으로 목표를 120% 달성하고, 다른 영업사원은 열심히 노력하였으나 대규모 거래처가 갑자기 다른 회사로 거래를 변경한 이유로 목표에 미달한 경우, 당연히 두 사람의 성과평가 점수는 차이가 날 것이다. 그에 따라 한 사람은 연봉 등급 결정 순위에서 상위에 랭크될 것이고, 다른 한 사람은 그보다 낮게 랭크될 것이다. 이 경우에도 과연 두 사람의 점수 차이나 순위 차이를 과연 그대로 인정하는 것이 타당한 것인가? 아니면 두 사람의 성과를 결정한 우연적 요소를 어느 정도까지는 반영해야 할 것인가? 이러한 제도 외적인 요소에 대해 다시 한번 심사숙고하는 일이 바로 심사과정이다.

마지막으로 심사를 하여야 하는 세 번째 이유는 제도상으로 커버할 수 없는 부서간, 집단간 형평성이다. 우리는 과거 정권들의 고위 공직자 인선에 관한 수많은 비난들을 매스컴에서 많이 보아 왔다. MB 정부의 인사에 대해서도 '강부자', '고소영' 내각이라는 말이 나올 정도로 심각한 비판에 직면했다. 장관의 임명 기준이 '해당 부처의 수장으로서 업무를 원활히 수행할 수 있는 사람'이라는 것은 분명할 것이고, 이를 판단하기 위한 여러 가지 요소가 있을 것이다. 물론 경우에 따라서는 각각의 요소에 가중치를 더하여 점수를 산출하여 평가하는 기준도 있을 수 있을 것이다. 그러나 영남 사람은 가점을 10점을 준다든지, 호남 사람은 가점을 10점을 준다든지 하는 것을 제도로서 과연 설계할 수 있을까? 실제로 장관이 전원 영남 사람이 되던지, 아니면 호남 사람이 되든지간에 그 개인만 능력이 탁월하고 그 일을 잘 수행하여 성과를 낼만한 사람이면 될 것이다. 이러한 능력 있는 사람을 선발하는 기준을 수립하는 것, 여기까지가 우리가 제도로서 수립할 수 있는 한계이다. 그러나 그 기준에 의하여 임명된 사람 전원이 일정지역 출신이라면 아마도 지역편중 인사에 대한 국민이나 언론의 비판은 피할 수 없고, 이러한 비판과 비우호적인 국민의 정서에서는 누구도 제 실력을 100% 발휘하여 업무를 수행하기 어렵게 될 것이다. 이와 비슷한 사례는 기업에서도 종종 발견된다. 여러조직(팀이나 사업부)을 섞어서 심사를 할 경우, 점수에 따라 등급을 매기다 보면, 특정 팀이나 사업부에 S나 A 등급이 몰릴 수 있고, 반대로 어떤 조직에 C나 D

등급이 편중될 수 있다. 그래서 모든 인사의 최종 결정에는 이러한 기준에 둘 수 없는 제도외적인 다양한 요소에 대해 숙고하여야 한다.

바로 여기서 인사담당자가 참모로서 역량을 제대로 발휘할 수 있는 여지가 더 더욱 생기게 된다. 한 사람 한 사람을 정말로 공정하고 객관적으로 심사하여 결정 하였다고 하지만, 이것을 전체로 모았을 때 과연 우리 회사가 지향하는 바 대로, 전체적으로 기업 목표 달성에 충분한 동기를 부여할 수 있을 것인가를 다시 한번 숙고해 보아야 하는 것이다.

이러한 세 가지 이유에서 연봉 등급 결정을 위한 심사뿐 아니라 모든 인사결정 에는 심사라는 절차를 두어야 한다. 그래서 개별 심사절차 없이 직접 기준에 따라 대상자를 선정하는 것은 그 자체로서 객관성과 공정성은 확보될지 모르지만, 원 래의 그 제도의 취지, 즉 고성과자에 대한 고액의 보상, 또는 회사 전체의 성과 향 상이라는 합목적성은 제한될 수 있다.

심사라는 절차는 이러한 객관성을 일부 희생하더라도 제도나 기준으로 커버할 수 없는 다양한 상황을 감안하여 제도를 합목적으로 운영하는 방법이다. 그래 서 일정한 제한은 있을 수 있지만, 평가 점수로는 상위 18%에 해당하는 사람도 그 사람이 성과를 낸 다양한 상황을 종합할 때 S 등급을 받을 수도 있고, B 등급을 받을 수도 있는 것이다. 그렇다고 이런 사람을 특별한 납득성 있는 이유 없이 C나 D 등급을 준다면, 이는 연봉 등급 결정 기준이나 인사평가를 전면적으로 무시하 는 것이고, 이로 인한 제도에 대한 불신을 초래하기 때문에 지나친 기준의 예외는 바람직하지 않다고 할 것이다.

3. 연봉 등급별 인상률의 결정

1) 전사의 인상률의 결정

인사평가의 결과를 토대로 한 연봉 등급이 확정되었다면 이제 각각에 대해 연봉을 어떻게 조정할 것인가의 문제가 남는다. 여기서 유의해야 할 것은 연봉 등급을 정하는 기준이나 과정은 중장기적으로 시행하여야 할 중대한 인사 제도, 또는 정책의 하나이지만, 연봉을 얼마나 인상할 것이며, 또한 개인간의 차등을 얼마나 둘 것이냐 하는 것은 당해 연도에 한해 시행되는 단기적인 기준으로 운영된다는 것이다. 그래서 인사담당자는 매년 이것에 관해 '20××년도 연봉 조정 시행안'에 관한 기획서에 포함하여 사전에 CEO의 결정을 받아 두어야 한다. 주지하다시피 전사의 평균연봉 인상률은 물가 인상률 등의 외부 경제지표와 회사의 경영실적이나 예측을 반영한 지불능력, 그리고 동종 타사의 연봉수준을 감안한 연봉 경쟁력의 측면에서 결정하게 된다.

2) 연봉 등급별 차등의 폭 결정

성과주의와 연봉 차등의 폭

다음으로 개인간의 차등을, 즉 연봉 등급간의 차등을 어느 정도 크기로 가져갈 것인가를 결정하여야 한다. 만약, 회사의 방침이나 CEO의 의지가 성과주의를 강화하겠다는 의지를 가지고 있다면 연봉제의 시행 초기에서 부터 수년간은 등급간 차등 비율을 점진적으로 확대하는 방향으로 시행함으로써, 이러한 CEO의 의지를 인사적으로 실현할 수 있을 것이다.

연봉 등급간 차등은 연봉 구조를 누적형으로 하였을 경우와 비누적형의

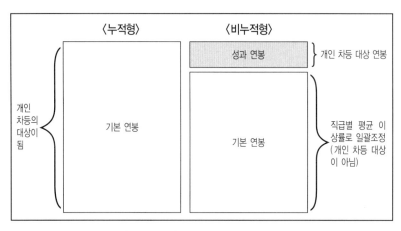

〈그림 3-9〉 연봉 유행별 차등 대상

경우 각각 다른 방법으로 구현된다. 앞서 연봉의 형태에서 설명한 바와 같이 비누적형의 경우에는 대부분 연봉 등급간 금액으로 차등을 두는 반면, 누적형의 경우는 인상율로써 표현된다.

비누적형 연봉제는 전체 연봉 가운데 성과 연봉에 해당하는 부분에 대해서 차등을 두고 있다.

비누적식 연봉제 하의 차등

비누적형 연봉제에서의 등급별 연봉 조정 방법을 구체적으로 기술하면 다음과 같다.

만약 A 기업에서 올해의 전사 평균 인상률을 5%로 결정하였다면, 다음으로 직급별로 인상률을 결정하여야 한다. 직급별 인상률을 결정하는 데는 일반적으로 하후상박의 원칙을 적용하거나, 아니면 직급별 급여 경쟁력에 따라 적의 결정한다. 예를 들면 특정 직급의 연봉 경쟁력이 동종 타사에 비해 낮다면, 그 직급에 대해 좀 더 높은 인상률을 적용할 수 있을 것이다. 대신 그에 해당하는 재원만큼 타 직급에서 전용을 하여야 하기 때문에 타 직급은 5%보다 낮아질 것이다.

일단 직급별로 연봉 인상률이 결정되면, 그 다음으로 성과 연봉에 대한 연봉 등급별 차등 금액을 결정하여야 하며, 이 또한 전 직급별로 차등 금액 테이블을 만들어 적용하여야 할 것이다. 예를 들어 대리 직급의 전년도 표준 연봉(이는 그 개념상, 우리 조직에서의 평균적 급여수준, 즉 계속해서 B 등급을 받은 사람의 연봉이라는 의미이며, 해당 직급의 평균연봉과 비슷한 개념임)이 3,000만 원이고, 이중 기본 연봉이 전체의 70%인 2,100만 원이고, 성과 연봉은 30%인 900만 원이 될 것이다. 표준 연봉에 있어서의 900만 원은 전년도 연봉 등급을 B 등급으로 받은 사람의 성과 연봉 금액과 같다. 따라서 우리는 대리 직급의 등급별 차등 폭을 900만 원을 기준으로 설계하여야 한다. 맨 먼저 B 등급을 받은 대리의 경우에는, 기본 연봉 2,100만 원, 성과 연봉 900만 원이 전부 해당 직급 평균 인상률인 5%씩 인상되어 기본 연봉 22,050천 원, 성과 연봉 9,450천 원으로 총 31,150천 원이 된다. 등급별 성과 연봉은 B 등급의 금액인 9,450천 원을 기준으로 S, A, C, D 등급별 금액을 적의 결정하면 될 것이다.

〈표 3-12〉 등급별 성과 연봉

직급	2007 총 연봉	2008 총 연봉	기본 연봉	성과 연봉				
				S	A	B	C	D
과장(3급)	37,500							
대리(4급)	30,000	31,150	22,050	15,000	12,000	9,450	6,000	3,000
사원(5급)	24,000							

<표 3-12>는 대략 300만 원 정도의 등급별 차등을 두고 설계하였다. 독자 여러분께서 과장, 사원에 대해 한번 작성하여 빈칸을 채워보시기 바란다. 과장의 표준 연봉은 3,750만 원, 사원은 2,400만 원이고, 기본 연봉과 성과 연봉의 비율은 똑같이 70:30이다. 만약 연봉 등급별 차등 폭을 더 크

게 하려면, 즉 성과주의를 더 확대하려 한다면 두 가지 변수, 즉 기본 연봉 대비 성과 연봉의 비율을 조정하여 성과 연봉의 폭을 더 크게 하거나 연봉 등급간의 금액 격차를 더 크게 하면 될 것이다.

비누적 방식에서 연봉 등급별 차등금액을 결정함에 있어 조정 계수의 개념을 도입하면 편리하다. B 등급의 성과 연봉을 9,450천 원으로 결정한 경우 등급별 조정 계수에 따라 <표 3-13>과 같이 각 등급별 성과 연봉 금액을 산출할 수 있다. <표 3-13>은 등급별 차등 금액을 앞의 표에서보다 적게 설정한 경우이다.

〈표 3-13〉

등급	S	A	B	C	D
조정 계수	1.4	1.2	1.0	0.8	0.6
금액	13.230	11,340	9,450	7,560	5,670

이러한 비누적식 연봉 인상에서는, 물론 D 등급의 금액을 책정하기 나름이겠으나, 전년도 3,000만 원 받은 대리가 올해 D 등급을 받아 연봉이 25,050(22,050 +3,000)천 원을 받게 되어, 연봉이 삭감되는 경우가 제도적으로 발생하게 된다.

누적식 연봉제 하의 차등

다음으로 누적식 연봉의 인상 방법을 보자. 누적식 연봉의 인상 방법은 비누적식 연봉의 인상 방법보다는 대단히 단순하다. 먼저 전사적 평균연봉 인상률과 직급별 평균 인상률을 결정하는 기준이나 절차는 비누적식과 동일하다. 하지만 누적식의 방식은 연봉 전체에 대한 연봉 등급별 인상률에 의해 차등 폭이 결정된다. 또한 연봉 등급별 인상률은 <표 3-14>와 같이 조정 계수를 활용함으로써 인상률을 훨씬 쉽게 결정할 수 있을 뿐 아

〈표 3-14〉 연봉 등급별 조정 계수

등급	S	A	B	C	D
조정 계수	2.0	1.5	1	0.5	0.0

니라, 등급간 차등 폭의 적정성을 한눈에 쉽게 판단할 수 있도록 한다.

즉, B 등급을 전사 평균, 또는 평균 인상률로 할 경우 S 등급은 그것의 2배의 인상률, A 등급은 1.5배, C 등급은 0.5배, D는 0% 인상률이 결정되는 것이다. 만약 전사 평균 인상률 5%로 결정하고 직급별로 인상률을 각각 달리 책정하였다면, 직급별, 등급별 인상율은 <표 3-15>와 같이 될 것이다. 이러한 조정 계수에 의한 직급별, 등급별 인상률이 결정되면 현재 개인의 연봉에 해당 직급의 연봉 등급에 해당하는 인상률을 곱하면 올해의 연봉이 결정된다.

〈표 3-15〉 직급별·등급별 연봉 인상률의 결정

등급	S	A	B	C	D
조정 계수	2.0	1.5	1.0	0.5	0.0
과장(5.0%)	10.0%	7.5%	5.0%	2.5%	0.0%
대리(6.0%)	12.0%	9.0%	6.0%	3.0%	0.0%
사원(6.5%)	13.0%	9.8%	6.5%	3.3%	0.0%

이 경우 등급별 차등 폭은 조정 계수로 결정되는 바, 앞의 표에서는 S 등급이 B 등급보다 2배의 인상률로 설정하였으나, 2.5배, 3배의 인상률 또는 그보다 낮은 비율로 책정할 수 있을 것이다. 또한 C 등급을 0%로 인상하고, D 등급을 마이너스 인상률로 책정하여 연봉을 삭감하겠다는 의지를 분명히 밝힐 수도 있을 것이다.

하지만 인상률을 마이너스로 하여 연봉을 삭감하는 것은 별로 바람직하지 않다. 연봉 등급을 D 등급으로 받는다는 것은 사실상 조직에서 그 개인에 대하여 '당신은 더 이상 우리 조직에 있을 가치가 없으니 그만 나가 주시요' 하는 강력한 메시지이다. 따라서 연봉 등급의 통보라고 하는 그 자체로서 충분히 회사의 그러한 의사는 전달되는 것이고, 그 사람의 연봉을 삭감하거나 또는 동결시키는 것은 별로 중요한 사항이 아니라고 본다. D 등급자에 대해 연봉을 삭감하는 조치가 그 사람의 인건비를 절약해 회사의 경영에 보탬이 되려고 하는 것은 아니지 않은가? 컨설팅을 하다 보면 CEO로서, 또는 경영자로서 말 안 듣고 성과가 없는 불성실한 직원 – 어느 조직이고 이런 사람은 항상 있다 – 에 대해 "지금 주는 연봉도 아깝다. 연봉 좀 깎아버리면 안 되나?" 하는 감정적, 정서적 요청을 받을 때가 많이 있다. 하지만 그에 대한 나의 조언은 항상 그런 사람은 '해고'를 시켜야지 연봉을 삭감하면서까지 계속 데리고 있을 이유는 없다는 것이다.

심화학습 ⑪

연봉 등급에 따른 적정한 차등의 폭

이 문제는 내가 회사에서 인사 제도를 설계하면서, 또는 그 이후에 컨설팅을 하면서 끊임없이 고민하는 문제 중의 하나이다. 특히 컨설팅을 하면서 많은 CEO가 제기하는 문제 중의 하나이기도 하다. 이 문제에 대해서 독자 여러분과 함께 고민해 보고자 한다.

이 문제를 고민하기에 앞서, 왜 연봉제를 실시하는지를 다시 한번 생각해 보자. 또는 더 나아가 인사관리의 목적으로 되돌아가보자. 인사관리의 목적은 궁극적으로 회사의 성과를 올리는 것이다. 성과를 올리기 위해서는 앞에서 본 바와 같이 개인의 역량을 키우고, 또한 이들이 노력, 즉 동기부여를 극대화하여 최대한의 노력으로 성과 향상에 매진하도록 하는 것이다. 연봉제의 목적은 여기서 두 번째인 동기를 최대한 이끌어내는 수단이다. 즉, S나 A 등급을 받은 사람에게 남들에 비해 더 많은 연봉을 지급함으로써, 적어도 전년도 이상의 노력을 경주하기를 바라고, 또 C나 D 등급자에게는 좀 더 분발하여 적어도 B 등급을 받을 수 있도록 동기부여를 하는 것이 목적인 것이다. 그렇다면 어느 정도의 차등 수준이 이러한 동기부여를 가장 크게 할 것인가?

먼저 연봉 등급을 S나 A의 높은 등급을 받는 경우를 생각해 보자. '제1부 연봉제의 동기부여 효과'에서 설명한 바와 같이 연봉제의 가장 큰 동기부여 효과는 바로 개인의 성과에 대한 '인정'이다. 이는 허즈버그의 동기요인 중에서 최상단에 속하는 요인이다. 그리고 그 인정에 대한 금전적 보상으로서 연봉은 여전히 위생요인이 될 수 있다.

연봉 등급을 S나 A를 받았을 때 우리의 최초의 감정은 '아, 내가 드디어 조직 내에서 인정을 받았구나'라는 만족감이 앞설 수 있을 것이다. 하지만 몇 개월이 흐른 후 동종 타사에 다니는 친구와 이야기하던 중 나보다 훨씬 많은 연봉을 받고 있다는 사실을 알았을 때, 그리고 그 회사의 연봉수준이 내 회사와 비슷하고, 그 친구 또한 나와 같이 S 등급을 받았다는 것을 알게 되었을 때, '우리 회사는 (나 같은) 인재를 소중히 여기는 기업이 아니구나'라고 느낄 수 있다. 그래서 언젠가는 떠나가겠다는 불만어린 생각을 하게 될 것이며, 적당한 기회에 '인재를 소중히 여기는 그 회사'로 이직할 기회를 모색할 것이다. 그래서 연봉 금액 자체는 위생요인이며, 인재가 조직을 떠나는 이유가 된다.

이러한 사례에서 독자 여러분은 '연봉 등급에 따른 연봉의 차등 폭'을 결정하는 데 있어 대략적인 기준을 파악했을 것이다. 아직까지 연봉제에 있어 연봉 등급 그 자체가 동기부여를 더 크게 하는지, 아니면 연봉 금액의 차이가 더 동기부여 효과가 있는지에 관한 연구를 본 적이 없다. 하지만 현재까지의 동기부여이론에 의하면 연봉 등급을 매겨서 통보하는 것, 그 자체는 '인정'이라는 보상으로서 동기요인이며, 금액을 얼마나 더 주고, 덜 주고 하는 것은 위생요인이기 때문에 최소한 같은 업종, 같은 조건의 동종 타사의 차등 폭과 적어도 낮게 주어서는 안 된다는 것이다. 다시 말하면, 동종 타사에 비해 차등 폭을 적게 함으로써, 그 동종 타사에서 S 등급을 받은 친구에 비해 연봉이 낮아서는 안 된다는 것이며, 그렇다고 훨씬 높게 줄 필요 또한 없다고 할 수 있다.

그렇다면, C나 D 등급을 받은 직원들은 어떻게 반응을 할까? 일단 연봉 등급을

C나 D로 받았다는 것은 조직에서 하위 20%로 평가 받았다는 점에서 일차적으로 몹시 사기가 저하되고, 기분이 나쁠 수 있을 것이다. 아마도 C나 D 등급을 받은 사람 치고 평가가 공정했다던지, 이러한 결과는 당연하다고 말하는 사람은 없을 것이다. CEO나 인사담당자가 유의할 점은 이러한 사람들의 일차적인 불만이나 원성, 기분 나쁨이 아니라, 이들의 그 다음 행동이다. 즉, C, D 등급을 받은 직원들이 그러한 기분 나쁨을 두 번 다시 겪지 않기 위해 '열심히 노력을 하려는' 방향으로 동기부여가 될 것이냐, 아니면 기왕 버린 몸, 여기서 나가라고 할 때까지 계속 남아서 버티겠다는 식으로 동기부여가 될 것이냐 하는 것이다. 이렇게 C나 D 등급자의 두 가지 추후 행동을 결정하는 데 있어 과연 금액의 차등이라고 하는 것이 영향을 얼마나 미칠 것인가? 차등을 크게 하면 더 긍정적으로 동기부여가 되고, 차이를 적게 하면 부정적으로 동기부여가 될 것인가? 내 생각으로는 별로 그렇게 보이지는 않는다. C나 D 등급자의 동기부여의 긍정적 혹은 부정적 방향을 결정짓는 요인은 차등의 폭의 크기가 아니라, C나 D 등급을 알려주는 그 자체와 인사평가의 공정성에 더 기인한다고 해석하는 것이 타당할 것이다.

이러한 S나 A 등급자와 C나 D 등급자에 대한 '연봉 차등의 폭'의 동기부여 효과를 감안해 보면 다음과 같은 결론에 도달하게 된다.

연봉 등급간 차등의 폭은 일반적인 사회의 추세(수준)에 따르되 결코 그것을 지나치게 확대하는 방향으로 선도할 필요는 없다는 것이다.

이상은 몇 가지 동기이론과 개인적 경험을 토대로 서술한 것이다. 하지만 이에 대한 반론의 소지도 충분히 있을 수 있다. 어쨌건 성과주의와 연봉제, 그리고 연봉제의 차등 보상이 성과에 대한 동기요인으로 어떻게, 얼마나 기여할 것인가, 그리고 동기를 극대화하는 차등의 적정 폭은 어디까지인가에 대해서 끊임없이 고민하는 것은 우리 인사담당자의 몫으로 영원히 남을 것이다.

4. 그 외 포함하여야 할 기준들

1) 연봉의 분할 지급 방법

연봉제가 설계되고, 개인의 급여가 모두 새로운 연봉제에 의한 연봉으로 전환이 되었다면, 마지막으로 연봉을 어떻게 매월 분할하여 지급할 것인가 하는 문제가 남는다. 단순하게 그냥 연봉이니까 연봉 금액을 12개월로 나누어 연봉의 12분의 1을 매월 정해진 날짜에 지급하는 방법을 우선 생각해 볼 수 있다. 하지만 이러한 연간 균등 지급방법은 상여금의 형태로 400%, 500%를 분기 말에 지급한다든지, 추석과 설에 각각 100%를 지급할 때와는 동일한 연봉이라 하더라도 약간의 차이가 있다. 실제로 상여금 100%를 받았을 때의 두둑함, 그래서 그 돈으로 가족과 외식이라도 하는 기쁨 등도 전혀 무시할 수는 없다. 또한 직원들의 입장에서 추석 등의 명절에 실제로 많은 비용이 소요되고, 그래서 명절 보너스로 그 비용을 충당하는 데는 보너스가 더없이 유용하다는 것은 누구나 경험했을 것이다. 이렇게 같은 금액이라도 지급 시기에 따른 직원들의 미묘한 정서들을 전혀 무시하고, 일률적으로 동일한 금액을 매월 지급할 필요는 없다.

지급 시기에 대해 약간 변화를 주는 방법으로는 하계 휴가비, 명절 등에 대해서는 일정 금액을 별도로 지급하는 것을 우선적으로 생각해 볼 수 있다. 만약 총 연봉을 단순히 12분의 1로 지급하게 되면, 특히 추석 등의 명절에 직원들은 괜히 서운한 생각에 별도의 떡값을 기대하게 되고, 사장 역시 직원들에게 명절에 그냥 월급 외에 아무것도 지급하지 않는 것이 야박하다는 생각을 하게 된다. 그래서 또 다시 소액이나마 명절 떡값, 또는 귀향 여비 명목으로 소액의 금액을 지급하게 된다. 이듬해가 되면 이 별도의 금액에 대한 직원들의 기대는 다시 좀 더 커져서 '떡값'을 좀 올려 주었으면 하고 바라게 된다. 이런 무시할 수 없는 한국 사회의 명절에 대한 정서를 고려한다면 기준 연봉을 12분의 1이 아닌, 13분의 1로 나누어 매월 지급하고, 1/13은 다시 둘로 나누어 추석에 50%, 구정에 50% 지급하는 것이 좀 더 나은 방법이 아닌가 생각한다.

2) 연봉 조정의 시기

가끔씩 소규모 회사의 경우, 개인별로 입사일을 기준으로 하여 연봉을 조정하는 경우를 본다. 이렇게 운영할 경우 매달 한두 명의 직원에 대해 연봉 등급을 심사하여야 하는 행정상의 불편함이 생기게 된다. 또한 연봉 등급은 개인간의 상대적 성과에 따라 결정되는 것이기 때문에 전원에 대해 한꺼번에 심사를 함으로써 상호 비교를 통해서만 등급 결정의 공정성을 확보할 수 있다.

연봉 조정 시기를 일 년에 한번 특정 일자를 기준으로 정하는 데는 아무런 문제가 없다. 다만, 연봉 조정 시기에 입사 1년이 채 되지 않는 직원의 연봉을 조정하여야 하는 문제가 생기게 되지만, 앞에서 설계한 연봉 테이블에 의해 평균 인상률(B 등급)만큼 인상 조정하면 될 것이다. 연봉 조정 시기는 대략 1월이나 2월 중이 적절하고, 회사의 다른 비즈니스 스케줄, 예를 들면 결산 시기, 사업계획 수립 등의 바쁜 시기를 피하여 적의 정하면 된다.

3) 표준 연봉계약서

새롭게 정비된 연봉제의 시행에 따라 개인의 연봉에 대해 변경된 부분을 포함하여 새롭게 연봉 계약서를 작성, 보관하여야 한다. 연봉 계약서는 시간외근무수당, 적치 휴가비 등 법정 의무 수당 등에 대한 분쟁의 소지를 제거하고, 직원들 개인에 대한 명확한 기준을 알려주는 방법인 서면으로 작성되는 것이 좋다.

연봉 및 근로 계약서

사용자(갑)	성 명		사업의 종류	
	사업체명			
	소 재 지			
근로자(을)	성 명		주민등록번호	
	주 소			

제1조 (고용계약) 근로자 (乙)은 사용자 (甲)의 ○ ○ 업무에 관하여 노무를 제공할 것을 약속하고, 사용자(甲)는 이에 보수를 지급할 것을 약속한다.

제2조 (근로자의 성실의무) 근로자는 사용자의 명령·지시에 따라 성실히 ○○업무에 종사한다.

제3조 (임 금)

총 계약 연봉금액 :　　　　　　　　원(이하 단위 생략)

　1) 기본급(년간) :

　2) 제수당(년간) :

(제 수당에는 기본급 외 연간 452시간 분의 연장, 휴일, 야간 근로수당(기준 연봉의 15% 금액)이 포함되어 있다)

제4조 (제수당 및 통상임금)

　1) 연차수당 및 퇴직금 중간정산은 1년 이상 근무한 자에 한하여 지급한다.

　2) 제수당에는 법정수당(연장, 휴일, 야간근무수당 등)과 기타 회사임의

수당으로써 모든 항목을 포함한 것으로 간주하여 지급한다.

  3) 통상임금은 제3의 1) 연간 기본 금액을 12등분하여 12분의 1에 해당하는 금액으로 한다. 단, 매달 지급되는 기본 월 연봉을 통상임금의 산정 기초로 되는 임금으로 하고, 기본 월 연봉, 각종 상여금 및 법정수당을 합산한 금액을 평균임금 산정의 기초가 되는 임금으로 한다.

제5조 (지급방법 및 시기)

총 계약 연봉 금액의 13분의 1을 매월 취업규칙상 정하여진 날에 지급하고, 추석에 13분의 1의 50%를 지급하고, 구정에 나머지 50%를 지급한다.

제6조 (기밀유지)

급여명세서 및 연봉금액은 절대 기밀을 유지하며 이를 위반시는 이로 인한 모든 불이익을 감수한다.

제7조 (근로시간)

  1) 평일 근무시간은   부터   까지로 하고 토요일은   부터   까지로 한다.

  2) 전 1)항의 근로시간을 초과하는 452시간 범위 내의 연장근로 및 휴일근로에 대한 수당은 제3의 2) '제수당'에 포함된 것으로 한다.

제8조 (휴게시간 및 유급 휴일)

  1) 휴게시간의 경우 1일 60분으로 한다.

  2) 유급 휴일과 관련된 사항은 별도의 제규정에서 정한 바에 의한다.

제9조 (근태사항)

다음 각 호의 사유가 있는 경우에는 취업규칙상 관련 규정을 적용하여 연봉을 지급한다.

  1. 휴직

  2. 결근

  3. 감급, 정직

제10조 (계약기간)

1) 20 년 월 일 – 20 년 월 일(개월 간)

2) '갑'과 '을'은 계약만료 1개월 전에 재계약을 하는 것으로 한다.

단, 1개월 전에 상대방에게 통지가 없을 때에는 본 근로계약은 1년간 자동 연장된 것으로 간주한다. 이때 차기 연봉계약은 인사위원회가 평정한 인사고과에 의하여 계약을 갱신하는 것으로 한다.

제11조 본 계약서에 명시되지 않은 사항은 취업규칙 및 근로기준법의 관련 조항을 준용하도록 한다.

위와 같이 연봉 근로계약을 체결함.

20 년 월 일

사용자(갑) :　　　　　　　(인)

근로자(을) :　　　　　　　(인)

제4장 연봉제의 운영

1. 연봉 제도의 공지

새로이 연봉제가 도입되었거나, 기존의 연봉제가 변경되면 이를 전 사원들에게 반드시 공지하여야 한다. 연봉제 또한 승급 제도와 같이 성과주의에 관한 인사정책, 방침, CEO의 의지를 반영한 것이기 때문에 사전에 공지되어 조직 구성원들의 의식을 그 정책에 맞게 유도하여야 한다. 연봉제의 도입 및 변경에 대해 제도의 취지, 제도가 강조하는 인사방침이나 정책들, 현업관리자들이 유의하여야 할 점을 정리하여 전 사원을 대상으로 발표하여야 한다. 또한 이러한 제도나 기준에 대해 누구나 항상 열람이 가능하도록 사내 인트라넷 등에 공지되어 있어야 할 것이다. 특히 노동조합이 있고, 조합원들에 대해 연봉제를 시행하거나 변경할 경우 반드시 노사협의, 나아가 노사합의를 통해 연봉제의 시행에 대해 명확히 해 두어야 한다.

2. 당해 연도 연봉 조정 계획수립

개별 연봉을 인상하기 전에, 먼저 전사의 평균연봉 인상률을 결정한다. 전년도의 경영실적 등 몇 가지 급여 인상률을 결정하는 요인들을 분석하여 평균 인상률 결정이 되면, 이를 연봉 등급별로 어떻게 적용할지를 정하여야 한다. 이 사항은 연봉 제도상의 기준이라기보다는 연봉제 운영을 위한 당해 연도의 운영사항으로 보는 것이 타당하다. 전년도 연봉의 차등에 대한 직원들의 반응, 또 CEO의 성과주의에 대한 방침 등을 수렴하여 적절한 등급별 인상률을 결정하는 것이다. 즉, 누적형 연봉제에서 연봉 등급별 조정 계수를 결정하는 일이다. 만약 이 조정 계수를 변경할 사유가 없다면 전년도와 동일하게 적용하면 된다.

인사담당자는 올해의 연봉 조정과 관련된 제반 사항, 즉 등급별 조정 계수 및 인상률, 연봉 조정 대상자, 추진 일정 등에 관한 종합계획을 수립하여 '20××년 연봉 조정 계획'으로 보고하는 것이다.

3. 연봉심사표의 작성 및 심사

개인별 연봉 등급을 확정하기 위해 일정 양식의 연봉심사표를 작성한다. 승급심사표와 같이 연봉 등급심사표 또한, 대상자들의 인적 사항과 심사 항목별 점수가 표기되고, 그 점수의 총점 순으로 정리한 것이 바로 승급심사표이다. 나아가 그 점수 순위에 따라 점수가 높은 순으로 연봉 등급별 T/O에 따라 최상위 5%는 'S', 차상위 20%에 'A' 등으로 미리 등급(안)을 표기해 두면 심사가 수월해진다. 심사표에는 인사평가 점수, 부심사요소의 점수 및 심사에 필요한 개인의 정보를 가급적 상세히 기술한다. 또한

(조정된) 인사평가 점수와 더불어 인사평가자의 원평가 점수를 표기하는 것도 개인을 심사하는 데 중요한 정보가 된다. 승급심사표는 심사 단위별 (직급별, 조직 단위별)로 작성한다.

연봉 등급심사 또한 승급심사와 마찬가지로 별도의 인사위원회에서 심사하는 것이 바람직하다. 인사담당 팀장이 인사위원회에 참여하며, 그 역할은 승급심사에서와 크게 다르지 않다.

4. 개별 연봉의 통보 및 연봉 계약서의 작성

개인별 연봉은 철저하게 인비(人秘) 사항이다. 개인의 연봉 등급과 연봉 금액은 본인만이 알 수 있도록 조치되어야 한다. 대개 다른 사람의 연봉을 알려고 하거나 자기의 연봉, 또는 타인의 연봉을 다른 사람에게 발설하는 일은 취업규칙상 징계사항으로 명문화하고 있다. 연봉제가 처음 도입될 시기에는 이전 호봉제에서의 습관대로 자기의 연봉을 남에게 알리기도 하고, 물어보는 것도 다반사로 일어남으로써 자기의 연봉에 대한 불만의 목소리가 높아지게 된다. 때때로 연봉제 시행 첫해에 이러한 높은 불만의 목소리로 연봉제 자체가 좌초되기도 한다. 하지만 개인의 연봉이 암암리에 공개되고, 그에 따라 불만이 높아지는 분위기는 시행 후 2~3년이 지나면 자연스럽게 사라지고, 비밀을 유지하는 방향으로 변화한다. 높은 연봉을 받은 사람은 자기의 높은 연봉을 다른 사람에게 드러내기가 껄끄럽고, 낮은 연봉을 받은 사람은 그 사실이 남에게 알려지는 것에 대해 창피함을 느끼게 되기 때문이다.

연봉제를 시행하는 많은 대기업의 경우 개인의 연봉 등급과 연봉은 사내 인트라넷을 통해 개인별로 조회가 가능하도록 운영하고 있다. 수많은 인원에 대한 개별 통보가 행정적으로 어려움이 있기 때문에 전산 시스템에 의한 통보 방식이 선호된다.

하지만 개인의 연봉과 연봉 등급을 통보하는 것은 단순한 통보가 아니라, 직접 그 개인과 회사간의 커뮤니케이션의 기회를 제공하는 하나의 수단으로 활용되어야 한다. 개인에 대한 일 년간의 성과에 대한 종합평가인 연봉 등급을 개인에게 통보함에 있어 개인에게 그러한 종합 성적이 내려진 과정이나 배경을 설명하고, 또한 이에 대한 개인의 평가를 청취하는 것은 연봉제의 성공에 필수 조건이라고 할 만큼 중요한 절차이다.

연봉의 통보에 관해 내가 발견한 모범사례 하나를 소개하고자 한다.

이 회사는 직원이 약 200명 정도의 중견기업으로, 인사담당 팀장과 그 상사(임원)의 두 사람이 전 직원에게 직접 면담을 통하여 연봉을 통보하고 있다. 그리고 그 자리에서 그 결정에 대한 이의를 접수하고 사안에 따라 즉시 해결하거나 또는 추후에 그 해결책을 통보한다. 이러한 절차로 인해 직원들의 연봉 결정에 대한 공정감은 대단히 높게 나타나고 있었다. 그 회사 직원의 표현에 의하면 "연봉 결정에 대한 모든 불만은 그런 1:1 대화의 자리를 통하여 일거에 해결된다"는 것이다. 연봉 결정에 대해 불만이 있을 수 있지만, 그 결정의 책임자에게 자기의 불만을 표출하는 것만으로도 대부분의 불만들이 해소되고, 이후에는 결코 연봉에 대한 불만을 가지지 않게 되었다고 한다.

이와 같이 연봉 결정에 대한 회사와 개인간의 1:1 대면 통보는 연봉제의 소위 '절차적 공정성'을 확보하는 주요한 수단이 된다.

개인에게 연봉 결정의 결과를 통보하는 일은 작은 회사의 경우 인사담당부서의 팀장이나 그 위의 관리 담당 임원급 정도가 담당할 수 있다. 인원이 많은 큰 회사의 경우는 그 개인의 직속 담당 임원이 통보하는 것이 연봉 결정에 관한 책임자라는 측면에서 적당하다.

마지막으로 이러한 1:1 대면 접촉의 자리에서 연봉 계약서에 상호 서명하는 것이 가장 적절하다.

회사와 개인간에 서로 이의 없이, 그리고 원만히 연봉 계약서에 서명하는 것으로 올해의 연봉 조정 작업은 완료된다.

제5장 공정성의 확보 방안

1. 인사관리의 공정성

회사 내의 모든 인사 운영에 있어서 공정성은 인사 제도가 의도하는 본래의 목적과 취지를 달성하는 데 가장 필요한 조건이다. 채용의 공정성, 즉 인재를 채용함에 있어서 오직 후보자의 능력이나 자질에 의해서만 채용 여부를 판단하는 것이 회사의 성과를 극대화하는 데 기여할 것이다. 마찬가지로 승급자의 결정, 해외 연수 파견자의 선정, 전환 배치의 결정에 있어 공정성이야말로 최고의 가치이다. 마찬가지로 연봉제의 성공을 위해서도 바로 이 공정성의 확보가 가장 큰 관건이다.

2. 직원들이 느끼는 공정감의 실제

어떻게 하면 공정성을 확보할 것인가? 이 말은 바꾸어 말하면 '어떻게 하면 직원들이 제반 인사결정에 있어 공정하다고 느끼게 할 것인가?'로 표현할 수 있다. 오랜 인사실무 경험과 많은 회사의 컨설팅 경험에 비추어 볼 때 대기업이든, 중소기업이든, 인사관리를 잘하는 회사건, 아니건간에 이 '공정성', 즉 공정성에 대한 직원들이 느끼는 '인사의 공정감'은 결코 높게 나타나지 않는다는 사실이다. 직원들의 만족도를 묻는 설문에서 다른 문항들에 대한 답변이 회사에 따라 많은 차이를 보이는 반면, 인사의 공정감에 대한 점수는 대부분 5점 척도에서 3.0 ~ 3.5점 정도로 낮게, 큰 편차를 보이지 않는 특징이 있다. 그래서 아주 가끔 3.0 미만으로 나타나는 회사는 아주 불공정한 인사를 하는 회사이고, 4.0에 근접하는 회사는 최대한 공정하게 인사를 하는 회사로 해석하고 있다. 나는 공정감에 대한 이러한 낮은 만족도가 본질적으로 사람의 (이기적) 심리에 기인한다고 생각한다. 즉, '내가 남에게 주는 것은 크고, 남이 나한테 주는 것은 별로 크지 않은 것'으로 기억하는 것이 보통 사람의 심리라는 것이다. 그래서 '나는 성과를 많이 내어 회사에 크게 기여했다'고 생각하는 반면, 그에 대한 회사의 보상은 항상 '내가 기여한 것보다는 적다'는 생각을 하게 된다. 이러한 경향은 조직 진단을 위한 설문 문항의 곳곳에서 발견된다. 예를 들어 상사는 부하에게 많은 권한을 위임했다고 생각하는(4.2점) 반면, 부하는 상사가 자기에게 충분한 권한을 위임하지 않고 있다고 생각한다(3.3점). 나의 경험에 의하면 이러한, 주는 자와 받는 자의 견해 차이는 대개 1.0점 내외의 점수 차로 나타나곤 한다.

3. 공정성이론

인사관리에 있어서의 공정성을 동기부여적인 측면에서 연구한 유명한 이론으로 J. S. 애덤스가 주장한 공정성이론이 있다. 애덤스는 개인의 성과에 상응하는 적절한 크기의 보상, 즉 절대적 공정성 – 애덤스는 이를 분배적 공정성이라고 하였다 – 보다는 직원들이 그 보상에 대해 느끼는 '공정감'에 대해 연구를 집중하였다.

애덤스에 의하면, 자신의 노력의 정도에 대해 절대적 기준 하에서는 적절히 대우받고 있다고 생각하는 사람이라도 다른 사람과 비교해서 상대적으로 대우받지 못하고 있다고 생각하면 '공정성 긴장'이 생기고, 이는 곧 공정성 긴장을 해소하고자 하는 동기부여로 이어진다는 것이다. 이 경우 공정성의 비교 기준으로 동원되는 대상에는 크게 네 가지가 있다.

- Ⅴ Self-inside : 같은 조직 내의 다른 직책을 맡을 당시와 비교
- Ⅴ Self-outside : 현재 조직에 오기 전 근무하던 조직에서 받던 대우와 비교
- Ⅴ Other-inside : 같은 조직 내의 다른 개인과 비교
- Ⅴ Other-outside : 다른 조직의 개인과 비교

이러한 공정성의 비교는 굳이 이론이 아니더라도, 기업의 CEO나 인사담당자가 회사의 인사결정을 내렸을 때, 특히 급여 인상이나 연봉 조정 후에 직원들로부터 맞닥뜨리는 흔한 문제일 것이다. 회사가 결정한 올해의 급여 인상률에 대해, 나의 연봉에 대해 직원들이 만족하지 못하고 불공정하다고 느끼는 데는 이러한 '다양한 대상'을 비교하기 때문이고, 그것도 항상 나보다, 우리 회사보다 더 높은 급여를 주는 대상과 비교하기 때문이다.

이러한 현실에서 과연 직원들의 공정감을 올릴 수 있는 방법은 무엇인가? 과연 공정감에 대해 직원들이 '비교적 만족(4.0)' 또는 그 이상의 수준으로 높일 방법은 있는가?

여기에 대해 너무나도 다행스럽게도 애덤스는 그 해답을 제시하고 있다.

바로 절차적 공정성이다. 모든 보상의 결정에 있어 투명하고 엄정한 심사과정은 심사 결과에 대한 '공정성'을 부여하는 데 결정적으로 기여하는 수단인 것이다.

인사평가 제도를 합리적으로 설계하고, 평가자들로 하여금 정확하게 평가를 하도록 종용하는 것은 절대적 공정성을 높이는 방법인 동시에, 절차적 공정성을 높이기 위한 방법이 된다. 하지만 앞에서 누차 언급한 바와 같이 개인의 역량과 성과를 완벽하게 평가하는 제도를 설계하거나 모든 평가자들이 100% 정확하고 공정하게 평가하게 하는 것이 불가능하다는 인사평가 제도의 본질적 문제를 감안하면, 절대적 공정성은 일정 수준 한계를 가질 수밖에 없다. 절차적 공정성에 대한 애덤스의 주장은 바로 이 절대적 공정성의 한계를 극복할 수 있는 유일한 방법이며, 나아가 일부 부실하게 설계된 인사평가 제도와 연봉의 결정에 대한 공정감을 확보하는 최선의 방법이라는 것이다.

4. 인사위원회의 운영

절차적 공정성을 부여하는 '모든 보상의 결정에 있어 투명하고 엄정한 심사과정'은 어떻게 설계하는 것이 바람직한가? 투명하고 엄격한 심사절차를 설계하는 것은 합리적이고 신뢰성 있는 인사평가 제도를 설계하는 일보다는 훨씬 간단하다. 그리고 이것은 CEO의 의지에 따라 훨씬 쉽게 운영할 수 있다.

1) 인사위원회의 구성 및 운영

인사위원회는 최종 인사결정권자와 인사제안권자가 한자리에 모여 서로 토론을 통하여 개인에 대한 인사를 결정하는 위원회이다. 회사의 규모나 권한 위임의 정도에 따라 이러한 인사결정권자와 인사제안권자가 달라지고, 따라서 인사위원회의 구성 또한 달라진다. 인사 평가권과 관련하여 좀 더 상세히 설명하겠지만, 한국의 조직문화의 특성상 인사결정권자는 대개 개인의 2~3단계 상위자가 된다.

대기업의 경우 일반적으로 조직 편제는 팀원 - 팀장 - (담당 임원) - 사업부장 - 사업본부장 - 사장의 5(6)단계로 되어 있다. 이 경우 팀원들에 대해 연봉 결정을 포함한 제반 인사결정은 사업부장 선에서 완료된다. 그리고 팀장들에 대해서는 사업본부장이 결정한다. <그림 3-10>은 사업부장을 인사결정권자로 하는 팀원들의 인사결정을 위한 인사위원회의 구성도이다.

팀원들의 연봉(등급)을 결정하기 위해 팀원들에 대한 인사평가 결과 및 연봉심사요소를 망라한 연봉심사표를 기준으로 사업부장을 위원장으로, 팀장을 위원으로 구성한다.

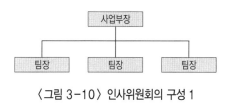

〈그림 3-10〉 인사위원회의 구성 1

인사위원회의 운영 이미지는 대략 <그림 3-10>과 같다.

먼저 연봉심사표에 있는 각 개인에 대해 소속 팀장이 자기가 평가한 인사평가의 결과에 대해, 예를 들어 왜 95점으로 평가했는지, 아니면 왜 60점으로 평가했는지에 대해 설명한다. 그러한 직속 상사의 제안 설명에 대해 다른 부서의 팀장은 이견이 있을 경우 그에 대해 자기가 아는 만큼 보충 설명도 이루어진

〈그림 3-11〉 인사위원회의 운영 이미지

다. 이러한 토론에 대해 위원장은 몇 가지 보충 질문을 통하여 사실을 확인하고 최종 연봉 등급을 결정한다. 그리고 그 다음 개인에 대한 토론으로 넘어 간다.

팀장들에 대해서는 그 다음 단계의 상급자들로 인사위원회가 구성된다. 즉, 사장을 위원장으로 사업부장을 위원으로 한 인사위원회가 구성된다.

〈그림 3-12〉 인사위원회의 구성 2

2) 인사위원회의 기능

인사위원회는 조직 내의 한 개인의 인사를 결정함에 있어 그 개인과 관련된 직속 상사와 그 개인을 한번 이상은 접촉할 수 있는 관련 부서의 상사들이 한자리에 모여, 개인에 대해 토론하고 결정하는 자리이다. 인사위원회의 운영수준, 예를 들어 민주적으로 운영되어 전 위원들이 자유롭게 의견을 개진하느냐, 아니면 위원장이 위원들의 의견을 무시하고 독단적으로 결정하느냐에 따라서 심사의 공정성에 엄청난 차이가 있을 수 있다. 민주적 운영과정을 전제로 인사위원회는 다음과 같은 순기능을 발휘한다.

먼저 인사위원회의 본래 목적인 연봉을 비롯한 개별 인사결정에 있어 절차적 공정성을 확보할 수 있고, 이러한 공정하고 투명한 결정 절차는 직원들의 인사결정에 대한 공정감을 강화한다.

둘째로, 인사결정의 공정성 확보에 못지않게 중요한 기능이, '인재에 대한 조직 내 공유이다. 인사위원회에서 개인에 대한 갑론을박의 과정을 거치는 동안, 조직 내 개인에 대한 상세한 정보가 전 조직책임자에게 공유되고, 특히 인사결정권자이면서도 그 대상(팀원)들과의 접촉의 기회가 별로 없는 2차 직속 상사(위원장)가 산하 조직 내의 인재를 파악할 수 있는 유일한 기회가 된다. 이러한 인재에 대한 공유된 정보는 인재의 장기육성을 위한 후계자 육성(Succession Plan)이나 팀간의 벽(Barrier)을 넘나드는 전환 배치를 통한 인재의 활용에 더없이 중요하게 작용할 수 있다.

만약 인사위원회를 운영함에 있어 위원장이 참석하지 않고, 동등한 직책의 조직책임자끼리 위원회를 운영하거나, 위원장이 참석하더라도 인사결정권자로서의 독단을 행사한다면 다음과 같은 역기능이 발생한다.

첫째, 위원장이 참석하지 않는 위원회라면 보상 자원의 조직간 '나눠먹기'의 폐단이 발생할 수 있다. 예를 들어 사업부장이 참석하지 않은 상태에서 팀장끼리 위원회를 운영할 경우, 그것은 완벽하게 팀간의 차별이 무시되고 철저히 조직의 인원에 비례하여 연봉 등급이 배분된다. 사업부 산하에 여러 팀이 있을 경우 각 팀의 성과에 대한 차이를 판단할 수 있는 사람은 오직 그 팀들을 총괄하는 직속 상사(사업부장)뿐이기 때문이다. 같은 팀장끼리라면, A팀장이 자기 팀이 다른 팀에 비해 성과가 더 크다고 주장하더라도, 여러 가지 조직 논리상 다른 팀장이 그 의견에 동조할리가 없다. A팀의 직원이 B팀의 직원보다 더 우수한 성과를 내었다고 주장하는 것도 마찬가지로 B팀장이 동의하지 않을 것이다. 그래서 가장 공평한(?)

나눠먹기식이 되는 것이다.

　둘째, 위원장이 위원들(직속 상사)의 의견을 무시하고 독단으로 인사위원회를 운영하는 것은 위원회를 운영하지 않는 것보다 더 잘못된 결과를 초래한다. 직속 상사(팀장)의 의견이 무시된 인사결정은 위원회 본래의 목적인 인사결정의 공정성을 전혀 보장하지 못할 뿐 아니라, 그로 인한 팀장의 사기 저하, 리더십의 결여로 이어져 조직 운영에 중대한 악영향을 미치게 된다.

　결론적으로 인사위원회는 연봉 등급의 결정, 승급 대상자의 결정 등 모든 인사결정의 공정성을 강화하는 중대한 인사관리의 수단이며, 객관적이고, 민주적이고, 투명한 운영만이 인사위원회 본래의 순기능을 발휘하게 된다.

'CEO 메모'

1. 연봉제의 유형

국내에서 도입되고 있는 연봉제의 대표적 유형은, 연봉의 조정방식에 따라 크게 누적방식의 연봉제와 비누적방식의 연봉제가 있다.

1) 누적형 연봉제

누적형 연봉제는 '기본 연봉'의 단일 구조로서, 연봉 인상은 이 단일 기본 연봉에 별도 기준에 따른 인상률을 적용하여 조정한다. 이러한 연봉 인상 방식은 매년 연봉 인상률이 전년도의 연봉 총액에 대해 누적적으로 적용되기 때문에 누적방식이라고 한다.

2) 비누적형 연봉제

비누적형 연봉제의 경우, 개인의 연봉은 기본 연봉과 성과(업적) 연봉의 두 항목으로 구분되어 있다. 기본 연봉은 직급별로 회사에서 전체적으로 결정하고, 개인의 성과에 따른 차등적 연봉은 성과 연봉에만 적용한다. 이러한 방식에 의하면, 개인 연봉은 매년 당해 연도의 인사평가의 결과에 따라 1회만 적용되기 때문에 전년도의 연봉과는 별도로 결정되고, 따라서 누적이 일어나지 않는다.

3) 연봉 유형별 장단점

누적형 연봉제는 연봉이 누적적으로 인상되기 때문에 잘하는 사람과 못하는 사람의 연봉 차액은 점점 더 커진다. 따라서 성과주의, 즉 성과에 따른 보상의 차등을 더 크게 하는 제도이다.

반면, 비누적형의 경우는 누적형 연봉제에서 발생할 수 있는 지나친 차등을 방지할 수 있고, 또한 전년도의 연봉과 올해의 연봉이 무관하게 움직이기 때문에 한 해 잘못한 사람이라도 이듬해 잘하기만 하면, 높은 연봉을 받을 수 있다는 점에서 '패자부활형'이라고도 한다.

2. 연봉제의 설계

1) 연봉 테이블의 설계

기본적으로 연봉제에서는 개인의 연봉이 성과에 따라 개별적으로 결정되기 때문에 연봉 테이블이 존재하지 않는다. 하지만 기업의 '연봉수준'의 관리라는 측면에서 직급별로 초임, 연봉 상·하한 액이 명시된 연봉 테이블을 작성하여 연봉수준 관리의 가이드로 활용하고 있다.

직급별 초임과 상·하한 금액은 동종 타사와의 급여수준을 일차적으로 감안하되, 해당기업의 직급별 인력의 생산성, 기여도, 신규인력의 채용 가능성 등 인사정책적 의도를 포함하여 결정한다.

2) 연봉 등급의 심사기준

연봉은 개인이 한 해 동안 발휘한 능력과 업적에 따라 결정되기 때문에 당연히 인사고과의 결과가 연봉 결정의 가장 핵심적 기준이 된다. 이 외에 당해 연도의 포상이나 징계사항, 또는 전사 방침으로 시행하는 혁신활동의 참여도, 제안활동 등에 대해 별도의 가감점 규정이 있는 경우에는 그 점수를 반영한다. 이 기준에 의해 결정된 최종 등급을 연봉 등급이라고 한다.

 연봉 등급은 일반적으로 S(탁월), A(우수), B(보통), C(미흡), D(불량)의 5개 등급으로 구분하고, 개인성과의 상대적 순위를 기준으로 별도로 정한 등급별 T/O에 따라 강제로 할당된다.

3. 연봉제의 운영

1) 연봉 등급별 인상률의 결정

 연봉 등급별 인상률을 결정하기 위해서는 먼저 전사의 당해 연도 평균 연봉 인상률을 결정하여야 한다. 여러 가지 경영 내·외적 요소를 고려하여 결정되는 평균 인상률은 바로 연봉 등급 B 등급의 인상률이 된다.

 다음으로 개인간의 차등을, 즉 연봉 등급간의 차등을 어느 정도 크기로 가져갈 것인가를 결정하여야 한다. 등급간 차등의 폭은 연봉제의 본래 목적인 성과주의의 실현에 대한 CEO의 의지가 중요한 결정요인이 된다. CEO의 의지는 제도적으로 '등급별 조정계수'의 형태로 나타나는 바, 누적식 연봉제의 경우 B 등급(보통)을 '1'로, A 등급 '1.5', S 등급 '2', D 등급 '0'과 같은 등급간 인상률의 상대 비율로 표시된다. 이 경우, 전사 평균 인상률(B 등급)을 5%로 결정하였다면 S 등급은 10%, A 등급은 7.5%를 인상하게 되는 것이다.

2) 개인 연봉 등급의 결정

 인사고과의 결과와 기타 몇 가지 심사요소를 바탕으로 연봉 등급을 결정하기 위해서는 인사위원회 방식에 의한 '심사'의 절차가 필수적이다.

인사고과 제도를 포함한 인사 제도를 합리적으로 설계하는 것도 중요하지만 '심사 절차'는 제도의 운영과 관련하여 합목적성, 공정성, 객관성을 확보하는 가장 중요한 수단이다.

개인의 연봉 등급 심사는 직급이 같은 사람간의 경쟁이라는 측면에서 직급별로 시행한다. 기업의 규모에 따라, 또는 권한 위임의 정도에 따라 조직단위별로, 또는 직군별로 시행할 수도 있다. 즉, 규모가 큰 기업의 경우 저직급자(예를 들어 대리 이하)는 사업부 또는 사업장 단위로 심사하고, 고직급자(과장 이상)는 전사단위로 심사할 수 있다.

3) 연봉 결과의 통보

개인의 연봉과 연봉 등급을 통보하는 것은 단순한 통보가 아니라, 직접 그 개인과 회사간의 커뮤니케이션의 기회를 제공하는 하나의 수단으로 활용되어야 한다. 연봉 등급이라는 개인에 대한 일 년간의 성과에 대한 종합평가를 개인에게 통보함에 있어, 개인에게 그러한 종합 성적이 내려진 과정이나 배경을 설명하고, 또한 이에 대한 개인의 평가를 청취하는 것은 연봉제의 성공에 필수조건이라고 할 만큼 중요한 절차이다.

연봉 등급의 통보는 개인의 직속상사보다는 인사결정권이 있는 차상위자나, 조직이 크지 않은 경우에는 인사담당 임원이나 팀장급이 수행하는 것이 적절하다.

4. 연봉제의 성공 요인

연봉제는 개인의 차등적 성과에 대해 차등적으로 보상하는 제도이기 때문에 무엇보다도 개인의 성과에 대한 공정한 평가가 연봉제 성공을 위한 관건이 된다. 그러나 정확하고 공정한 평가는 조직 내에서 단기간에 뿌리 내리기는 대단히 어렵다. 또한 인사고과 제도를 아무리 정교하게 설계한다고 하더라도 평가자의 평가 능력이나 의지가 없으면 불가능 하다.

나름대로 정교하게 설계된 인사고과 제도를 전제로, 평가의 공정성을 확보하여 연봉제가 동기부여의 제 기능을 발휘하도록 하기 위해서는, 연봉 등급 심사를 위한 인사위원회의 민주적 운영과 연봉 결과의 대면(代面) 통보 방식이 최선의 방법이다.

CEO와 경영층으로 구성된 인사위원회의 민주적 토론을 통해 연봉 등급을 심사하는 것은, 그 결정에 대한 직원들의 공정감(公正感)을 확보하는 결정적인 수단이다. 동기이론 학자인 J.T. 애덤스는 이를 '절차적 공정성'이라고 하였다.

이러한 공정한 심사 목적 외에도, CEO는 인사위원회의 심사과정을 통하여 각 관리자들의 평가 성향, 즉 부하들을 지나치게 관대하게, 또는 가혹하게 평가하거나 부하들의 성과를 지나치게 차등을 적게, 또는 크게 평가하는 관리자들에 대해 일침을 가함으로써, 관리자들이 평가를 정확히 하도록 촉구할 수 있다.

이러한 과정을 수차례 반복하는 동안 조직 내 관리자들의 평가 능력이 향상되고, 정확한 평가를 위해 노력함으로써, 점진적으로 '공정한 평가 관행'이 정착되는 것이다.

제4부
인사평가 제도의 설계와 운영

한국의 공직사회에 '스트레스에 의한 관리(Management by Stress)'의 시대가 열리고 있다. 서울 – 울산 – 대구를 시발로 각 지방정부에서 3% 공무원 퇴출 운동이 벌어지고 있기 때문이다.

한국에서 아마도 무능한 공무원을 퇴출시키겠다는 정책에 반대할 사람은 하나도 없을 것이다.

<중략>

그런데 3%의 획일적 퇴출은 '방향은 옳은데 성과는 창출하지 못하는' 또 하나의 사례가 될 가능성이 크다. 객관적 성과평가와 근무성적평가를 체계적으로 갖추지 못한 상태에서 갑자기 퇴출안이 시행되고 있기 때문이다. 퇴출정책이 제대로 작동하려면 네 가지 개선과제가 선결되어야 한다.

첫째, 자치단체의 인사위원회 기능을 우선 강화하고 공정성을 제고해야 한다. 자치단체의 공식 인사기구로서 인사위원회를 강화하고, 공정성과 객관성을 제고해야만 인사정책 전반에 대한 신뢰가 높아지고, 내·외부 사람들이 이에 승복하게 된다.

둘째, 근무성적 평정과 성과평가의 객관성을 개선해야 한다. 공무원에 대한 평가는 공무원의 자격, 능력, 성과, 태도를 대상으로 이루어지는데 우리의 경우 객관성이 매우 낮은 실정이다. 현재와 같은 상태에서 이루어지는 퇴출은 해당자의 태도와 인간관계에 의해 결정될 가능성이 매우 크다.

<후략>

<2007년 3월 23일 한겨레신문>

제1장 인사평가 제도의 개요

1. 인사고과? 인사평가?

　인사고과 제도는 주지하다시피 인사관리의 가장 기본이다. 지금까지 '제2부의 승급관리', '제3부의 연봉제 운영'을 위한 핵심 수단이 바로 인사고과 제도이다.

　인사고과라는 용어의 역사는 상당히 길다. 역사적으로 고대 중국의 주나라 시대부터 관리(官吏)의 평가에 사용하였고, 우리나라에서도 고려, 조선시대에 관리의 근무 성적을 평가하여 승급과 좌천, 포상과 처벌에 반영하였던 아주 오랜 역사를 가진 용어이다. 그래서 나 또한 입사한 이후로 줄곧 호봉제와 함께 이 용어를 사용해 왔지만, 이 용어가 너무 오래된 단어이고, 또한 호봉제와 같은 낡은 느낌으로 와 닿는다. 그래서 요즘은 인사고과 대신 인사평가라는 용어로 대체하여 사용하는 경우가 많고, 나도 이 용어를 더 좋아한다. 그래서 지금까지 인사고과 대신 인사평가라는 용어를 사용해 왔고 앞으로도 그렇게 할 것이다. 단지 호봉제와 함께 인사평가 제도를 인용할 때에 한해서 인사고과라는 용어를 다소 부정적 의미로 사용할 것이다.

2. 연봉제와 인사평가

직원들은 사실 인사평가 그 자체가 얼마나 공정한지, 불공정한지는 별 관심이 없고, 잘 알지도 못한다. 어쩌면 알 필요가 없을지도 모른다. 단지 그 결과를 활용한 제반 인사의 결과, 즉 승급자가 누구인지, 내가 승급을 하는지 못하는지? 나의 연봉은 얼마인지, 나 아닌 어떤 사람이 나보다 더 많이, 또는 덜 받는지에만 관심이 있다. 만약, 누구나 승급의 속도가 똑 같거나, 누구나 연차에 따라 일정하게 연봉이 올라간다면 내 인사고과 점수가 얼마인지는 전혀 관심이 없을 것이다. 이러한 인사고과의 무의미는 평가자에게도 마찬가지로 작용한다. 평가를 공정하게 하기 위해 어떤 노력도 기울일 필요가 없다. 이것이 과거 연공급적 호봉제 하에서의 인사고과의 운명이었다.

나 역시 학교에서 조직관리, 조직행동, 동기부여이론 등을 통해 평가가 얼마나 중요한지를 배웠다. 그래서 입사 후 인사고과 제도의 설계에 최선을 다해 노력하였고, 공정한 평가 결과를 얻기 위해 할 수 있는 일은 다 하였다. 하지만 인사고과의 결과를 활용할 데가 거의 없는, 혹은 극히 제한적으로 사용되던 연공급적 호봉제 하에서는 공정한 인사고과라고 하는 것은 별 소용이 없는 불필요한 행정업무에 지나지 않았다.

하지만 연봉제와 더불어 드디어 인사고과가 인사관리의 본래적 위치를 찾기에 이르렀다. 같은 날 입사한 입사동기가 불과 5년 사이에 승급 속도가 차이가 나고, 연봉제의 도입으로 매년 연봉에서 격차가 벌어지는 현실에서, 누구나 그러한 보상 결정의 기본 요소인 인사평가 결과에 관심을 가지게 된 것이다. 이제는 인사평가가 원래 인사관리의 기본으로서 제자리로 돌아 온 것이다.

동기이론 학자인 빅터 브룸은 기대이론에서 평가와 보상, 그리고 동기부여에 대해 다음과 같이 표현하였다.
　①기울이는 노력이 높은 평가를 받을 것이 확실하다고 생각될 때 (Expectancy)
　②그리고 인정을 받고 나면 급여 인상이나 보너스, 승급 등으로 이어질 것으로 믿을 때(Instrumentality)
　③그래서 자기 자신의 개인적 목표(personal goal)를 만족시킬 수 있다고 생각될 때(Valence), 개인은 가장 높은 동기가 부여된다.

연봉제를 통하여 우리가 추구하는 것은 개인의 성과 향상, 나아가 조직의 성과 향상이다. 성과에 대한 '정확한 평가'와 이에 대한 '공정한 보상'은 이러한 성과 향상을 위한 동기부여의 핵심 축이다. 연봉제 하에서 인사평가는 바로 '성과의 정확한 평가'의 축을 담당하는 제도이다.

3. 인사평가 제도 용어의 변천

과거 인사관리 교과서에서나, 대부분 기업 사례에서 인사고과 항목은 능력과 태도, 그리고 업적의 세 항목으로 구성되어 있었다. 내 기억으로 90년대 중반부터 역량(Competency)이라는 용어가 한국에 소개되면서부터 이후, 몇 가지 용어의 변화가 있었다. 과거의 능력과 태도 부분은 역량이라는 단어로 통합되고, 업적이라는 말은 성과라는 단어로 대체되었다.

역량의 의미를 소개하기 전에 먼저 업적과 성과라는 말을 잠깐 살펴보자. 사실 업적이나 성과나 국어사전적 의미로는 별로 차이를 느끼지 못할 것 같다. 업적은 국어사전에 "어떤 사업이나 연구 따위에서 세운 공적"으로 풀이되어 있고, 성과는 "일이 이루어 낸 결실. '보람'으로 순화"라고 소개되어 있다. 업적은 일의 결과로서 이루어낸 공적, 즉 긍정적으로 기여한 바를 이야기 하는 반면에 성과는 일의 결과 – 그것이 긍정적이던 부정적이던 – 어떤 일을 원인으로 하는 포괄적 결과의 의미로 이해할 수 있다. 또한 정서적으로 업적(業績)이라는 한자 단어에서 느껴지는 것처럼, 업적은 뭔가를 오랫동안 쌓아 올린 것 같은 느낌을 주는 반면, 성과라 함은 어떤 일을 달성한다는 단기적 의미 같은 느낌이 든다.

이러한 사전적, 정서적 의미보다도 아마도 경영학자들이나 경영 컨설턴트들이, 과거 연공주의에서의 개인이 조직 속에서 오랫동안 쌓아 올린 의미로 업적이라는 말을 사용했다. 이 업적을 이제는 확실한 인사관리의 패러다임의 변화 속에서 인사관리의 변신을 위해 '성과'라는 새로운 어휘를 찾았다고 보는 것이 맞을 것이다.

역량이라는 말도 마찬가지로 이해된다. 역량과 능력 또한, 국어사전적 의미로 보나, 영영사전적 의미로 보나 두 단어간의 차이를 알기가 쉽지 않다. 하지만 이것 또한 경영학자나 경영 컨설턴트들이 역량의 의미를 인사관리의 새로운 개념으로 정의하고, 과거 사용되는 능력과는 구별을 시도하고 있다. 그리고 역량의 의미 속에 태도도 포함한다고 정의하고 있다.

흔히 우리가 사용하는 '성과주의'라는 용어나, '성과에 근거한 연봉 책정' 등의 표현에서, '성과'는 역량과 성과(업적)를 포괄하는 의미로 사용되고 있다. 이 책에서의 성과라는 용어도 때때로 역량과 성과의 두 가지 의미를 모두 포함한 개념으로 이해하기 바란다.

4. 평가와 보상, 무엇이 먼저인가?

앞에서 소개한 신문 기사에는 '서울시 공무원의 퇴출을 위해서는 객관적인 성과평가체계가 선결(先決)조건'이라고 주장한다. 맞는 말이다. 하지만 현실적인 측면에서 공정하고 객관적인 평가시스템을 조직 내에 정착하기 위해서는 어떻게 해야 할까? 그리고 과연 그러한 공정한 평가가 조직 내에 뿌리 내린 연후에야 비로소 퇴출이나 연봉제와 같은 과감한 보상(역보상)이 시행되어야 할까?

인사평가 제도는 예나 지금이나 중요하고, 그래서 대기업을 비롯한 많은 기업에서, 물론 연봉제가 시행되고 있는 지금만큼은 아니더라도 나름대로 정교한 제도를 운영하고 있었다. 하지만 호봉제 하에서 별로 그 평가 결과를 활용할 데가 없는 상황에서 관리자들에게 평가를 정확히 해야 한다는 주장은 그야말로 공허한 주장일 수밖에 없었다.

하지만 관리자들이 수행한 평가 결과를 바탕으로 연봉제를 시행하고 퇴출을 시키는 차등적 보상이 강화되면, 관리자들의 평가에 대한 인식은 달라지지 않을 수 없다. 퇴출 대상자가 자기의 상사에게 자기의 퇴출에 대해, 낮은 연봉을 받은 부하가 상사에게, 그 사유를 요구할 때 관리자들은 결코 이전과 같이 근거 없는 대충 대충의 평가로서는 버틸 수 없음을 알게 될 것이다.

그래서 거꾸로 객관적이고 공정한 평가를 정착시키기 위해서는 먼저 차등 보상을 강화하는 것이 보다 실질적인 방법이 될 수 있다. 차등 보상을 먼저 실시함으로써 직원들은, 특히 낮은 보상을 받은 직원들은 평가에 대한 근거를 요구할 것이고, 이러한 요구는 회사나 상사에게 공정한 평가에 대한 압력으로 작용함으로써 회사로 하여금 합리적인 평가 제도를 수립하게 하고, 상사는 그 제도를 바탕으로 최대한 공정하게 평가하려고 노력할 것이다.

공정한 평가 없이 시행되는 연봉제는 그 시행 초기에 조직 내 엄청난 불만과 문제를 야기시킬 수 있다. 하지만 2년차는 그 문제가 반으로 줄어들고, 그 다음 해에는 초기의 그런 문제들은 거의 대부분이 해결된다는 것이 내 경험이다.

제2장 인사평가 제도의 허와 실

1. 문제의 제기

원래 인사평가의 목적은 연봉제와 같은 '성과에 대한 보상'의 목적 하나만을 위해 운영되는 것이 아니라, 개인의 육성, 적재적소의 배치, 나아가 인력의 채용에 활용하기 위해 운영된다. 적어도 수많은 책에 이와 같이 소개되고 있다. 그러나 현실적으로 거의 모든 기업에서 운영하는 인사평가 제도는 이러한 본연의 목적을 전부 달성하는 데는 실패하고 있다. 다만 보상을 위한 성과평가의 목적 하나만을 그나마 달성하고 있는 것이다. 즉, 보상 중심의 평가 제도인 것이다.

지금부터 인사평가 제도가 기업 현실에서 본연의 목적을 어떻게, 얼마만큼 달성하고 있는지 여부를 살펴보자. 또 과연 일반적으로 운영하는 보상 중심의 인사평가 제도가 다른 목적으로 활용될 가능성에 대해서도 살펴보겠다.

2. 인사평가 제도와 운영 현황

한국 기업에서 운영하고 있는 인사평가 제도는 전통적으로 대략 다음과 같은 형태를 띠고 있다.

1) 제도의 기본 틀

평가의 항목으로서는 크게 능력, 태도, 업적의 세 가지로 구성되어 있으며, 각 항목들은 다시 수개의 평가요소로 구성된다. 총 평가요소는 대개 10개 내외로 설정된다. 각각의 평가항목과 요소들은 그 중요도에 따라 일정한 배점 비중이 설정되어 있다. 요즘은 능력과 태도를 통합하여 역량으로 정의하고, 업적평가는 MBO 방식을 취하는 것이 일반적이다.

다음으로 이렇게 설정된 평가항목과 평가요소에 대해 피평가자의 직속상사(상위자 또는 차상위자)가 평가를 수행하도록 설계되어 있다.

인사담당자는 평가자들이 수행한 평가 결과를 일정한 기준에 따라 집계하고 조정한다. 최종 집계 결과는 항상 각 평가요소별, 평가항목별 점수의 총합계로 나타난다.

2) 평가자의 평가 관행

여기서 실제 기업 현장에서의 평가자들의 평가 관행을 살펴보자.

L사의 박문수 팀장은 평소 꽤 괜찮은 리더로서 비교적 부하들에게 좋은 평가를 받고 있다. 박팀장은 인사평가의 중요성에 대해 잘 이해하고, 비교적 정확하고, 객관적으로 평가하려고 노력하는 사람이다.

인사부서로부터 인사평가 실시에 관한 회람과 인사평가표를 받은 박문수 팀장은 귀찮은 듯 그 문서를 힐끗 보고는 책상 서랍 속에 넣어버린다. 제출 마감 하루 전, 퇴근시간이 지난 무렵 박팀장은 서랍 속에서 인사평가표를 꺼내 부하에 대한 평가를 하기 시작한다.

제일 먼저, 평가표의 각 요소들과 그에 대한 설명을 읽어보고, 각 요소별로 등급을 매겨나가기 시작한다. 창의성 A, 협상력 B, 고객마인드 S, …… 등등. 이런 방식으로 팀원들의 전 개인에 대한 요소별 평가가 끝나면 박팀장은 등급별 점수 기준에 따라 팀원들의 점수를 전부 계산해 본다. 이렇게 집계된 개인별 총점을 두고 박팀장은 그 점수가, 또는 팀원간의 점수 순위가 자기가 평소에 갖고 있는 팀원 개인들에 대한 총체적인 평가와 일치하는가에 대해 고민한다. 그 다음으로 올해 승급 대상자인 강대상 대리, 작년에 C 등급을 받은 김민수 과장에 대한 '특별한 배려'를 고심한다. 이러한 여러 가지의 심사숙고 끝에 팀원들 개인에 대해 총점을 결정하고, 이제는 다시 평가요소로 돌아가서, 앞에서 결정한 총점이 될 때까지 등급을 다시 매겨나가기 시작한다.

시간은 벌써 11시를 넘어가고 있다. 총점에 맞게 개별 요소의 등급을 수정하는 작업은 개인별로 몇 번의 시뮬레이션을 거쳐야 하기 때문에 제법 많은 시간이 소요된다. 총점을 맞추는 가장 빠른 방법은 하나의 요소에 대한 평가 등급만 수정함으로써, 예를 들어 배점이 큰 고객만족도를 S에서 A로 수정하면 총점에서 2점이 빠지고, S에서 D로 수정하면 무려 8점이 빠지므로 이에 대한 평가 등급만을 적당히 조정해서 총점을 맞추어 나가고 있다.

시계가 새벽 1시를 넘어가고 있다.

3. 인사평가 제도와 활용의 한계

1) 보상을 위한 인사평가 — 성과평가

보상을 위한 평가 제도로서 인사평가 제도는 '성과'에 대한 정확한 평가를 수행하는 기능을 한다. 인사평가 제도가 성과를 제대로 평가하는지를 보기 위해 다시 한번 능력과 노력, 성과의 함수를 인용하겠다.

$$\text{성과} = \text{능력(Ability)} \times \text{노력(Motivation)} \times \text{기회요인(Opportunity)}$$

이 성과함수에 의하면 개인의 성과는 능력과 노력 그리고 기회요인에 의해 결정되며, 성과는 이 변수들의 덧셈이 아닌 곱셈으로 나타난다. 같은 능력을 가진 사람이 노력을 두 배 하면 두 배의 성과가 오르고, 또 같은 정도의 노력을 하는 사람의 능력이 두 배로 늘어나면, 성과 또한 두 배로 되는 것은 우리의 상식에 부합하는 사실이다.

앞에서 설명한 인사평가 제도를 성과함수에 비추어 살펴보면 몇 가지 일치하는 것과 그렇지 않은 점이 발견된다.

성과함수에서 나오는 성과, 능력, 노력, 기회요인 중 평가 제도에서 평가의 대상은 능력과 노력, 성과의 항목이며, 기회요인은 평가의 대상이 아니다. 이 성과함수의 노력은 인사평가 제도에서의 태도와 매치된다고 보면 될 것이다. 흔히 조직 내에서 사람을 평가할 때 "그 친구 열심히 노력한다", "그 친구는 머리는 좋은데, 노력을 안 해!"라는 말들을 한다. 이러한 말을 좀 더 명확하게 말하면 "그 친구는 성실하지 않아" 또는 "책임감이 없어" 또는 "적극성이 결여되어 있어" 등으로 표현될 것이다. 즉, 인사평가 제도의 태도 항목은 바로 성과함수의 노력의 수준이 되는 것이다. 그러므로 현행의 인사평가 제도의 평가항목은 성과를 측정하는 나름대로의 정당성과 이론적 타당성을 가지고 있다고 할 것이다.

그런데 성과함수에 비추어, 일반적인 인사평가 제도를 보면 약간 상이한 점이 발견된다.

흔히 인사평가의 결과를 산출할 때 평가항목들의 평가 점수를 그대로 산술적으로 덧셈을 하고 있다. 성과함수에 의하면 능력과 태도는 성과(업적)를 결정하는 요인이고, 능력과 태도 평가 점수가 올라가면 당연히 성과(업적)는 올라가는 것이라고 보면, 이 세 가지를 모두 합하는 것은 업적을 중복해서 반영하는 셈이 되는 것이다. 과연 이런 성과(업적)의 중복 계산이 타당한 것인가?

또 하나 이상한 점은 성과함수에서는 능력과 노력을 곱셈한 결과가 성과로 나타나는 반면, 인사평가 제도는 능력과 태도의 평가 점수를 단순 합산하고 있다. 이는 이론적으로도 정서적으로도 모순이 있어 보인다. 왜 두 항목의 평가 점수를 곱하지 않는가?

그렇다면 과연 현행의 일반적인 인사평가 방식이, 이러한 이론적 모순과 그로 인한 평가의 왜곡 가능성에도 불구하고 성과를 정확히 평가하는 도구로서 제 기능을 다할 수 있을까?

2) 능력개발, 배치를 위한 인사평가 ― 능력, 태도평가

인사평가 제도의 각 평가항목은 이 제도의 본래 목적(보상, 개발, 배치)을 달성하기 위해 각각 그 목적에 맞는 특정한 기능을 수행하도록 설계된 것이다. 능력 평가항목 또한 마찬가지이다.

인사평가 제도에서 능력평가 항목을 설정하고, 이를 평가하는 것은 개인의 능력을 평가함으로써 개인의 능력의 장단점을 발견하고, 이를 개발하기 위한 목적이다. 또한 이렇게 파악된 개인의 능력은 또 인사의 기본이 되는 직무분석과 연계됨으로써 '적재적소의 배치'라는 원대한 인사관리의 목표를 달성하는 데 활용된다.

하지만 현행의 인사평가 제도와 같이 연봉이나 승급 등의 보상에 더 중점을 두고, 또한 능력평가와 성과평가를 합한 점수로서 보상의 기준을 삼는 방식에서는 능력개발을 위한 도구로서의 능력평가 결과는 현실적으로 그 의미가 퇴색된다. 어렵게 설계한 능력평가의 요소들이 능력의 개발보다는 단지 보상에 반영되는 인사평가 결과의 총점을 결정하는 하나의 점수요소일 따름이다. 그래서 그 능력 요소에 대한 개별 평가 점수는 신뢰성이 떨어질 수밖에 없다. 내 경험상 아직까지 회사의 교육훈련이나 개인의 육성에 인사고과의 능력요소의 평가 결과를 참조한 적은 단 한 번도 없다. 90년대 중반, LG에서도 인사고과 제도의 이러한 한계를 인식하고, 인재육성을 강조하기 위해 일명 육성형 인사고과 제도를 검토하였으나, 평가에 따르는 과다한 행정 비용으로 실행된 바는 없다. 더군다나 그 능력평가 결과를 기준으로 전환 배치를 시행해 본 적도 단연코 없다. 그럼에도 불구하고 우리가 능력(역량)요소를 설정하고, MBO를 시행하고자 하는 것은 또 다른 데서 그 의미를 찾을 수 있다.

3) 결론

이렇게 본다면, 능력이나 태도의 평가와 성과의 평가는 각각 별도로 분리되어 운영되는 것이 마땅해 보인다. 또한 개인의 육성을 위한 능력, 태도 평가는 그 목적상 절대평가가 더 적절하고, 보상을 위한 성과평가는 보상 재원의 한계로 말미암아 부득이 상대적으로 활용될 수밖에 없는 특성이 있다. 목적과 성격이 다른 두 항목의 평가를 인사행정의 편의를 위해 같은 시기에 실시할 수는 있으나, 평가 시트는 분리되어야 하고, 평가 결과는 각각 별도로 집계되어 각각의 원래 목적에 활용되어야 할 것이다. 즉, 서로 다른 제도로서 운영되는 것이 적절하다고 할 것이다. 실제 일부 기업에서 이 두 개를 분리 운영하거나, 적어도 연봉의 결정에 있어서는 MBO에 기반을 둔 성과평가의 결과만으로 결정하는 경우도 더러 있다.

성격이 다른 두 제도가 왜, 언제부터 하나의 인사평가 제도로서 통합되고, 그것도 주로 보상으로서의 목적으로만 활용되는지에 대해서는 알 길이 없다. 하지만 대략 추정해 보건대, 현대적 의미의 인사평가 제도가 발전하는 과정에서 그 원인을 찾을 수 있을 것 같다.

현대 기업에서의 인사고과(성과평가, Performance Appraisal)의 개념은 1920년대 테일러의 유명한 '시간과 동작연구'에서 그 기원을 찾을 수 있다. 이 시대는 성과평가를 통하여 성과를 정확히 측정하고, 이에 대해 공정하게 임금을 지급함으로써 근로자의 동기를 최대한 끌어내는 것이 목적이었다. 즉, 성과함수의 노력 변수를 자극하기 위한 것이었다. 인간에 대한 연구와 동기 이론이 발전함에 따라 대략 1950년대에 이르러 개인의 성과를 올리는 방법으로 성과함수의 노력 변수 외에 능력 변수의 중요성이 인식되고, 이때부터 능력개발을 위한 능력평가의 개념이 도입되고, 성과평가의 한 축으로서 편입되었다. 하지만 현재까지도 많은 서구 기업들에서도 성과평가는 여전히 연봉이나 승급 등의 보상에 일차적으로 활용되고 있다. 이러한 서구의 성과평가 제도가 일본을 거쳐 한국 기업에 인사고과 제도라는 명칭으로 도입되었고, 따라서 여전히 그 일차적 목적을 보상의 결정에 두게 되었다.

이러한 인사고과항목의 전통적 유산은 여전히 인사평가 제도를 설계하는 데 있어서, 그 실제적 효용에도 불구하고 여전히 제도 설계자에게 거의 무의식적으로 영향을 발휘하고 있다. 즉, 연봉을 결정함에 있어 직급이 낮을수록 능력평가 점수를 더 많이 반영하고, 직급이 높을수록 성과 점수를 더 많이 반영한다든지, 승급에는 능력평가 점수를 더 많이 반영하고 성과 점수를 적게 반영하는 것이 바로 그것이다. 하지만 앞에서 말한 평가자의 평가 관행에서 보는 바와 같이, 실제로 연봉 결정에 있어 성과를 더 많이 반영하고 능력을 덜 반영한다는 것과 현행의 인사고과 제도에서 평가자가 평가한 점수를 그렇게 반영하는 것과는 차이가 있다. 개인의 실제 능력과 인사평가 제도의 결과로 나오는 능력평가 점수, 그리고 실제의 성과와 성과평가 점수는 거의 무관하다. 하지만 적어도 이 두 항목의 평가 점수를 합한 총 점수는 그 사람의 능력이나 성과와 상관관계를 가진다는 것은 엄연한 사실이다.

결론적으로 현재의 인사평가 제도는 그것이 공정하게 운영된다는 것을 전제로, 연봉제 운영을 위한 보상의 목적으로는 충분히 제 기능을 발휘하고 있다. 관리자가 부하를 평가함에 있어, 그것이 능력평가이던, 성과평가이던 평가 결과의 총점에 관심을 가지고 있고, 그렇게 평가된 인사평가 결과의 총 점수는 개인에 대한 종합적인 평가로 인정할 수가 있다.

또한 앞에서 제기한 이론적 모순점, 즉 성과, 능력, 태도평가 점수와 모두 단순 합산하는 방식도 정확한 평가 자체를 그렇게 왜곡하는 것은 아니다. 일반적으로 사람의 공과(功過)를 평가할 때 그 사람의 능력과 태도와 성과를 모두 고려해야 한다는 것이, 이론적으로는 중복이 될 수 있다. 하지만 오히려 능력이나 태도, 성과 중에서 어느 하나만으로 판단했을 때의 오류를 보완할 수도 있다는 점에서 이 방식은 충분히 납득성이 있다.

성과함수의 이론에 충실한 평가 제도

회사에서 일반적으로 운영되는 현실의 인사 제도와 이론(성과함수)의 모순이 없는 인사평가 제도를 설계하면 어떤 모양이 될까?

나는 학생의 학구열이 채 식지 않은 대리급 사원—그 당시는 대리 직급이 없었다—시절에 공장 생산직 사원의 인사평가 제도를 내 방식대로 이론에 충실하여 다음과 같이 설계해 본 적이 있다.

소속 : 품질관리반		성명 :				
평가 항목	평가 요소	정의	비중	평가자		
				반장	직장	총계
능력 100	민첩성	………	30			
	정확성		30			
	이해력	………	30			
	대인관계	………	30			
	총계		100			
노력의 정도 (태도)	성실성	………	20			
	책임감	………	15			
	적극성	………	15			
	총계		50			

평가항목은 이론에 따라 능력항목과 노력평가의 두 항목으로 구분하고, '품질관리반'에 필요한 능력요소를 추출하여 비중을 매기고, 노력평가요소로서 성실, 책임, 적극성의 3요소로 설정하는 것은 여느 평가표와 비슷할 것이다. 그러나 성과평가는 없다. 왜냐하면 이론에 따라 능력과 노력의 곱셈 결과가 바로 성과이기 때문이다.

다음으로 평가 결과의 집계 문제이다.

성실, 책임, 적극성의 노력요소에 대한 평가 결과를 종합하면 일정 점수가 되고, 그것을 다시 등급화하여 A, B, C, D, E의 등급이 결정된다. 이 노력의 등급은 능력항목의 각 요소에 각각 반영될 것이다. 즉, 민첩한 능력을 가진 사람이 실제 작업 상황에서 민첩하게 일하는 정도는 그 사람의 노력(태도)에 따라 달라질 것이 이론적으로 타당하기 때문이다.

그래서 평가 결과를 종합할 때 능력평가 점수와 노력평가 점수를 단순 합산한

능력요소 등급 / 노력 등급	S	A	B	C	D
S	S	S	A	A	B
A	S	A	A	B	B
B	A	A	B	B	C
C	B	B	B	C	D
D	B	C	C	D	D

방식이 아니라, 성과는 두 요소의 곱이라는 이론에 입각하여 능력평가 결과에 따른 능력평가 결과를 판정하는 매트릭스를 만들었다. 즉, 아무리 능력이 뛰어나고 민첩성이 S라 하더라도 노력이 부족하면 결코 B 이상의 등급을 받을 수 없도록 설계되어 있다. 반면 능력은 최하위라 하더라도 노력이 있으면 최소한 B 이상은 받도록 설계하였다.

생산직 사원은 개인의 성과보다는 능력이나 태도(노력 수준)로 평가하는 것이 적절해 보인다. 생산직 사원의 성과는 사실상 생산라인의 물량 계획이나, 잔업이나 특근 여부에 따라 결정되기 때문이다.

조금은 복잡하고 어려워 보이지만 엑셀 시트를 이용하면 인사평가를 위한 행정업무 자체는 별로 어렵지 않다. 다만, 직원들에게 설명하기는 좀 길고 복잡해 보이지만, 사실 능력과 노력, 그리고 성과의 측면에서 보면 정서에 잘 부합하기 때문에 오히려 잘 이해될 수 있었다.

4. 역량개발을 위한 인사평가 제도

현대 기업에서 인재의 육성은 대단히 중요하다. 인재육성을 위해 현행의 보상 위주의 인사평가 제도로는 전혀 도움이 되지 않고 있으며, 따라서 인재육성을 위한 새로운 방법을 모색하여야 할 것이다. 기업 내에서 인재육성의 한 방법인 교육훈련을 보자.

회사에서 시행하는 교육훈련은 대체로 기업 전체의 측면에서 필요한 교육이 먼저 정해지고, 그 교육 대상자도 기업 전체의 측면에서 일방적으로 정하여 실시한다. 예를 들어 4급 과장급 이상의 리더십 향상을 위해 리더십 교육을 실시하고, 6시그마를 통한 경영혁신을 위해 전 사원을 대상으로 6시그마 교육을 실시하고, 또한 품질의 향상을 위해 전 품질관리 담당자를 대상으로 품질교육을 실시하는 방식이다. 이런 방식 하에서는 개인의 개별적인 교육 니즈를 발굴하고, 이를 충족시킬 수 있는 개인별 교육이나 육성은 불가능해진다.

그렇다고 육성형 인사평가와 같이 개인의 능력에 대해 상사가 이를 평가함으로써 개인의 육성 포인트를 발굴하고, 이에 따라 그 개인의 개발을 위해 적절한 수단을 강구하여 제공하는 것 또한 쉽지 않다.

인재육성을 위한 보다 현실적인 방법으로 인사평가 제도상의 능력평가가 아닌, 성과평가를 통해 자기개발을 장려하고 지원하는 방법이 있을 수 있다. 즉, 개인의 자기개발 목표를 MBO 방식의 성과관리 목표의 한 항목으로 설정하고, 상사가 이를 지원하고, 그 목표 달성 여부를 평가함으로써 자기개발에 대한 동기를 자극하는 방법이다. 이에 대해서는 '목표관리 (MBO)'에서 상세히 설명할 것이다.

제3장 인사평가 제도의 설계

1. 인사담당자의 꿈

제조공장의 공정설계자들에게는 오래된 꿈이 있다. 풀프루프(Fool-proof) 공정이 바로 그것이다. 굳이 번역을 하면, 워터프루프(Water-proof)를 방수(防水)라고 하듯이 방우(防愚) 공정쯤으로 이해할 수 있을 것이다. 이 공정은 어떤 바보라도 이 공정에서 작업을 하면 불량이 발생하지 않는 최적화된 공정이다. 지금은 공장 자동화나 인공지능의 발달로 아예 사람을 쓰지 않는 방향으로 추진되고 있지만, 적어도 사람이 반드시 있어야 할 공정이라면 여전히 이 개념은 유효하다.

인사 제도의 설계자, 특히 인사평가 제도의 설계자의 꿈이 바로 이런 것이 아닐까?

한 개인(피평가자)에 대해 어떤 사람이 평가하더라도 똑같은 평가 결과가 나오게 하는 평가시스템이 바로 그것이다. 이 시스템은 평가자의 평가 능력이나 개인적 성향, 피평가자와의 평소 관계와 전혀 무관하게 평가시스템에서 정한대로 체크만 해주면 개인의 성과를 정확히, 그리고 99% 신뢰도를 가진 결과를 얻을 수 있도록 한다.

과연 우리가 이렇게 타당성과 신뢰도의 측면에서 완벽한 평가시스템을 만들 수 있을까? 사실 그렇게 완벽한 시스템은 불가능하고, 아마도 이 세상에 존재하지 않을 것이다. 아니 어쩌면 평가에 대해 엄청난 시간과 비용을 투자한다면 가능한 일이 될지도 모른다. 이러한 사실에 대해 기업의 현실에서 그러한 일이 불가능하다고 말해 버린다면 인사평가에 대한 더 이상의 학습이 필요하지 않을 것이다.

하지만 현실적으로 완벽하지는 않더라도, 기업의 여건이 허락하는 범위 내에서 최대한 완벽에 가깝게 다가서려고 노력하는 것이 바로 인사담당자의 몫일 것이다. 연봉제를 하지 않겠다면 모르지만, 연봉제를 하는 이상, 차등적인 보상의 납득성을 제고할 수 있는 믿을만한 인사평가 제도는 필수적이다.

개인에 대한 평가 결과가 정확하게 되지 않을 가능성은 두 측면에서 발생한다. 평가 결과에 대한 신뢰도가 떨어지는 것은 평가 제도가 부실하거나 또는 평가자가 부실하거나 둘 중의 하나이다. 제도를 설계하는 것은 인사담당자의 몫이고, 실제 평가를 수행하는 사람은 현업의 관리자들이다. 그리고 관리자들의 행동에 가장 큰 영향을 미치는 사람은 역시 CEO이다.

공정한 평가에 대한 CEO의 관심과 의지, 제대로 제도를 설계하려는 인사담당자의 노력, 그리고 실제 공정한 평가를 수행하려는 관리자들의 의지에 의해 인사평가 제도는 제대로 운영될 수 있다.

2. 전체 인사시스템과 평가 제도

연봉제, 즉 개인의 성과에 따른 연봉의 차별이라는 보상의 목적으로 설계되는 인사평가 제도에서 평가의 대상은 개인의 역량과 업적(좁은 의미의 성과)의 두 항목이다. 물론 앞에서 서술한 바와 같이 회사에 따라 업적만을 평가하여 연봉제에 반영하는 회사도 있다. 여기서는 이 두 항목 모두를 연봉의 결정에 반영하는 한국 기업의 일반적인 인사평가의 모델을 따르고자 한다.

역량이나 업적을 평가하기 위해서는 보다 상위 체계로서 전사적 역량모델과 성과관리 체계가 먼저 수립되어야 한다. 종합적 인사관리체계에서 역량 모델은 개인의 역량개발과 적재적소의 배치 역할을 담당하고, 성과관리체계는 일정 직무에 배치된 개인의 성과 창출을 담당한다. 개인의 역량과 업적(성과)을 평가하는 인사평가체계는 각각 이 상위체계의 결과물, 즉 '일정기간 개인이 직무수행을 통하여 발휘한 결과'로서의 역량과 성과를 평가하는 하위체계이다. <그림 4-1>은 이러한 관계를 나타낸 그

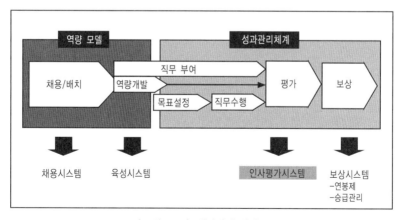

〈그림 4-1〉 인사관리 체계도

림이다.

역량 모델과 성과관리체계는 그 자체로서 각각 독립적으로 한 권의 책을 구성할 만큼 방대한 내용을 담고 있다. 이 장에서는 인사평가를 위한 평가항목으로서, 역량 모델과 성과관리체계의 내용 중에서 인사평가와 관련된 필수 내용만을 소개할 것이다. 아울러 각각에 대한 이해를 돕기 위해 역량 모델과 성과관리체계에 대한 이론, 개념에 대해 간단히 소개할 것이다. 그리고 평가 제도에 반드시 담아야 할 평가 기준들, 즉 평가자, 평가 방법, 점수 기준 등에 대해 서술하겠다. 역량 모델이나 성과관리체계에 대해 더 많은 이해를 원하는 독자께서는 별도의 학습 기회를 갖기 바란다.

3. 역량평가

1) 역량의 의미

역량 모델은 1973년 미국 하버드대학 심리학과 교수인 맥클랜드(McClelland) 교수가 미 국무성 해외 초급공보요원 선발 프로세스를 연구하면서 비롯되었다. 맥클랜드는 전통적인 학업 적성 검사나 성취도 검사가 업무성과나 인생의 성공 여부를 예측하지 못하는 문제점을 지적하고, 직무 성과와 관련 있는 변수로서 역량(Competency)요인을 규명하는 방법론을 제기하였다. 이 논문의 주된 내용은 ① 직장에서 성공을 거둔 사람과 그렇지 못한 집단을 선정, 비교하여 성공요인을 규명하고, ② 미래를 예측하기 위해서는 피조사자가 실제상황에서 생각하고 행동하는 것, 또는 과거의 유사한 상황에서 행동하였던 것을 파악하는 것이 더 효과적이라는 것이다.

역량은 일차적으로 '직무 또는 역할의 성공적인 수행과 관련되고 축적된, 지식(Knowledge), 기술(Skill), 능력(Ability), 태도(Attitude)의 집합체로서의 개인 특성'으로 정의된다. 좀 더 구체적으로는 '조직 내·외부 환경조건 하에서 특정 직무 역할을 효과적으로 수행하고 높은 성과를 달성하는데 직접적으로 관련 있는(casually related) 개개인의 행동, 지식, 스킬, 경험, 가치관 등의 안정적이고 지속적인 특성'이다. 따라서 역량은 능력을 표현하는 어휘로서 창의성, 추진력, 끈기, 협상력 등등의 일반적으로 개인 능력을 표현하는 단어나 책임감, 적극성, 협조성 등 일반적인 어휘로 표현되는 단어가 아니라, '탁월한 성과를 내는 우수인재가 항상 취하는 행동 패턴'을 서술하는 형태로 표현한다. 한마디로 과거 우리가 사용하던 능

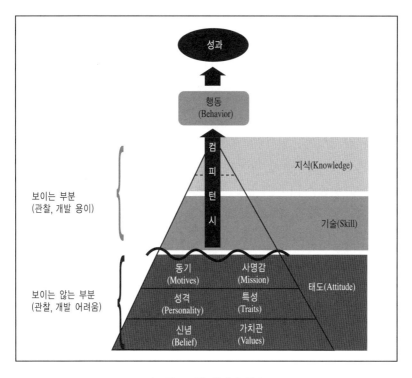

〈그림 4-2〉 역량과 성과

력 요소로서의 창의력, 협상력의 추상적이고 일반적인 표현이 아니라, 개인의 수행 직무를 성공적으로 수행하는 데 가장 필요한 능력을 행동 패턴의 형태로 표현된 것을 말한다.

역량의 개념적 특성을 정리하면 다음과 같다.

첫째, 역량은 개인의 내적인 측면으로 정의되나, 엄밀하게 말하면 개인의 행동이나 표현을 통해 추정되는 내적인 특성을 의미하는 것이지 심리적인 내면의 세계를 규명하는 것은 아니다. 따라서 역량은 외적으로 관찰 가능하고 측정 가능한 형태의 언행과 상관관계가 있다고 판단되는 (또는 언행을 유발한) 개인의 내적인 행동 특성을 규명해 내는 것이다. 예를 들면 특정인이 목표설정 과정에서 다소 이상적이고 중장기적인 측면을 중시하는 경우, 이러한 행동의 근거로는 개인의 내적인 특성으로 '높은 성취동기(成就動機)'라고 규정할 수 있고, 이렇게 규정된 내적인 특성이 하나의 역량으로 정의될 수 있다는 것이다.

둘째, 역량은 지속적으로 관찰되는 행태(Behavior)를 중심으로 정의된다. 역량은 외부적으로 관찰될 수 없는 개인적인 심리상태나 비슷한 상황에서 가끔 보이거나 일시적으로 보이는 행태를 지칭하는 것이 아니다. 예컨대 특정인에게 스트레스 인내력이라는 역량이 있다고 규정하기 위해서는 어려운 상황이 여러 번 발생하였을 때 일관되게 같은 상황에서도 침착하게 행동하고 극복하는 행태를 보여야 한다는 것이다.

셋째, 역량은 우수한 성과를 전제로 성립되는 개념이다. 역량 도출 작업은 조직에서 우수한 성과를 시현한 사람을 대상으로 우수한 성과를 창출하는 원동력을 행동과 태도의 관점에서 규명하자는 것이다. 여기서 문제는 우수한 성과를 어떠한 방식으로 정의할 것인지는 다소 논란의 소지는 있으나, 해당 조직의 특성을 감안하여 우수성과에 대해 당해 조직 구성원 등이 공감할 수 있는 기준을 설정하는 현실적인 접근이 요망된다.

넷째, 역량은 현재의 조직기능만을 반영하는 것이 아니라 미래의 바람직한 기능과 역할을 고려하는 것이 일반적이다. 이는 미래적인 과업환경하에서 당해 조직 구성원이 가져야 할 바람직한 행태나 태도를 상정한 것이다. 이러한 역량을 도출하기 위해서는 당해 조직의 미래적인 과업환경에 비추어 비전과 미션을 분석하고, 최고경영층과의 면담 등을 통해 당해조직의 정책방향을 파악하는 것이 일반적이다. 이러한 과정을 통해 도출되는 공통 역량(Core Competency)은 당해 조직의 바람직한 인재상과 그 맥을 같이하는 것이다.

(이상 국가 공무원 대상 중앙인사위원회의 역량에 대한 설명자료 참조)

예를 들어 증권회사에서 주식투자의 귀재로 불리는 강최고 씨의 역량을 보자.

- Ⅴ 회사에 직접 전화를 걸어 실적 호전주를 미리 조사한다. (정보수집)
- Ⅴ 신문에 나는 기사를 인터넷을 통해 미리 검색하고 영향을 예측한다. (정보분석)
- Ⅴ 경제신문사나 증권사 추천 종목 중 오를만한 기업에 선 투자한다. (Risk-taking)
- Ⅴ 투자해야겠다고 마음먹으면 미수까지 얻어 과감하게 배팅한다. (Risk-taking)
- Ⅴ 시장의 성격(상승 추세, 하락 추세, 박스권)을 분석해 둔다. (정보 분석)

이상과 같이 증권회사 펀드매니저의 직무역량은 조직 내 해당 직무의 최고 우수자인 강최고 씨의 행동 특성을 서술한 것이다.

이러한 의미의 역량은 인재채용과 선발, 교육훈련, 평가, 핵심인재 육성 등 인사관리의 모든 분야에서 기본적으로 활용된다. 즉, 90년대 중반 역량의 개념이 한국에 도입되고, 이후 한국의 대기업들이 이를 활용한 미국 기업을 벤치마킹하면서, 역량 기반의 채용(Competency Based Recruiting), 역량 기반의 개발(Competency Based Development), 역량 기반의 평가(Competency Based Appraisal)체계의 구축이 유행처럼 번져나갔다. 90년대 후반부터 LG전자에서도 역량에 기초한 채용시스템을 설계하였고, 역량에 기초한 평가 제도를 구축한 바 있다.

과거의 능력이나 학력, 또는 지식이나 적성 등의 평가와는 달리 외관상 눈에 뜨이는 행동이나, 또는 그러한 행동을 실행한 경험을 중심으로 인재를 채용하고, 개발한다는 것은 상당히 의미 있고 실질적인 방법일 수 있다. 하지만 개별 직무, 또는 적절히 분류한 직무 단위마다, 그 직무에서 가장 뛰어난 사람의 행동 특성을 서술한다는 것이 얼마나 어려운 일인지는 상상해 보시기 바란다.

개별 직무(직종)에 대해 역량을 도출하는 일은, 특히 교육훈련 분야에서는 가장 심도 있게 수행되고 있다. 왜냐하면 특정 교육 프로그램을 개발한다는 것은 특정한 역량을 키우기 위한 교육과정을 설계하는 작업이고, 따라서 실제로 하나 또는 두 개 정도의 직무를 대상으로 역량 모델링을 실시하기 때문이다. 즉, 영업능력 향상을 위한 교육 프로그램을 개발할 경우 해당 회사의 가장 뛰어난 영업사원의 행동 특성을 관찰하고 도출하는 것은 물리적으로 가능할 수 있기 때문이다. 하지만 인사평가를 위해 역량을 도출한다는 것은 회사의 전 직무 단위에 대해 그러한 '뛰어난 사람의 행동 특성'을 추출해야 하기 때문에 사실상 대단히 어렵고 비용이 많이 드는 작업이다.

2) 역량체계의 수립(Competency Modeling)

역량체계 수준의 최저한도

교과서적 의미에서 직무 그룹별로 역량을 도출하고, 이를 체계화하는 것은 지난한 작업이다. 따라서 역량체계를 도입한다 하더라도 기업별로 CEO의 사람에 대한 관심과 역량개발에 대한 투자 정도에 따라 역량체계의 수준은 천차만별이 될 수가 있다. 하지만 연봉제를 운영함에 있어 공정하고 객관적인 평가는 필수 조건이며, 이러한 객관적인 평가를 위해서는 일정 수준 이상의 역량체계는 반드시 수립되어야 한다. 연봉제 하에서 연봉을 평균 이하로 받은 직원들에게 회사(관리자)는 적어도 "당신의 능력에 대해 이러이러한 항목을 평가해 본 결과…"라는 설명을 해줄 의무가 있으며, 또는 "도대체 이런 것(요소)으로 평가한 결과에 대해서 나는 전혀 동의할 수 없다"는 직원들의 반발을 무마하기 위해서도 반드시 필요하다.

이것이 인사평가 제도에서 필요로 하는 역량체계이며, 연봉제를 운영하는 기업에서 갖추어야 하는 역량체계의 최저한도이다.

역량체계

인사평가시스템의 상위체계로서의 역량 모델은 그것의 필요와 목적에 따라 다양하게 나타날 수 있다. 예를 들면 전략적 차원에서 전사 핵심역량(Core Competency)이나 가치 사슬 역량(Value Chain Competency), 리더십 개발을 위한 리더십 역량(Leadership Competency), 특정 직무 능력개발을 위한 직무역량(Job Competency) 등이 그것이다. 인사평가의 항목으로서 역량평가 목적의 역량체계는 일반적으로 전사 공통 역량, 리더십 역량, 개별 직무역량으로 구성된다.

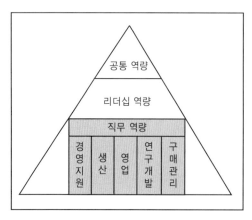

〈그림 4-3〉 역량 체계도

• 전사 공통 역량

전사 공통 역량은 어느 한 조직에서, 전 구성원들 모두에게 요구되는 역량이다. 따라서 공통 역량은 조직 가치를 실현하기 위해 필수적인 행동 규범적 표현이나, 회사의 비전, 조직의 핵심 가치를 반영하는 것이다.

• 리더십 역량

리더십 역량은 또 다른 말로 계층별 공통 역량이라고 한다. 조직의 계층 구조 속에서 직위가 높아질수록, 비록 직책을 맡은 팀장이 아니더라도 후배 지도나, 코치 등 일정수준의 리더십 역량이 요구된다. 또한 하위 직급에서는 리더십 역량은 아니지만, 직급이 낮은 업무를 수행함에 있어서 공통적으로 필요한 역량이 있을 수 있다. 이 둘을 통칭하여 리더십 역량이라고 한다. 내 개인적 경험으로는 리더십 역량보다는 직급 공통 역량으로 표현하는 것이, 역량 도출에 직접 참여하는 직원들과의 커뮤니케이션 측면에서 유리하다.

• 직무역량

직무역량은 지금까지 설명한 역량의 정의 그대로의 의미이다. 개별 직무를 수행함에 있어 필요한 역량이 그것이다.

직무역량을 도출함에 있어 선행되어야 할 작업은 직무역량 도출의 대상이 되는 직무의 범위를 어떻게 정할 것인가를 결정하는 일이다. 또한 직무의 범위를 결정하기 위해서는 해당 기업의 직무 분류체계를 적절히 수립할 필요가 있다.

직무와 관련된 용어는 다음과 같다.

- ∨ **직위**: 한 사람에게 할당된 일의 집단. 직위의 수는 조직 내 구성원의 수와 동일
- ∨ **직무**: 직위의 수와 관계없이 그 직위가 수행하는 주요한 특정 과업 과 책임, 숙련도 등 기대되는 요구수준이 거의 같은 경우(인사 담당, 판매원, 수리원 등)
- ∨ **직종**: 직무의 특별성, 전문성에 따라 일괄작업 또는 특정 결과를 목 표로 하는 유사한 직무들의 집합
- ∨ **직열**: 전공과목, 업무 분야가 같은 여러 개의 직종들의 집합
- ∨ **직군**: 인사관리의 특정한 목적을 위하여 유사한 과업이나 책임, 의 무들을 가진 직무의 집합(관리직, 생산직, 연구직, 전문직 등)

용어 하나하나에 대한 의미를 이해하기에는 상당히 어려운 면이 있으나, 각 용어들은 직무와 관련된 가장 작은 개념인 직위에서부터 가장 큰 개념 인 직군에 이르기까지 상대적 크기를 나타내 는 개념으로 이해하면 된다.

〈직군〉	〈직종〉
연구	연구개발 / 설계
영업	국내영업 / 해외영업
지원	총무 / 인사 / 기획 / 전산 / 경리
영업	생산 / 품질관리 / 구매 / 생산기술 / 생산관리

〈그림 4-4〉 중소기업의 직무역량 구분

따라서 역량 도출의 단위가 되는 것은 직위 에서부터 직군까지의 범위 내에서의 적절한 크기의 직무 단위(직무,

직종, 직열 등)가 될 것이다. 직무역량은 그 의미상 최소 직무 단위로 도출되는 것이 가장 바람직하나, 거기에 소요되는 비용이나 시간 등의 문제가 있기 때문에 해당 기업의 상황이 허락하는 범위 내에서 적절한 단위로 결정하면 된다. 일반적으로 중소, 중견 기업의 직무역량 도출 단위는 대개 '직종'의 수준으로 하는 것이 적절하다.

<그림 4-4>는 직원 200명 규모의 제조회사의 역량 도출을 위한 직무 분류의 사례이다. 회사의 전 직무를 총 4개의 직군과 14개의 직종으로 분류하고, 각 직종에 대하여 직무역량을 도출하였다.

참고로 LG전자에서는 2002년 전사적으로 역량 모델링을 실시하여 약 2만 명의 화이트컬러 직위를 총 1,500개의 직무 단위로 분류하여, 각 직무 단위별로 역량을 도출한 바 있다.

직무역량 도출 방법

• 전사 공통 역량

전사 공통 역량에는 회사의 비전이나 핵심 가치, 인재상과 관련된 행동 특성을 포함하여야 한다. 따라서 회사의 역사, 조회나 회의에 나타나는 CEO의 어록, 경영이념, 인재상에 대한 문헌을 분석하고, 이를 적절히 행동양식으로 서술한다. 전사 공통 역량은 CEO를 포함한 최고경영층 회의에서 결정한다. 중소기업의 경우에는 인사담당자나 컨설턴트가 제안하고 CEO가 결정하거나, 나아가 CEO가 직접 문안을 작성하기도 한다. 역량 평가요소로서의 공통 역량의 수는 대략 3~4개가 적당하다.

• 리더십 역량

리더십 역량은 리더십의 이론으로 '타인을 리드하여 조직의 성과를 극대화 한다'든지, 또는 '리더십은 동기부여'라는 것과 같이 국가나 조직의 특성을 초월한 공통된 이론적 속성을 가지고 있기 때문에, 기업마다 공통적으로 사용할 수 있는 역량요소들이 있다. 예를 들어 코칭, 피드백, 팀 빌딩, 성과관리, 부하 육성, 의사결정 역량 등이 그것이다. 이러한 공통된 리더십 역량 외에 특정 기업에서 회사의 전략 목표나 CEO의 핵심 가치 실현을 위해 특별히 리더(급)들에게 요구하는 역량이 있을 수 있다. 예를 들어 혁신 주도 역량, 전략적 사고 역량, 협상 능력 등이다. 마찬가지 관점에서 리더가 아닌 직급이 낮은 직원들의 공통 역량도 조직을 불문하고 공통적으로 나타날 수 있는 바, 적극성, 창의성, 의사소통, 성실성, 책임감, 자기 개발 등의 역량이 바로 그것이다.

이와 같이 리더십 역량은 조직을 막론하고 비슷하게 나타날 수 있는 역량이기 때문에 대개 이미 개발되어 있는 관련 역량 용어들을 수집하고, 그 중에서 적의 선정하여 해당 기업에 맞게 역량의 정의를 기술하면 된다. 역량평가요소로서의 리더십 역량의 수 역시 대략 3~4개 정도가 적당하다.

• 직무역량

역량평가를 위한 역량 도출의 직무 단위가 결정되면, 각 직무별로 필요한 직무역량을 도출하여야 한다. 직무역량을 도출하는 작업은 앞에서 말한 전사 공통 역량이나 리더십 역량과는 달리 정해진 직무 단위(대개 직종)별로 도출하여야 하기 때문에 역량의 서술 수준에 따라 상당히 방대한 작업이 될 수 있다. 역량평가를 위해 역량 모델을 직접 도출해 보려는 용기 있고 도전적인 인사담당자들의 노력을 무참히 좌절시키는 것도 바로 이 직무역량을 도출하는 작업이다. 하지만 바로 이 작업이야말로 인사담당자로서 회사의 업무를 완벽하게 이해하고, 그 업무에 필요한 역량을 이해할 수 있는 절호의 기회가 된다. 또한 이러한 이해를 바탕으로 인력의 배치나 연봉 결정, 승급관리에 영향을 미칠 수 있는 이른바 인사관리의 핵심 역량을 함양할 수 있는 유일한 기회가 된다. 조직 내에서, 또는 회사를 나와서라도 인사전문가로서의 꿈을 가진 인사담당자라면 반드시 한번쯤은 수행해야 하는 가치 있는 일이 바로 이 작업이다.

직무역량을 도출하기 위해 구체적으로 수행해야 하는 일, 즉 조직 내에서 해당 직무를 가장 잘 수행하는, 성과가 가장 높은 구성원의 행동을 기술하는 방법은 그 수준에 따라 대략 세 가지가 있을 수 있다.

① 먼저 BEI(Behavioral Event Interview)기법으로, 해당 직무에서 가장 탁월한 사람을 직접 인터뷰하거나 가까이에서 관찰하는 방법이다. 이 방법은 원론적 의미의 역량을 도출하는 가장 바람직한 방법이기는 하나, 한 사람의 직무역량, 나아가 역량 도출의 대상 직무(직종)에 대해 탁월한 사람 전원을 이러한 방법으로 역량을 도출하는 것은 엄청난 시간과 비용이 소요된다. 그래서 이러한 방법은 회사의 전략 목표의 달성을 위해 반드시 필요한 소수의 직무역량에 대해서만 가능하다. 즉, 핵심 직무역량을 도출하고, 이에 대한 교육훈련 프로그램을 설계하는 등의 특수 목적으로만 활용되며, 인사평가 제도의 역량평가를 역량 도출 방법으로는 소요 비용, 시간의 측면에서 과다한 방법이다.

② 다음으로 SME(Subject Matter Expert) 패널(Panel) 방식으로, 직종별 전문가 집단으로 구성된 패널들이 회의나 워크숍 등의 토론을 거쳐 역량을 도출하는 방식이다. BEI 방법에 비해서 비용과 시간의 측면에서 효과적이다. 연봉제를 본격적으로 시행함에 있어 개인간의 연봉 차등의 폭을 확대하기 위한 필수적인 조건으로서, 신뢰성 있는 역량평가를 위해서는 적어도 SME 패널 방식 정도의 비용과 노력이 투입되어야 할 것이다.

③ 마지막으로, 간이 방식으로 역량 사전에 의한 역량 도출 방식이 있다. 한국 기업에서 직무수행에 필요한 직무역량을 전부 망라한 역량 사전은 아직까지 본 적은 없으나, 매년 노동부에서 발간하는 직업 사전이나 직무역량에 대한 타사 사례집, 또는 정부 공무원의 직무역량 사례 등이 참고가 될 수 있다. 사실 기업에서 사용하는 업무 능력과 관련된 국어 사전적 단어

	역량 사전	SEM[1] Panel 방식	BE[2] 방식
방식	• 기업 내에서 일반적으로 요구되는 역량을 연구하여 행동의 형태로 기술해 놓은 역량 사전을 활용	• 기능/영역별 전문가 집단을 대상으로 영역별로 요구되는 역량에 대해 토의, 도출하는 방식	• 특정 직무 수행을 탁월한 수준으로 하는 구성원을 직접 인터뷰하여 특성을 규정하는 방식
장점	• 시간/비용 절약 • 프로세스가 이해하기 쉽고 간편함	• 시간/비용 효과적 • 역량 도출 및 검증을 일관되게 할 수 있음	• 조직 내 바람직한 행동의 형태를 정확하게 수집할 수 있음
단점	• 특징 조직에 맞는 역량 도출 불가 • 상세한 행동 기술문 확보 어려움	• 세부적이고 전문적인 수준의 지식 부족 가능 • 일반적인 인식 수준의 역량 도출	• 시간/비용이 대규모 소요됨 • 현재 요구 역량은 도출 가능하나 미래 요구 역량 도출 불가

1)SME(Subject Matter Expert) : 해당 기능/영역별 전문가 집단
2)BEI :Behavioral Event Interview

〈그림 4-5〉

가 수십, 수백 가지에 이르는 것은 아니다. 경험에 의하면 대략적으로 20개 내외의 단어로 대부분의 직무역량을 표현할 수 있다. 문제는 평가자들이 쉽게 특정 직무와 관련하여 그 단어의 의미를 쉽게 이해할 수 있도록 해당 기업 직무에 맞게 서술하는 일일 것이다. 인사 컨설팅을 하는 입장에서 기업의 요구 수준에 따라 대개 역량 사전 방식과 SME 패널 방식을 사용하고 있다. 직무역량의 수 또한 직무별로 3~4개 정도면 적당하다.

역량요소별 배점 기준의 결정

역량 도출 작업을 통해 전사 공통, 리더십, 직무역량의 개별 역량요소가 도출되면 각각의 역량에 대해 비중을 정하여야 한다. 역량평가항목을 구

〈표 4-1〉 역량요소의 수 및 배점

평가항목	역량의 수(數)	배점	
		팀장(과장)	팀원
전사 공통 역량	3~4개	30점	30점
리더십 역량(계층 공통 역량)	3~4개	40점	20점
개별 직무역량	3~4개	30점	50점
총계	9~13개	100점	100점

성하는 총 9개 내지 12개 정도의 역량요소는 각각의 중요도에 따라 그 비중을 5점 단위로 배점을 부여하면 된다.

전사 공통 역량은 그 성격상 전사적으로 전 직원에게 적용되며, 배점 또한 전사적으로 적용된다. 마찬가지로 리더십 역량은 해당 계층에게 적용되며, 배점 또한 해당 계층에 공통적으로 적용된다. 같은 맥락에서 직무역량은 당연히 해당 직무수행자에게 적용되며, 배점 또한 이들에게만 적용된다.

이상에서 설명한 역량체계별 역량요소 및 배점을 정리하면 다음과 같이 나타낼 수 있다.

아울러 역량 모델링의 결과로서 역량요소, 역량요소별 정의와 배점을 종합하면 다음과 같이 나타난다.

<표 4-2>는 홍보팀장(홍보 직종의 팀장)의 역량평가표 사례이다.

〈표 4-2〉 홍보팀장의 역량평가표

구분	역량 요소	정의	목표 행동	배점
전사 공통 역량 (30)	고객 지향	자신이 관련하는 모든 업무의 결과를 내·외 고객의 입장에서 생각하고 고객의 니즈(Needs)를 능동적으로 파악하여 최대로 만족시키려는 자세	고객이 표현하지 않는 부분의 Needs까지 파악하고 고객의 관점에서 매우 효과적인 최적의 계획을 실행한다.	10

구분	역량 요소	정의	목표 행동	배점
전시 공통 역량 (30)	성과 지향	일을 잘 하려는 관심이나 최고의 기준에 도전하고자 하는 의욕을 말하며, 현재의 자신과 단위 조직의 위치에 만족하지 않고 새롭고 어려운 목표에 끊임없이 도전하여 지속적인 발전을 위해 노력하는 자세	자신이 수행하는 일에 대해, 그 결과가 조직에 기여하는 성과가 무엇인지를 먼저 생각하고, 자신의 성과와 조직의 기대 수준을 지속적으로 평가하여 부족한 원인을 파악하고 개선 방안을 찾는다.	10
	전문성	업무와 관련된 전반적 지식(기술적, 관리적 지식)에 숙달하는 일뿐만 아니라, 그러한 지식을 확장하며, 사용하며, 전파 시키는 역량	자신의 직무와 관련한 어떤 이슈에 대해서도, 사내는 물론 외부 전문가와의 토론에서도 결코 뒤지지 않으며, 그러한 지식을 업무수행에 최대한 발휘하여 성과를 극대화할 뿐 아니라, 조직전체에 확장, 전파하려고 노력한다.	10
리더십 역량 (팀장) (40)	예측 기획력	업무의 효율성 증진을 위해 업무의 기대성과를 예측하고, 명확한 과업 목표를 수립하며, 우선순위에 따라 자원을 효과적으로 배분하는 능력	수립된 계획의 결과를 예측하고, 계획된 일이 원활하게 진행될 수 있도록 부서 내 업무의 우선순위를 결정하고 인적/물적 자원을 효과적으로 배분하여 활용한다.	10
	부하 육성	부하 사원의 자기계발에 대한 동기부여와 계획적이고 지속적인 지도와 교육으로 부하의 업무수행능력을 향상시키는 역량	업무상의 애로 사항을 구체적으로 청취하고 스스로 해결 방안을 찾을 수 있도록 수행 방법의 개선을 코칭한다.	15
	의사 결정력	문제의 원인을 파악하여 신속히 대안을 제시할 수 있으며, 문제 해결을 위한 최적의 해결책(Solution) 및 과정(Process)을 선택할 수 있는 능력	문제 해결을 위한 대안적 해결책을 제시할 수 있으며, 각 대안의 바람직한 결과와 위험 정도를 파악할 수 있고, 각 대안을 평가하고 바람직한 최종 안을 결정할 수 있다.	5
	팀빌딩	조직의 목표를 효과적으로 달성하기 위해 구성원들간의 갈등을 건설적으로 해결하도록 도와주고 팀워크를 형성하며, 팀의 유대를 강화하는 능력	팀의 약점을 파악하여, 이를 해결하고 팀워크 및 팀 성과를 증진시키기 위한 의견을 적극 개진하며, 상사와 부하 사원간의 중재 역할을 효과적으로 수행한다.	10
직무 역량 (홍보) (30)	분석/ 체계화 능력	학생 모집과 관련된 다양한 정보를 분석하여 이해하고, 이를 체계화하여 홍보기획/모집/과별 배치 업무를 추진하는 데 최고의 성과를 창출하는 능력	평소 수집된 학생모집에 관한 정보를 체계적으로 활용하여 우수하고 충분한 학생을 모집하고, 선발, 학과 배치에 이르는 학사 업무를 차질이나 착오 없이 진행한다.	5

구분	역량 요소	정의	목표 행동	배점
직무 역량 (홍보) (30)	네트워킹 능력	학생들의 취업을 위하여 필요한 정보를 파악하기 위하여 지인, 기관, 기업들에 대한 다양한 네트워킹을 갖추고, 이를 취업에 활용할 수 있는 능력	평소 취업기관이나 회사들의 담당자를 On, Off-line으로 접촉하여 적절한 기관이나 회사에 적절한 학생들을 추천하여 취업률 향상에 기여한다.	20
	의사 소통	받아들인 정보의 핵심을 신속하게 파악하고, 구두 혹은 문서 등을 활용해 자신이 전달하고자 하는 정보/의견을 효과적으로 타인에게 제공하는 능력	여러 가지 문제들을 효율적으로 정리하여 상대방을 납득시킬 수 있고, 듣는 사람의 목적과 수준 등을 고려해서 가장 적합한 방식으로 자신의 의견을 제시한다.	5
총 계				100

역량 도출의 마지막 문제

<표 4-2>에서 보는 바와 같이 홍보팀장의 역량 도출을 통한 역량평가표를 작성함에 있어, 역량요소에 대한 정의를 해당 기업에 맞게 기술하는 것은 반드시 필요하다. 평가자가 부하들의 역량을 평가할 때 역량 단어(예를 들면 의사소통)만을 보고 평가할 경우, 평가자의 주관에 따라 여러 가지 의미로 해석될 수 있기 때문이다. 그러므로 역량 정의는 보다 구체적이고, 앞에서 설명한 바와 같이 행동 특성 중심으로 서술되어야 한다.

역량 정의를 서술함에 있어 다음으로 고려되어야 할 것은 그러한 역량요소에 대한 정의가 해당 직무 종사자에 따라 요구되는 수준을 표현하는 것은 아니라는 점이다. 평가자가 홍보담당자를 평가할 때 의사소통의 역량에 대해 과장급 담당자가 수행하는 의사소통과 입사 2년 된 홍보담당 사원의 의사소통에 대한 요구 수준은 분명히 달라야 할 것이다. 그래서 <표 4-3>에서 보는 바와 같이 역량 정의에서 한 발 더 나아가 목표 행동을 좀 더 구체적으로 기술하였다. 그렇다면 과연, 그 요구 수준을 어디까지 기술할 필요가 있을까? 각 역량에 대해 직급별로 전부 요구 수준을 기술할 것

인가? 아니면 역량 정의만을 기술하고, 나머지는 평가자들에게 알아서 평가하도록 할 것인가? 이 문제 역시 비용과 시간의 투자와 그 투자에 대한 효과(평가의 객관성)로 판단하여야 할 것이다.

다음의 사례는 LG전자의 직무역량 중에서 의사소통 역량에 대해 요구 수준을 단계별로 정리한 것이다. 레벨 1, 2급은 주로 하위 직급, 4, 5급은 상위 직급자를 평가하는 준거가 된다.

<표 4-3> LG전자의 역량 기술 사례

의사소통 (Communication)	받아들인 정보의 핵심을 신속하게 파악하고, 구두 혹은 문서 등을 활용해 자신이 전달하고자 하는 정보/의견을 효과적으로 타인에게 제공하는 능력
Level	Behavioral Description
1	• 다른 사람의 말을 경청하고, 질문 등을 통해 명확히 이해한다. • 새로운 지식이나 자신과 다른 의견을 인정하고 이해한다. • 의견 교환 중 중요한 의견이나 정보는 메모한다.
2	• 상황에 따라 의견을 전달하기에 가장 적절한 방법을 모색한다. • 자신의 견해를 문서나 구두로 정확하고 논리적으로 제시한다. • 일대일 면담이나 소규모 회의에서 자신의 의견을 명확히 전달한다. • 타인의 니즈, 견해, 고민 등을 주의 깊게 경청하고 배울 수 있는 정보를 효율적으로 정리한다.
3	• 복잡한 개념적인 문제들을 효율적으로 정리하여 상대방을 납득시킬 수 있다. • 듣는 사람의 목적과 수준 등을 고려해서 가장 적합한 방식으로 자신의 의견을 제시한다. • 자신의 의견 제시나 토론시 상대방의 반응에 따라 적절히 대응할 수 있다. • 서로 의견이 상이한 경우에도 상호 의사 전달을 통해 합의점을 도출하고 있다.
4	• 자신이 제시하고자 하는 의견을 경영층, 동료, 하급자들에게 효과적으로 전달하여 실제 행동에 옮기고 있다. • 일대 일 면담이나 회의시 예상치 못한 질문에 대해 적절히 대응한다. • 구성원간 의견 충돌이 발생한 경우 이를 효과적으로 조정하여 합의를 도출한다. • 동료/부하들이 타인의 의견을 잘 청취하고 자신들의 의견을 문서나 구두 등으로 효과적으로 표현할 수 있도록 코치 역할을 수행한다.
5	• 조직간 장벽을 허물어 개방적이고 생산적인 의사소통이 이루어질 수 있는 편안한 환경을 조성한다. • 조직간 의사소통 방식이나 과정 등을 지속적으로 평가하고 보다 효율화시키기 위해 노력한다. • 사내 또는 사외의 커뮤니케이션 우수 사례들을 우리 회사에 소개하고, 이를 정착시키기 위해 노력한다.

4. 성과평가

1) 성과평가와 MBO

인사평가 제도에서의 성과평가는 성과관리체계의 하위체계이다. 그래서 성과평가를 위해서는 성과관리의 전체 체계가 먼저 구축되어야 한다. 이는 앞의 역량평가를 위해서 역량체계가 먼저 수립되어야 하는 것과 같다. 2000년대 한국 기업에서 연봉제와 함께 성과평가를 위한 도구로서 활용되는 것은 단연 목표관리(MBO, Management by Object) 방식이다.

과거의 호봉제를 운영하던 시절의 인사고과 제도, 그중 업적평가 방식으로서 MBO는 지금처럼 일반적인 평가방식이 아니었다. 당시 가장 일반적인 업적평가의 방법은 단순히 연말에 개인이 자기가 1년간 한 일을 '업무의 양' 과 '업무의 질' 의 측면에서 서술하고, 그 다음 1차 평가자가 그 서술된 내용을 참고로 평가자의 의견과 평가 등급을 매기는 방식이었다.

〈표 4-4〉 과거의 업적평가표

평가요소	배점	자기평가		1차 평가		2차 평가	
		평가의견	등급	평가의견	등급	평가의견	등급
업무의 양	50 점						
업무의 질	50 점						
계	100						

<표 4-4>에서 보는 바와 같이 과거의 업적평가 방식은 MBO와 같은

'목표설정'의 개념이 없다. 이렇게 목표설정의 개념이 없는 것은 단순히 업적평가의 문제가 아니라, 90년대 중반 이전에 회사에서 직원들이 일하는 방식과 깊은 관련이 있다. 제1부에서 서술한 바와 같이 연봉제가 한국에 도입되고 유행하게 된 이유 중의 하나가, 지식사회에서 직원 스스로 업무의 목표를 설정하고 관리하는 자기 경영적 업무가 증대한 것이었다. 같은 맥락에서 호봉제를 운영하던 과거에는, 조직 내 개인들은 연간 또는 월 단위로 목표를 설정하고 그 목표에 따라 일을 수행하는 것이 아니라, 대부분의 업무를 상사의 구체적 지시에 따라 업무를 수행하거나, 혹은 적어도 목표설정의 중요성이 지금보다는 현저히 낮은 상황에서 업무를 수행하였다.

MBO가 한국의 기업에 도입된 것은 그리 오래된 것은 아니나, 경영기법으로서의 역사는 상당히 오래되었다. MBO는 1954년에 유명한 드러커(Peter F. Drucker)에 의해 경영관리에 있어서의 목표의 달성, 즉 성취 결과를 강조하고 모든 경영활동 분야에서 반드시 목표가 설정되어야 한다고 주장하면서 등장하였다. 드러커에 의해 경영기법으로서 도입된 MBO는 1963년 로크(E. A. Locke)에 의해 목표의 동기부여 효과에 대해 이론적으로 검증되면서 미국의 전 기업으로 확산, 발전하였다.

로크의 목표설정이론의 핵심은 "보다 명확한 목표일수록, 만약 구성원들에게 받아들여지기만 한다면 달성하기 어려운 목표일수록 더 높은 성과를 가져온다"는 것이다. 이러한 목표설정이론과 MBO는 이후 더 진전된 후속 연구와 기업경영에의 실제 운영을 통하여 다음과 같은 효과가 있는 것으로 판명되었다.

첫째, 목표관리 제도는 회사 전체의 전략 목표를 개인의 목표와 연계시킴으로써 전 구성원에게 경영의 방향과 방침을 침투시키는 유용한 도구이다.

둘째, 목표관리 제도는 직원 스스로 목표설정에 주체적으로 참가, 목표 달성에의 조직몰입(commitment)을 유발시키는 효과가 있다.

셋째, 목표관리 제도는 목표 달성을 위한 수행과정에서 상사, 부하, 또는 동료 사이의 대화를 촉진하고 목표 달성을 향한 전 조직의 일체감을 형성하는 데 도움이 된다.

넷째, 목표관리 제도는 목표 달성도의 평가 과정을 통하여 성과에 상응하는 공정한 인사처우와 보상을 실현하는 유용한 도구로 활용된다.

인사평가 제도로서의 성과평가는 이상에서 말한 목표관리의 네 가지 목적 중 마지막 목적인 성과평가의 도구로써 활용하는 것에 국한된 것이기는 하나, 목표의 달성도로 측정되는 성과평가의 성격상 목표의 설정과 실행관리가 없는 상태에서의 성과평가는 무의미해진다. 따라서 연봉제에서의 성과평가는 필연적으로 '성과관리'라는 상위 시스템의 구축을 전제로 가능해지는 것이다.

2) 목표관리의 과정

목표관리의 과정은 우리가 흔히 알고 있는 일의 PDSA(Plan, Do, See, Action) 사이클과 동일하다. <그림 4-6>은 PDSA 사이클과 목표관리 전체 과정을 단계별로 정리한 것이다.

목표의 설정

목표관리 과정은 개인의 목표를 설정하는 것에서부터 출발한다. 일반적으로 목표설정에서는 SMART 원칙이 적용된다.

∨ 바람직한 목표란 구체성(Specificity)을 지녀야 한다. 막연히 '최선을 다하라'고 하는 것만으로는 부족하다.

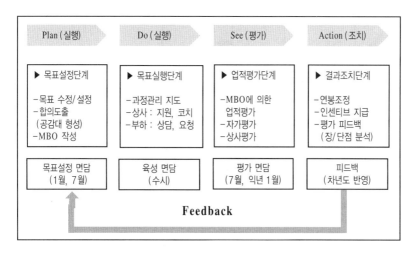

〈그림 4-6〉 PDSA 사이클

ᐯ 측정가능성(Measurability)을 지녀야 한다. 계량적인 목표가 중요하다.

ᐯ 어렵기는 하나 현실성이 있고, 달성 가능(Achievable)한 것이어야 한다.

ᐯ 업무 목표는 조직의 목표에 연관되고 부합된(Relevant) 목표이어야한다.

ᐯ 구체적인 기간(Time-limited)을 명시한 것이어야 한다.

이 5가지 원칙 이외에도 목표는 구성원들의 참여에 의해 설정됨으로써 그들이 몰입할 수 있는 수락 가능한 것이어야 한다.

또한 개인의 목표는 전사의 전략 목표 달성을 긴밀하게 연계되어야 한다. <그림 4-7>은 전사의 전략 목표를 조직의 목표, 개인의 목표로 배분(Break down)시키는 과정을 그림으로 표현한 것이다.

실행

목표관리 과정에서 '실행' 단계는 전 단계에서 수립된 목표와 목표 달성

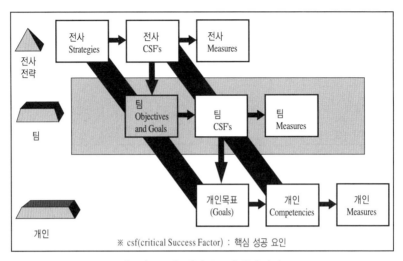

| 전사 Strategies | 전사 CSF's | 전사 Measures |

〈그림 4-7〉 개인 목표의 설정 과정

을 위한 구체적인 실행계획에 따라 실제적으로 업무를 수행하는 단계이다. 이 단계에서 상사와 부하는 목표 달성을 위한 구체적인 목표 달성 정도를 수시 또는 정기적으로 점검하고, 부하의 업무추진에서 발생하는 애로나 지원 요청사항을 청취하고, 상사는 이를 해결할 수 있는 적절한 코치나 지도를 수행한다. 아울러 업무환경의 변화나 예기치 않은 우발적 상황을 반영하여 차기의 목표를 적의 수정하는 일도 이루어진다.

결과 평가와 피드백

인사평가 제도로서 성과평가는 제도에서 정한 주기에 따라 이루어지는 공식적인 평가 행위이다. 평가의 이전 단계, 즉 목표설정과 실행의 단계는 순전히 현업에서 부하와 상사간에 이루어지며, 이 단계에서 인사담당자의 공식적인 개입은 불필요하거나 불가능하다. 하지만 성과평가와 그 결과를 제출하는 것은 연봉 결정 등의 보상을 위한 전사적인 인사평가 제도의 일부로서 당연히 인사담당자가 주관하게 된다. 성과평가의 결과와 피드백은 인사평가 제도 전체의 일환으로 진행된다.

목표관리카드

목표관리의 전체 과정은<표 4-5>의 목표관리 양식에 의해 이루어진다. 연초에 상사와 부하는 평가기간 동안의 업무 추진과제와 성과지표 및 수치화된 목표를 양식의 우측 칸에 기록하여 평가 시기까지 보관한다. 관리자는 기말의 평가 시기에 연초에 설정한 목표의 달성 여부를 판단하여 그 평가 결과를 다음 양식의 좌측에 기재하여 인사 부서에 제출한다.

〈표 4-5〉목표관리카드

목표합의			목표관리 카드	평가		
구분	직위	성명	(평가대상기간 : 년 월 ~ 월)	구분	직급	성명
본인		(인)		본인		(인)
1차		(인)	소속 : 팀	1차		(인)
2차		(인)		2차		(인)

추진과정	성과자료	배점(%)	현수준	목표		평가		
				원목표	조정	본인	1차	2차
1.								
2.								
3.								
4.								
5.								
6.								
총계		100						

종합평가의견	자기평가	1차평가	2차평가

보다 효과적인 목표관리를 위해서는 목표관리카드 외에 부가적으로, 목표관리에 기재된 각각의 추진 과제에 대해 구제적인 실행계획을 수립하여 이를 서면화한 실행계획서가 필요하다. 또한 정기적으로 또는 수시로,

계획의 구체적 실행 과정을 점검하고, 이를 기록으로 남겨 기말의 성과평가에 활용할 수 있도록 하는 실행 면담일지를 작성하는 일도 필요하다.

3) 인사담당자의 역할

승급 제도나 연봉제를 설계하고 운영하는 것은 대체로 인사담당자가 주요 업무로서 직접 해당 업무를 주관한다. 또한 인사평가 제도의 역량평가를 위한 역량의 도출, 역량체계의 수립 등의 업무에 있어서도 적어도 인사담당자가 직접 개입하여, 이를 주관할 수 있다. 하지만 목표관리는 제도나 기준이라기보다는 현업에서 이루어지는 업무수행 그 자체이기 때문에 목표관리와 관련한 거의 모든 일이 현업에서의 상사와 부하간에 이루어진다. 따라서 다른 인사 제도의 운영과는 달리 목표관리에 관한 한 인사담당자가 주관 또는 개입할 여지가 거의 없다. 목표를 SMART 원칙에 의해 제대로 수립하였는지, 추진 과제는 팀의 목표와 정렬(Alignment)되어 있는지, 성과 지표는 정확히 설정되었는지, 그리고 중간 점검은 제대로 이루어지고 있는지 여부에 대해 인사담당자가 이를 일일이 확인하는 것은 전혀 불가능하다. 그래서 목표관리 제도를 도입하고 활성화하는 일은 다른 인사 제도와는 달리 인사담당자가 주도적으로 진행할 수 없다.

나 또한 컨설팅을 하면서 가장 애로를 느끼는 부분이 바로 목표관리 제도이다. 전 조직 구성원의 목표를 설정하고, 성과 지표 등 목표관리에서 필요로 하는 여러 가지 요구사항들을 명확히 하는 일은 현업의 상사나 부하가 할 일이다. 컨설턴트로서 워크숍을 개최하여 관리자들에게 목표관리의 개념, 이론적 배경, 필요성, 작성 양식 등을 강의한 연후에 관리자들로 하여금 자기의 목표관리 카드를 스스로 작성토록 숙제를 내어 주는 일이 내가 해줄 수 있는 거의 전부이다. 물론 좀 더 시간이나 비용이 주어진다면 개개인이 작성한 목표관리카드를 전부 읽고 내용을 파악하여 잘못된 부분을 지도하여 수정할 수 있겠으나, 전 조직 구성원들에 대해 그러한 작업을 하는 것이 얼마만한 시간과 비용이 소요되겠는가?

조직 내에 목표관리 제도를 정착시키는 일은 다른 어떤 일보다도 시간이 많이 걸리는 일이다. 목표를 제대로 세운다는 것은 결국 관리자들의 역량의 문제이고 이들의 업무 수행 수준의 문제이다. 목표관리 제도는 제도가 아닌, 일 자체이기 때문에 이들 관리자들을 움직일 수 있는 지휘 라인의 임원이나 사장이 직접 나서서 챙겨야 할 부분이다.

목표관리를 조직 내에 정착시키는 데 있어 인사담당자는, 현업관리자들의 목표관리상의 문제점과 그 수준을 끊임없이 진단하고, 그 결과를 사장에게 보고한다. 그렇게 함으로써 사장으로 하여금 관리자들의 목표관리에 대한 주의를 환기하고 촉구할 수 있도록 하는 것이 인사참모로서의 인사담당자가 할 역할이다.

심화학습 ⑬

MBO의 인사관리적 의의

앞에서 잠깐 언급한 바와 같이 MBO는 인사평가 시스템의 하위체계가 아니다. 오히려 MBO는 성과관리체계라고 하는 경영시스템의 일부이며, 단지 그 체계의 일부를 인사평가시스템에 활용하고 있다고 보는 것이 정확할 것이다.

피터 드러커가 애초에 주장한 MBO는 1950년대 당시에는 없던 경영에서의 '목표'의 개념을 처음으로 소개하고, 그러한 '목표에 의한 경영'이라는 신경영기법의 하나로 소개 되었다. 또한 로크가 1963년 처음으로, 일을 하는 방법으로서 '목표의 설정'이 직원들의 성과(생산성)의 향상에 크게 기여한다는 사실을 발견(?)하였을 당시만 하더라도 직원 개인의 성과의 평가나 보상보다는 목표의 설정 그 자체에 더 큰 중점을 두었던 것이다. 즉, 직원들이 일을 할 때, 목표가 있을 때와 목표 없이 일할 때의 동기부여가 현저히 다르다는 사실을 여러 가지 실험을 통해 입증하였던 것이다.

목표의 동기부여 효과에 대한 학자들의 연구는 대략 이러한 것이었다.

라덤(Latham)과 발데스(Baldes), 두 연구자는 제재소로 통나무를 나르는 트럭 운전사를 연구했다. 두 가지 조건에서 그들의 수행을 연구했다. 먼저, 운전사들이 트럭에 통나무를 적재하는데 최선을 다하라고만 이야기했다. 얼마 후에, 그들에게 트럭의 법적 무게 제한에 가깝게 통나무를 실을수록 나르는 운행회수를 줄일 수 있었다. 적재량을 재어서 운전사 각각에게 적재한 톤수를 알려줌으로써 피드백을 주었다. 실험 결과 목표설정 초기의 수행은 크게 향상되었다. 그러나 그 원인은 뚜렷하지 않다. 한 가지 가능한 설명은 목표를 설정하였기 때문에 수행이 향상되었다는 것이다. 또 다른 설명은 누가 법적 제한에 가장 근접하게 트럭에 통나무를 적재할 수 있는지와 같은 운전수들의 경쟁심에 의해 수행이 향상되었다는 것이다. 이 연구는 목표를 설정한 조건에서의 수행이 최선을 다하라고만 말한 조건보다 뛰어났다는 것을 분명히 보여주었다.

(출처 : '목표설정이론' 작성자 주희)

이와 같이 드러커가 주장한 경영기법으로서의 MBO가 개인의 동기부여와 관련한 목표설정이론과 결합을 하면서, MBO 방식이 경영 차원에서 개인 차원으로 확대되고, 따라서 개인의 성과를 강화할 수 있는 (개인) 성과관리라는 인사관리 시스템의 일부로 발전하였다.

MBO를 흔히 '목표관리 제도'로 번역되어 사용되긴 하지만, 이 '제도'라는 표현이 상당히 부적절하고 시행과정에서 오해를 불러일으키는 측면이 없지 않다. 왜냐하면 일반적으로 '제도'라고 하는 것은 일정한 시행기준을 정하고, 그 기준이 발효되는 순간부터 모든 대상자들(직원들)이 그 기준에 맞추어 행동하도록 하는 것이기 때문이다. 따라서 '제도'는 때때로 대상자들이 그 기준에 맞지 않게 행동했을 경우 일정한 제재도 가능하게 하는 것이다.

하지만 목표관리 제도는 그 제도가 도입되고 조직 내에 발효, 공포됨으로써 즉

시 시행 가능한 그런 성격의 것이 아니라는 측면에서 '제도'라고 말하기는 어렵다는 것이다.

목표관리의 관점에서, 기업에서 개인의 일하는 수준을 대개 세 가지 단계로 분류할 수 있을 것이다. 신입사원의 경우를 예를 들면, 갓 입사한 신입사원에게 상사가 어떤 업무를 지시하였을 경우 과연 그 직원이 그 지시를 수행하기 위해 체계적으로 계획을 세울 수 있을까?

아마도 신입사원은 자기의 계획이 아닌 상사의 세부적인 지시에 따라 단순히 단편적으로 그 하나하나 그 지시를 수행해 나갈 것이다.

세월이 흘러 그 직원의 업무 경험이 풍부해 졌을 때 비슷한 지시가 내려진다면, 그 직원은 별로 망설이지 않고, (그 지시의 이행이 제법 장기간에 걸쳐 수행되는 복잡한 업무라면) 자기의 계획을 노트에 적고, 일을 수행할 것이다.

다시 세월이 흘러 그 직원이 같은 업무에서 과장 정도가 된다면, 이제는 더 이상 그러한 지시조차도 필요 없을지 모른다. 스스로 알아서 자기의 업무와 관련하여 지나간 경험과 실적을 바탕으로 스스로 목표를 설정하고, 이를 수행하기 위해 상세한 계획을 수립하여 일을 수행해 나갈 것이다.

이러한 업무수행 수준의 단계는 기업 내에서 개인의 차원뿐만 아니라 조직의 전반적인 일하는 수준으로 나타날 수도 있다.

어떤 조직은 대부분의 구성원들이 스스로 목표를 설정하고 일을 수행하는 반면에, 어떤 조직은 개인 스스로 아무 목표나 계획을 수립하지 않고 오직 상사로부터의 지시를 기다렸다가 이행하는 수준으로, 업무수행 수준이 낮은 조직이 있을 수 있다.

MBO를 통한 업무수행 방식(수준)에서 한걸음 더 나아간 것이 BSC(Balanced Score Card, 균형성과표)에 의한 관리 방식을 들 수 있다. BSC 방식은 그 자체로서 한 권의 책을 구성할 만큼 방대한 내용을 담고 있지만, 워낙 많이 알려진 내용이기 때문에 여기서는 설명을 생략하겠다. 단지 조직 구성원들의 업무수행 수준의 관점에서BSC를 설명하면, BSC는 MBO에서 말하는 '목표'를 재무적, 비재무적 성과와 단기적, 장기적 성과간의 '균형 잡힌 목표'를 수립한다는 것이다.

예를 들어 영업사원이 올해는 '1억 원어치'를 팔겠다는 계량화되고 구체적인 목표를 세우고, 그 목표 달성을 위해 계획을 세우고 노력한다면, 그것은 MBO 방식에 의한 업무수행 방식(수준)이라고 할 것이다. 여기서 그 영업사원의 목표를 올 한해의 단기적 판매 목표로서 1억(재무적 관점) 원 외에, 자기의 매출을 장기적으로 증대시키기 위해 자기의 영업 역량을 키우는 목표(학습과 성장 관점)나 영업하는 방법을 개선하는 목표(프로세스 관점), 그리고 장기적으로 자기의 고객을 만족시키는 목표(고객 관점)를 생각해 볼 수 있을 것이다. 이 네 가지의 균형 잡힌 목표를 세우는 일이 바로 BSC 방식의 업무 방식이라 할 수 있다.

이상을 종합하면 한 기업에서의 조직이나 개인의 업무 수준을 다음의 4단계로 분류할 수 있다.

① 목표나 계획 없이 그저 닥치는 대로 일하는 수준 : 시장이 좋아지면 많이 팔고, 나빠지면 적게 팔고…. 상사가 지시하면 일을 하고, 없으면 일을 안 하는 수준

② 개인이 나름대로 업무계획을 일정별, 과제별로 수립하여 업무를 수행하는 수준

③ 마지막으로 업무계획을 수립하되 그 업무의 목표를 명확히 수립하여 수행하는 수준 – MBO 방식

④ 나아가 그 목표를 단기적, 재무적 성과만이 아닌, 고객, 역량, Process의 관점에서 목표를 수립할 줄 아는 수준 – BSC 방식

이런 관점에서 MBO나 BSC는 제도라기보다는 '일을 하는 방식'이나 '수준'의 문제인 것이다. 따라서 그러한 방식을 도입하여 실행한다고 하더라도, 그것이 한순간에 조직 내에 실행되는 것이 아니라, 조직과 개인의 끊임없는 노력에 의해 점진적으로 장기간에 걸쳐 조직 내 개인들의 업무 수준을 향상시킴으로써, 이상적인 형태의 MBO나 BSC의 방식을 수행하게 되는 것이다.

나는 컨설팅을 하면서 설사 MBO 방식을 시행하는 회사에서도 조직이나 개인의 업무 수준이 앞의 ① 단계 내지는 ② 단계를 넘지 않은 경우를 종종 접하고 있

다(개인 수준에서 BSC 방식을 운영하는 회사는 한군데도 본 적이 없다). 하지만 현재의 수준과 관계없이 항상 MBO 방식에 의한 업적평가를 주장한다. 왜냐하면 MBO라고 하는 것이 개인의 성과를 높이기 위한 최선의 성과관리 방법인 동시에, 조직 내 개인이 도달하여야 하는 가장 높은 수준의 업무수행 수준이기 때문이다. 그래서 MBO를 시행하면 할수록 개인의 업무수행 수준은 그만큼 빨리 향상되며, 아울러 조직의 성과 또한 그만큼 빨리 향상될 것이기 때문이다.

5. 평가항목별 배점

이상의 작업을 통하여 역량과 성과평가에 관한 각각의 평가 기준은 완성되었다. 인사평가 결과의 최종 집계를 위해 마지막으로 역량평가 결과와 성과평가 결과의 배점 기준을 설정하여야 한다. '제2부의 승급 제도'에서 언급한 바와 같이 연봉제에서는 연봉 결정과 승급자 결정에 있어 역량과 성과의 반영비율을 달리 가져가는 것이 현실적으로 불가능하기 때문에 두 항목간의 배점은 인사평가 제도 내에 미리 설정해 두는 것이 편리하다. 뒤에서 보겠지만 인사평가 결과를 집계하고 조정하는 과정에서 이 두 항목을 각각 별도로 다루는 것은 대단히 복잡하다.

인사평가의 결과는 제일 먼저 연봉의 결정에 활용되기 때문에 두 항목의 배점은 연봉에 반영하는 일반적인 원칙에 따라 설정하면 된다. 연봉은 주로 1년 동안 개인이 발휘한 성과(좁은 의미의 성과)에 대한 보상이기 때문에 인사고과의 두 항목, 즉 성과평가 및 역량평가의 점수 중 성과평가의 반영 비중을 역량평가에 비해 약간 높게 설정한다. 그리고 직급별로는 능력의 개발 단계에 있는 저직급자에 대해서는 고직급자에 비해 역량평가 점수를 높게 설정하고, 성과를 창출하여야 할 단계에 있는 고직급자에 대해서는 성과평가 점수의 반영비율을 저직급자에 비해 높게 설정한다.

<표4-6>은 이상의 두 가지 원칙에 따라 설정한 사례이다.

직급의 구분은 중견기업이라 하더라도 앞의 세 단계 정도면 적절하고, 대기업의 경우는 좀 더 세분하여 전 직급별로 약간씩 차이를 두고 설정할 수 있고, 마찬가지로 소규모기업의 경우에는 과장 이상과 대리 이하 등의 두 단계 정도로 구분하면 될 것이다.

〈표 4-6〉 평가항목별 반영비율

구분	성과평가	역량평가
팀장	70%	30%
과장 이하	60%	40%
대리 이하	50%	50%

6. 평가 기준의 설계

개인의 역량과 성과를 평가하기 위해서는 평가에 관한 세부 기준을 설정하여야 한다. 인사평가 제도에 포함하여야 할 기준으로는 다음이 있다.

① 평가 주기에 관한 기준

② 평가자·피평가자에 관한 기준

③ 평가 방법 및 평가 결과의 집계 기준

④ 평가 결과의 보상에의 반영 기준

1) 인사평가의 주기

 일반적으로 인사평가의 주기는 역량평가와 성과평가 공히 년 2회를 넘지 않는 선에서 시행한다. 즉, 반기 또는 일 년 주기로 평가한다.

 개념적으로 역량은 적어도 1년 단위로 변화, 발전이 가능하고, 이 기간 내에서는 변동이 별로 없다는 측면에서 연 1회로 시행할 수도 있다. 마찬가지로 성과평가 또한 1년간 성과를 평가한다는 측면에서 연 1회 시행할 수 있다. 하지만 평가 제도의 목적은 역량이나 성과의 결과만을 평가하는 것이 아니라 그것의 달성 과정에 강제로 개입함으로써, 상하간의 의사소통의 기회를 제공하여 역량의 향상, 성과 목표의 달성을 촉진하는 것이다.

 역량을 평가하는 행위는 상사와 부하간에 개인의 역량에 대해서, 또는 역량 향상에 대해 피드백하고, 향후 개선할 사항이나 상사의 지원요청 사항에 대해 의사소통하는 장을 펼쳐 준다는 의미에서 리더가 일상적으로 수행해야 할 일 가운데 하나이다.

 또한 부하의 성과를 평가하는 행위도 마찬가지로 지난 기간 동안의 성과를 리뷰하고, 잘한 일, 못한 일에 대해 부하직원과 관리자가 같이 토론하고 고민하고, 그래서 하반기 목표에 대해 다시 한번 검토하고 추진 계획을 점검한다는 측면에서, 이 또한 진정한 리더의 일상적인 업무 중의 하나가 되어야 할 것이다. 사실 상사와 부하간에 매일, 또는 매주 단위로 업무실적을 보고하고 회의를 통하여 일상적으로 업무를 점검하고는 있지만, 대체로 보면 단위업무의 진행 사항, 즉 언제까지 무엇을 했고, 안했고 등 목표 달성을 위한 실행계획의 점검이라 할 수 있다. 하지만 이러한 실행계획의 점검은 연초에 세운 각 개인의 KPI(Key Performance Indicator, 핵심 성과지표), 즉 일의 목표의 달성 여부를 점검하는 것은 아니다.

 현업의 관리자는 업무의 수행에 항상 바쁜 사람들이다. 위로부터 내려

오는 지시를 받아, 그것을 다시 부하에게 지시하고, 그 업무를 챙기고, 또 스스로 일을 만들어 직접 수행하느라 눈코 뜰 새 없이 바쁜 사람들이 바로 관리자들이다. 하지만 그렇게 일에 몰두하는 사람일수록 눈앞의 업무과제만 바라보고, 일의 결과에만 급급하여 부하의 역량이니 성과의 원인에 대해서는 관심이 없기 마련이다.

인사평가 제도는 이렇게 바쁜 관리자로 하여금 부하들의 역량개발과 성과 목표의 달성에 더 많은 시간을 할애하도록 강제하기 위한 제도적 방법이다. 적어도 반기 1회의 역량·성과평가는 관리자들이 부하들의 역량개발의 결과, 성과 목표의 달성 여부만이 아니라, 그 과정에 참여함으로써 목표 달성을 촉진하는 수단인 것이다. 또한 반기 1회의 평가는 연말에 한번 1회만 평가하는 것에 비해 기간의 차이에서 발생하는 평가 오류의 가능성을 줄여주는 역할도 한다.

그렇기 때문에 인사평가에 따른 관리자의 업무 부담에도 불구하고, 적어도 반기 1회는 시행하는 것이 바람직하다. 인사평가 업무의 전산화는 인사담당자나 현업관리자의 행정 비용이나 시간을 대폭 축소하는 유용한 방편이다.

2) 평가자, 피평가자의 문제

평가자

• 인사평가권의 의미

1인의 부하에 대하여 누가 평가할 것이냐의 문제는 그 부하에 대한 인사권의 문제와 직결된다. 기본적으로 회사의 모든 의사결정에 관한 권한과 책임은 대표이사에게 있다고 할 것이다. 인사권도 경영에 관한 의사결정의 일부분으로서 당연히 대표이사에게 귀속된다. 하지만 혼자서 경영의 모든 일을 수행하는 1인 사업이 아닌 이상, 반드시 의사결정의 위임이 필요하게 된다. 이러한 의사결정의 권한 위임은 대규모 조직으로 갈수록 체계화, 서면화되어 있다. 즉, 웬만한 규모의 기업에서 공통적으로 갖추고 있는 위임 전결규정이 그것이다. 마찬가지로 인사평가를 누가 할 것인가의 문제는 대표이사의 권한을 어느 선까지 위임할 것인가의 문제이다.

인사권을 좀 더 면밀히 살펴보면, 인사권은 인사제안권과 인사결정권의 두 개로 구분할 수 있다. 인사평가라고 하는 것은 그 자체로서 부하의 인사결정에 아무런 영향을 미치지 못할 수도 있다. 이런 의미에서 인사평가권은 인사결정권이 아닌, 인사제안권이다. 즉, 1인의 부하에 대해 가장 근거리에서 밀접하게 업무를 수행하고, 따라서 그 부하의 능력이나 업적에 대해 가장 잘 아는 직속 상사가 인사평가라는 제도를 통하여 "제 부하 최유능은 올 한 해 동안 누구보다도 최고의 능력과 업적을 발휘하였으므로, 최유능의 연봉을 사내 최고의 등급으로 올려 주십시오" 하는 사항을 CEO에게 제안하는 행위이다. 그 제안을 받은 CEO가 그 상사의 제안(평가 점수)에 동의하여 연봉 등급을 최고 등급으로 결정하게 되면 그 상사의 인사평가 점수, 즉 인사제안은 그대로 인사결정에 결정적인 영향을 미쳤다고 할 것이다. 이 경우 인사평가권 자체가 바로 인사결정권이 되는 것이다. 하지만 평가권자의 제안과 무관하게 CEO가 인사결정을 내린다면, 그 평가자는 부하의 인사에 관해 전혀 영향을 미치지 못하는 것이 되며, 따라서 인사평가 제도는 유명무실하게 된다.

• 평가자

인사평가권이 개인에 대한 인사제안이라는 측면에서 평가는 아니지만, 제일 먼저 개인이 본인 스스로에 대해 의견을 제안할 수 있다. 이는 기본적으로 '본인에 대해서는 본인이 제일 잘 안다'는 관점에서 출발한다. 이는 마치 의사가 환자를 진단할 때 제일 첫 순서로 어디가 아픈지 또는 과거의 병력 등에 대해 문진을 하는 것과 같은 것이다. 인사평가 제도를 설계할 때 자기 평가, 또는 자기 신고를 통하여 본인에 대한 인사제안을 본인이 직접 할 수 있도록 하는 것이 바람직하다.

다음으로 1차 평가자는 직속 상사이다. 인사평가권은 조직책임자의 고유권한이며, 한 개인을 가장 근접해서 업무를 부여하고 관리하는 직속 상사가 당연히 1차 평가자가 된다.

다음으로 2차 평가자에 대해 생각해 볼 수 있다. 2차 평가자는 개인의 직속 상사의 상사, 즉 차상위자가 된다. 2차 평가자의 역할은 두 가지로 볼 수 있다. 첫째, 1차 평가자의 평가오류, 즉 1차 평가자가 범할 수 있는 편향된 시각이나 개인적 사감에 의한 평가를 바로 잡을 수 있는 장치가 된다. 둘째, 2차 평가자의 역할은 산하 조직간의 조정자의 역할이다. 1차 평가자가 아무리 공정하고 객관적이라 하더라도, 그것은 자기 부하에만 국한되고, 타 조직의 구성원과의 균형은 전혀 고려하지 않아도 된다. 만약 생산1팀의 제일 우수한 김탁월과 생산2팀의 조탁월이 각각 자기 팀에서 최고 우수하다고 팀장들이 주장할 때, 그 두 사람의 우열을 가리는 것은 2차 평가자의 몫이 된다. 그래서 2차 평가자는 산하에 있는 수개의 조직에 속한 개인들에 대해 객관적인 비교가 가능한 직책으로서, 그러한 팀간 균형적 시각에서 의견을 인사평가로서 제시할 수 있는 것이다.

마지막으로 3차 평가자도 생각해 볼 수 있다. 하지만 3차 평가자, 즉 개인의 차차상위자는 인사평가를 통한 인사제안이 아닌 인사결정권자로서 부하의 인사를 최종 결정하는 직책으로서의 역할을 부여하는 것이 바람직하다.

물론 조직에 따라 CEO가 조직 구성원 전원에 대해 고유의 인사권을 직접 행사하는 경우도 있으나, 조직 계층상 3개 계층이 넘어가면 탁월한 소수에 대해서만 기억을 할 뿐, 나머지 구성원들에 대한 정보는 거의 없다고 할 수 있다. 그러므로 개인에 대한 인사결정은 위임하는 것이 바람직하다.

- **평가자간 평가 권한의 비율**

평가자를 직속 상사(1차 평가자)와 차상위자(2차 평가자) 두 사람으로 할 경우 평가자간의 평가 권한의 배분에 대해 결정하여야 한다. 평가권의 배분 기준이 되는 것은 일상 업무에 있어서의 직속 상사와 차상위자에게 부여되는 권한의 위임 정도에 달려 있다. 앞에서 직속 상사는 부하의 업무에 대해 전권을 가지고 직접 업무를 배분, 지휘, 감독하는 것을 전제로, 그 부하에 대해 가장 근접한 거리에서 관찰하는 사람으로 규정하였다. 하지만 많은 중소기업 조직에서 모든 업무지시나 보고가 직속 상사를 통해서 100% 이루어지기보다는 차상위자가 직접 팀장을 통하지 않고 바로 팀원에게 지시, 명령, 보고하는 일이 적지 않은 것이 오히려 일반적인 현상이다. 그만큼 팀장에 대한 권한 위임이 미흡하거나, 팀장이 아닌 실무자로서 바쁘기 때문에 일어나는 현상이다.

만약 거의 전부의 일을 팀장에게 위임하여 이루어지는 경우 평가권의 배분 비율은 대체로 70:30, 또는 80:20 정도로 설계할 수 있을 것이다. 즉, 이 경우 2차 평가자는 20% 내지 30%의 평가권을 가지고 앞서 설명한 두 가지 역할, 즉 팀간 개인에 대한 조정, 또는 팀장의 편견의 조정 등의 역할을 수행하는 데 활용할 수 있을 것이다. 그렇지 않고 전반적인 조직의 운영상 팀장에게 충분한 권한위임이 이루어지지 않은 조직이라면 50:50 정도가 적절한 비중이 될 것이다. 만약 1차 평가자의 평가권을 50% 미만으로 준다면, 그것은 조직책임자가 아닌 그저 일정부분 조직 운영에 책임이 있는 고참 담당자 수준밖에 되지 않는다는 의미이다. 그러므로 회사의 조직도에 팀장 등의 조직책임자로 명시되어 있는 조직의 경우라면, 그 조직책임자의 인사평가권은 최소한 50% 이상은 되어야 하는 것이다.

또 하나의 대안으로서 1차 평가자에게 평가권 전부를 위임하는 경우도 생각해 볼 수 있다. 이러한 방법은 권한의 위임을 강조하는 '직속 상사 중심'의 사고에 부합된다. 하지만 이러한 방법의 전제 조건으로서, 1차 평가자에 대한 업무지시나 이행에 관한 권한과 책임이 고도의 수준으로 위임되고, 또한 그 팀장들이 충분한 리더십과 편견 없는 공정하고 객관적인 업무추진과 평가를 한다는 전제가 필요하다. 이 경우 차상위자는 인사평가를 통한 인사제안 권한이 없어지는 대신, 최종 인사결정에 참여함으로써 부하직원에 대한 인사권을 행사하게 된다. 그래서 나는 1차 평가자에 대한 권한 위임이 대단히 잘 이루어진 조직이라도 1, 2차 평가자의 평가권의 비중은 70:30으로 하는 것이 적절하다고 본다. 또한 권한의 위임이 대단히 약한 조직이라고 하더라도 팀장으로서의 조직책임을 부여한 이상, 1차

〈표 4-7〉 평가자별 배점 기준

평가자	자기평가	1차평가	2차평가
평가권	없음	70%	30%
팀장	본인	사업부장	본부장
팀원	본인	팀장	사업부장

평가자의 권한이 50%를 하회해서는 안 된다고 본다.

팀원, 팀장, 사업부장의 조직체계를 가진 회사에서의 인사평가권을 정리해 보면 <표 4-7>과 같다.

심화학습 ⑭

인사평가권

다음은 대기업과 중견기업의 인사평가권과 인사결정권자에 관한 사례이다.
대기업의 경우 대체로 그림 1과 같은 조직체계를 가지고 있다. <그림 1>은 삼

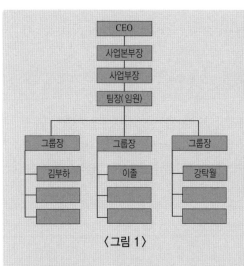

〈그림 1〉

성이나 LG그룹의 조직 편제로서 일반 기업에서 팀장에 해당하는 직책을 그룹장으로 명명하고, 대체로 부장급에서 임용된다. 그룹의 상위 조직으로 팀을 두고, 팀장으로는 임원으로 임용한다. LG의 경우 인사평가권은 1차 직속 상사가 100% 행사한다. 즉, 그룹원에 대해서는 그룹장이, 그룹장에 대해서는 팀장이, 그리고 팀장 이상은 임원이기 때문에 별도의 임원 평가체계에 의해 CEO와 본부장이 행사한다. 단, 그룹의 구성원이 수십 명에 달하여 그룹장 혼자 관찰, 평가하기가 힘든 경우에는 중간에 파트장의 직제를 편성하고, 파트장에게 평가권의 일부를 위임한다. 이 경우 파트장이 1차, 그룹장이 2차 평가자로서 평가권을 행사한다.

과거 부·과장체계 하에서는 사원에 대하여 통상 과장이 1차, 부장이 2차로 하여 두 명의 평가권자가 있었으나, 팀제가 도입되고 직속 상사 중심의 인사가 확립됨에 따라 일반기업의 팀장에 해당하는 그룹장 1인의 평가로 인사평가가 완료된다.

평가권자가 평가를 통하여 점수로서 제안한 사항에 대해, 사업부장을 위원장으로 하는 인사위원회의 논의를 통하여 최종 연봉 등급이 결정된다. 이 경우 인사결정권

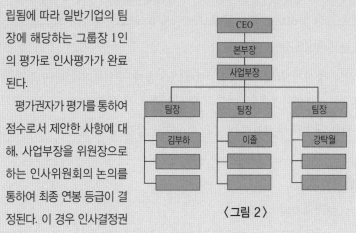

〈그림 2〉

자는 바로 사업부장이다. 그룹장에 대해서는 팀장이 인사평가권을 가지고, 사업본부장이 인사결정권자가 된다.

<그림 2>는 중견기업 이상의 기업에서 운영하는 조직체계의 일반적 유형이다.

이 경우 팀장과 사업부장이 각각 1차, 2차 평가자가 되며, 팀원에 대한 최종 인사결정은 본부장이 하는 것이 바람직하다. 마찬가지로 팀장에 대해서는 사업부장이 1차, 본부장이 2차 평가자가 되며, 연봉 등급, 승급 등은 최종적으로 CEO가 결정한다.

피평가자

개인의 역량이나 성과에 대해 평가를 하기 위해서는 적어도 피평가자와 평가자간의 일정 기간 이상의 관찰기간이 있어야 한다. 대략적으로 3개월 정도 상하간에 같이 일해 보면 어느 정도 부하에 대한 평가가 가능해진다. 성과의 창출이라는 측면에서 3개월은 부족해 보이기도 하지만, 성과 확인이 불가할 경우에는 평균 정도, 전체적으로 B 등급을 주는 것이 합리적일 것이다. 다시 한번 인사평가는 결과 확인뿐 아니라 부하의 업무수행 과정에 상사가 참여한다는 의미에서 가능한 한 예외자를 최소한으로 하여 자주 하는 것이 바람직하다.

만약 평가기간(대개 1월 1일~6월 말) 중에 부서를 이동하여 평가일 현재, 현 조직에서 3개월이 안된 개인에 대해서는 이전 3개월 이상 근무한 부서의 책임자가 평가하는 것으로 기준을 정할 수 있다.

평가 방법

• 절대평가와 상대평가

흔히 평가 방법을 설계할 때 제일 먼저 평가를 절대평가 방식으로, 또는 상대평가 방식으로 할 것이냐를 고민하게 된다.

절대평가 방식은 평가자가 개인에 대해 평가하고자 하는 것, 즉 역량과 성과에 대해 평가자가 스스로 설정한 기준 – 이 경우는 주관적, 개인적 기준이 될 것이다 – 에 따라 평가요소 별로 S, A, B, C, D의 등급을 자유롭게 매기는 방식이다. 절대평가 방식에서는 평가 등급별 T/O가 없기 때문에 극단적으로 피평가자에 대해 전부 S 등급으로 평가할 수 있고, 또는 전부 D 등급으로 평가할 수 있다.

또 하나의 절대평가 방식은 사전에 설정된 기준에 따라 그 기준을 중심으로 등급이나 점수를 매기는 방식이다. 이는 대체로 MBO 방식의 성과 평가에 적용된다. 예를 들어 '영업사원의 1년 매출 목표가 1억 원이고, 목표를 20% 초과달성한 경우에는 S 등급, 10% 초과한 경우는 A 등급, 그리고 매출 목표의 90%를 달성한 경우는 B 등급' 이라는 기준이 있을 경우, 특정 영업사원을 평가할 때 매출 실적을 이 기준에 대입하여 성과평가를 하는 것이다.

이와 반대로 상대 평가는 피평가자의 수에 따라 S, A, B, C, D의 5개 등급에 대한 일정 배분 비율을 기준으로 인원 T/O를 정하고, 그 정한 인원만큼 점수 또는 등급이 나오게 평가하는 방법이다.

〈표 4-8〉 평가 등급별 T/O표

(피평가 인원이 10명인 팀의 경우)

평가 등급	S	A	B	C	D
T/O	5%	15%	60%	15%	5%
인원(예시)	1명	2명	5명	1명	1명

상대평가 또는 절대평가 방식에 따라 인사평가 결과의 집계 프로세스가 달라진다. 즉, 절대평가 방식에 의한 평가 결과를 집계하면 평가자의 평가

성향이 그대로 반영되어 관대한 평가자의 경우 피평가자 전원의 평가 점수 평균이 90점을 상회하는 경우도 있을 것이고, 또 그 반대인 경우는 70점을 하회할 수도 있을 것이다. 절대평가의 방식에서는 이러한 개인적 평가 성향을 바로잡기 위해 반드시 '평가 점수 조정'의 단계를 거치게 된다.

반면, 상대평가의 경우에는 이미 각 등급별 T/O가 정해져서 피평가자에게 배분되어 있기 때문에 이러한 배분된 T/O에 따라 정확히 평가를 하였을 경우 전 평가자의 평균 점수는 전사 평균과 비슷한 점수에 머무르게 된다. 앞의 표에서 등급 S, A, B, C, D에 대해 각각 100, 90, 80, 70, 60점의 점수를 대입하여 계산을 하게 되면 81점의 점수가 산출된다. 즉, 전 평가자 각각의 피평가자에 대한 평가의 평균 점수는 대략 이 수준에서 일치하게 된다. 즉, 평가자의 관대화나 인색화 경향을 원천적으로 차단하는 것이다.

평가 방식에 대한 이러한 이해를 바탕으로 각 방식의 장단점을 기술해 보면 다음과 같다.

우선적으로 행정 비용을 들 수 있을 것이다. 절대평가의 경우에는 평가자의 관대화 경향을 제거하기 위해 사후적으로 조정하는 단계가 필요한 반면, 상대평가의 경우는 사전적으로 관대화 경향을 방지하는 등급별 T/O표를 만들고, 이를 다시 피평가 집단의 인원에 따라 인원을 산출하여 평가자별로 배포하는 작업이 있어야 한다. 두 경우를 비교하면 아마도 상대평가를 위한 등급별 T/O표 만드는 것이 더 어려운 작업이 아닐까 생각된다. 사후 조정은 단순 산술에 의해 엑셀시트의 자동 계산을 통하여 100% 작업이 가능한 반면, 사전 T/O표를 작성하는 작업은 소수 이하의 인원의 배분 문제 때문에 작업이 그렇게 간단하지 않다. 5명의 인원을 S등급 비율인 5%를 곱하면 0.25명이 나오는 경우, 1명으로 할 것인가, 0명으로 할 것인가 하는 등의 판단이 쉽지 않다. 물론 이 경우 사전에 인원수에 따라 등급별로 인원 T/O를 만들어 두고 매 평가 시기마다 사용할 수도 있을 것이다.

행정 비용이라는 측면에서 두 방식의 차이는 별로 없다 하더라도, 또 다른 중대한 장단점이 있다. 절대평가 방식은 평가자의 평가 점수(원평가 점수)를 조정하기 때문에 원평가 점수와 조정된 점수와 차이가 많이 날 수 있는 반면, 상대평가 점수는 평가자의 원평가 점수가 최종적으로 그대로 연봉심사 자료에 반영된다.

다음의 사례를 보자.

김대갑 대리 : 팀장님, 말씀드릴 게 있습니다.

고회피 : 어, 김대리 웬일이야?

김대갑 대리 : 이번 연봉 결정에 대해 말입니다. 제가 왜 이렇게 적게 인상되었는지 모르겠습니다.

고회피 : 그래, 김대리도 연봉 결정 과정에 대해 잘 알고 있잖아, 내가 1차 평가하고 부장님이 2차 평가한 결과를 가지고 인사위원회에서 논의해서 결정하는 사실을….

김대갑 대리 : 그래서 드리는 말씀인데요…. 저에 관한 인사평가를 어떻게 하셨는지요?

고회피 : (책상에서 프린트한 평가표를 찾아낸다) 어디 보자…. 난 김대리 높게 평가했는데…. 95점 줬어. 그러면 S 등급이잖아…. 아마도 인사부서에서 조정을 했나 보지.

절대평가의 방식은 이렇게 피평가자의 무성의한 평가에 대해, 그 탓을 인사 제도나 인사부서, 또는 2차 평가자에 돌릴 수 있는 빌미를 제공할 수 있다. 하지만 상대평가는 원평가 점수가 그대로 반영되기 때문에 이러한 변명을 할 수 없도록 방지하는 효과가 있다. 결국 평가자가 평가 결과에 대해 책임을 지고, 그래서 평가자가 개인을 평가함에 있어 더 깊은 고민을 하게 만드는 제도라 할 수 있다.

상대평가의 이러한 장점에도 불구하고, 다음의 몇 가지 측면에서 절대평가 방식이 보다 권장할만한 방식이라 할 수 있다.

평가 단계에서 상대평가 방식을 택하는 가장 큰 이유는 앞에서 설명했듯이 평가자의 관대화, 혹은 인색화 성향을 사전에 차단하는 것이다. 여기서 심각하게 고민하여야 할 사항은 과연 평가자의 관대화, 또는 인색화 성향을 방지하기 위해 사전적으로 T/O라는 외부적 장치를 이용하여 강제할 것이냐, 아니면 관리자로 하여금 객관적 평가 능력을 함양하여 스스로 공정하게 평가하도록 만들 것이냐 하는 문제이다.

인사평가 제도를 설계함에 있어, 제도 설계자가 가장 많은 시간과 노력을 들이는 것은 평가 기준의 객관화에 대한 대책일 것이다. 역량평가의 경우 각 직무별 역량을 도출하고, 그 역량요소에 대해 세심한 정의를 내리고, 나아가 그 역량 요소별 정의를 다시 등급에 따라 기술하는 일이 얼마나 방대한 작업인가? 그럼에도 불구하고 기업 상황이 허락하는 한 많은 비용을 들여서라도 그러한 객관적 기준을 설정하는 것은 필요하다. 또 성과평가에 대해서도 똑같이 말할 수 있다. 성과평가에 관한 객관적 평가 기준을 만들기 위해 개인별로 업무과제를 나열하고, 각 과제에 대해 KPI를 도출하는 작업은 또 얼마나 어려운 작업인가?

공정하고 객관적인 평가를 위해 이러한 방대한 작업을 수행해야 한다고할 때, 이러한 작업은 바로 절대평가를 위한 초석이 된다는 것이다. 이렇게세심하게 설계된 평가 제도에 평가자의 객관적이고 공정한 평가 의지가더해진다면, 절대평가 방식에서도 충분히 현혹 효과, 관대화 효과 등의 고과 오류가 최소화된 평가 결과를 얻을 수 있을 것이다.

요약하면, 논리적인 측면에서 역량평가와 성과평가의 기준을 명확히 한다는 것과 상대평가를 운영한다는 것은 상호 모순이 되는 것이다.

이외에도 상대평가 방식은 평가자가 개인별 평가 결과를 집계하고, 이 결과를 등급별 T/O에 맞추기 위해 평가요소별로 평가 점수를 수정하는 작업을 몇 번씩이나 반복해야 하는 지나친 불편을 주게 된다.

이런 사유로 절대평가 방식이 더 바람직하다. 앞으로의 여러 기준도 절대평가 방식을 전제로 설계하였다.

평가 방법

각 평가요소에 대한 평가 방법은 역량, 성과평가의 각 요소에 대하여 점수가 아닌 등급으로 평가하는 것이 일반적이다. 평가의 등급은 대략 5등급이 적당하다.

〈표 4-9〉 평가 등급별 점수 환산 기준

등급	S	A	B	C	D
의미	탁월	우수	보통	미흡	매우 부족
(점수 환산)	100	80	60	40	20

평가 결과의 집계

평가자별로 평가가 완료되면 인사담당자는 전 평가자의 평가 결과를 취합하여, 이를 집계하고 점수로 환산하는 작업을 수행하여야 한다. 평가요소별 점수는 각 평가요소별로 매겨진 등급을 <표 4-9>의 점수 환산 기준에 따라 점수로 환산하고, 이 점수에 평가요소별 배점 비중을 곱하여 계산한다. 이렇게 계산된 평가요소별 점수를 전부 합하면 항목별 총점이 된다. 즉, 역량평가 결과와 성과평가 결과가 각각 집계된다. 이 두 평가항목별 총점에 항목별 배점 비중을 곱하여 두 항목의 점수를 합하면 개인별 평가 결

구분		요소	비중	평가 등급	점수 환산	점수
역량 평가 (30%)	전사 공통 역량 (30)	고객지향	10	A	80	8
		성과지향	10	B	60	6
		전문성	10	A	80	8
	리더십 역량 (40)	예측 기획력	10	S	100	10
		부하 육성	15	A	80	12
		결정력	5	B	60	3
		팀빌딩	10	C	40	4
	직무 역량 (30)	분석/체계화	5	A	80	4
		네트워킹	20	B	60	12
		의사소통	5	A	80	4
총계			100			71

과의 총 점수가 된다.

등급별 점수와 관련하여 혹시 100점 만점, 60점 이하 과락 등에 익숙하여 D 등급을 60점 정도로 설정하려면 등급별 점수 차이를 10점씩 두면 된다. 점수 구간을 10점으로 하든, 5점으로 하든 아니면 5, 4, 3, 2, 1과 같이 1점으로 하든지간에 최종 개인별 점수 집계의 상대 순위나 위치는 전혀 차이가 없다. 단지 10점 구간을 두게 되면 소수점 이하가 나와 계산이 복잡해진다. 한번 시뮬레이션해 보기 바란다.

평가 결과의 조정

앞에서 평가자의 평가 방법을 절대평가로 하였기 때문에 평가자의 원점수를 합리적인 방법으로 조정하는 절차와 기준이 있어야 한다. 평가자의 관대화, 인색화 성향을 제거하는 것이 바로 조정의 목적이다. 만약 평가 제도가 완벽히 설계되고, 평가자간의 눈높이에 차이가 없다면 절대평가 하에서도 조정의 절차가 불필요해질 수 있을 것이다.

인사평가 점수의 조정은 평균 점수 조정과 편차 조정의 두 가지 측면에

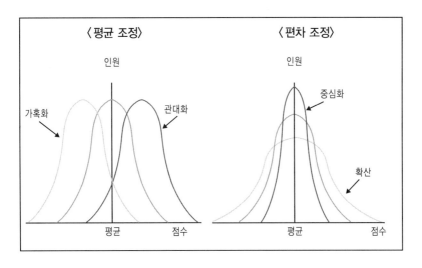

〈그림 4-8〉 인사평가 점수의 조정

서 이루어진다.

- 평균 조정

 평균 조정은 평가자의 관대화 경향이나 인색화 경향을 막기 위한 방편이다. 가장 널리 쓰이는 평균 조정 방식은 아래의 공식과 같이 전사 평균 점수(개인별 평가 점수를 전 인원으로 나눈 점수)를 평가자의 평균 점수로 나눈 조정 계수를 피평가자의 평가 점수에 곱하는 방식이다.

$$\text{조정된 점수} = \text{개인 점수} \times \frac{\text{전사 평균 점수}}{\text{부서(평가자) 평균 점수}}$$

 이렇게 되면 전 평가자의 관대화와 인색화 성향이 제거되고, 평가자의 평균 점수는 전사 평균과 동일하게 된다. 평가자가 1, 2차로 두 명이 있을 경우 평균 점수의 조정은 1차, 2차 평가자의 점수를 합산하기 전에 먼저 평가자별로 조정하여야 한다.

평균 점수를 조정하는 또 하나, 보다 단순한 방법으로는 다음 공식이
있다.

$$\text{조정된 점수} = \text{원평가 점수} + (\text{전사 평균} - \text{평가자 평균})$$

두 가지 방식에 따라 평가 점수를 시뮬레이션해 보면, 미세하나마 순위
의 차이는 생긴다. 즉, 첫 번째 방식에 따른 순위와 두 번째 방식에 따른 점
수의 순위가 최대 2위의 범위 내에서 차이가 발생할 수 있다. 이론적으로
어떤 방식이 더 정확한지는 검증이 불가능하나, 첫 번째의 방식이 일반적
으로 가장 널리 쓰이는 방식이다.

• 편차 조정

편차는 피평가자들의 점수가 평균 점수로부터 얼마나 떨어져 있는가를
나타낸다. 평가자에 따라 피평가자들간의 역량이나 성과 차이를 크게 평
가하여 편차를 크게 할 수도 있고, 또는 그 차이를 적게 평가하여 편차를
적게 할 수도 있다. 편차 조정은 평가자의 이러한 중심화 성향, 또는 반대
로 확산 성향을 전사의 편차로 조정하여 제거하는 방법이다. 편차 조정을
위해 가장 많이 쓰이는 방식은 표준편차 조정 방식이다. 표준편차에 의한
조정 방식은 모든 개인의 편차, 즉 피평가자의 원평가 점수에서 평가자의
평균 점수를 뺀 편차를 전사 표준편차 대비 평가자의 표준편차의 비율을
곱하여 산출한다. 즉, 아래의 산식에 의해 편차를 조정한다.

$$\text{조정된 편차} = (\text{개인 점수} - \text{부서 평균}) \times \text{전체 표준편자} / \text{부서 표준편차}$$

- 종합

　1차로 평균 조정에 따라 평가자의 관대화, 인색화 성향을 전사 평균으로 조정하고, 2차로 편차 조정을 통하여 평가자의 중심화, 확산 경향을 전사 표준편차로 조정하였다면, 개인의 점수는 다음 통합 산식에 따라 산출된다.

조정된 점수 = 전사 평균 + (개인 점수 - 부서 평균) × 전체 표준편차 / 부서 표준편차

- 1, 2차 평가 점수의 합산

　앞의 산식에 따라 전 평가자별로 피평가자 개인의 원평가 점수를 조정했다면, 마지막으로 1, 2차 평가자의 점수를 합산하는 작업이 남아 있다. 합산의 산식은 다음과 같다.

최종 조정점수 전사 평균 = (1차 고과자의 조정된 점수 × 평정 비율) +
　　　　　　　　　　　　　(2차 고과자의 조정된 점수 × 평정 비율)

　이상으로 절대평가 방식에서 평가자의 인사평가 점수의 집계, 조정이 완료된다.

심화학습 ⓕ

피평가 인원이 소수인 경우의 조정의 문제

인사 컨설팅을 하다 보면 종종 겪는 일이지만, 부서원이 아주 적은 경우, 즉 피평가자가 2~3명 또는 1명의 경우도 종종 있다. 특히 팀장이 피평가자가 될 경우 - 이 경우의 1차 평가자는 직책상 사업부장 또는 본부장이 된다 - 이런 일은 거

의 모든 조직에서 일어난다. LG전자와 같은 대기업에서도 한 임원이 관장하는 팀(그룹) 조직은 많아야 5개를 넘지 않는다. 피평가자가 소수인 경우 앞의 기준에 따라 평가 점수를 조정하게 되면, 피평가자는 전원이 비슷한 점수에 수렴하게 된다. 극단적으로 1명의 피평가자의 경우 점수를 조정하면 원평가 점수가 몇 점이던지간에 그 점수는 전사 평균 점수를 받게 된다. 이렇게 평균 점수에 수렴된 점수를 기준으로 순위를 매기는 것은 그다지 의미가 없어 보인다. 이런 경우에는 별도의 조정 작업 없이 단순히 1, 2차 평가자의 점수를 비율에 따라 합산하여, 그냥 심사 리스트를 작성할 수밖에 없다. 피평가자가 소수일 수밖에 없는 소규모 회사의 경우 최종 인사권자인 CEO가 전 인원에 대해 개개인을 잘 파악할 수 있고, 따라서 객관적인 심사가 가능하다고 보는 것이다. 이 경우 1, 2차 평가자의 평가 결과는 단순히 CEO가 의사결정에 참조자료로만 활용되는 셈이다. 팀원 - 팀장 - 담당임원 - 사업부장 - 사업본부장의 직제를 가지고 있는 대기업의 경우에도 팀장의 평가에 대해서는 앞에서 설명한 '소수의 피평가자의 문제'가 종종 발생한다. 이 경우 인사결정권자인 사업본부장은 산하의 팀장이 20명 정도라면, 팀장 개개인의 성과에 대해서도 파악이 가능하기 때문에 담당임원이나 사업부장의 평가 점수를 별도의 조정 없이 그대로 펼쳐놓고도 인사결정권자로서의 객관적인 심사가 가능하다.

조정에 관한 견해

인사평가 점수를 조정하는 작업은 그렇게 어려운 일은 아니다. 엑셀 시트를 이용하여 표준편차 함수와 몇 가지 산식과 미리 입력한 상태에서 개인의 원평가 점수를 입력하기만 하면 금방 계산해 낼 수 있다.

여기서 인사담당자가 고민해 보아야 할 사항은 '인사평가에 있어, 과연 인사 실무자의 손에서 조정이 과연 어느 정도 필요한가?'이다. 조정의 목적은 앞에서 얘기한 대로, 개인별로 전부 다를 수 있는 평가자의 눈높이(관대화나 인색화)를 맞추고, 또 중심화와 확산 성향을 전사의 평균으로 맞추는 것이다.

평균 점수의 조정은 결국 'A 부서의 우수한 사람과 B 부서의 우수한 사람의 서열을 누가 매길 수 있는가' 하는 문제와 직결된다. 즉, A 부서에서 우수한 성과를 내는 이우수에 대해 A 부서장은 90점을 주고, B 부서에서 탁월한 성과를 내는 최고수에 대해 B 부서장은 95점을 주었을 경우, 과연 최고수가 이우수에 비해 우수하다고 할 수 있는가?

그것은 A 부서장이나 B 부서장이 판단할 일은 결코 아니다. 즉, 이우수와 최고수에 대해 누가 더 우수한가에 대해서는 바로 A, B의 부서를 담당하고 있는 차상위자(2차 평가자)만이 가능하다. 평가 점수의 평균 조정은 A 부서의 이우수 사원의 평가 점수와 B 부서의 최고수의 점수를 거의 비슷하게 만들고, 그 두 사람의 우열은 차상위자가 평가한 이우수와 최고수의 평가 점수에 의해 가려질 수 있도록 하는 방법이다. 이는 절대평가 방식에서는 반드시 필요한 절차이다.

다음으로 편차 조정에 대해서도 같은 논리로 전개해 나갈 수 있다. 편차 조정은 중심화, 확산의 성향을 전사의 평균으로 맞추는 방식이다. 중심화 경향이 높은 평가자는 "나는 내 부서원들을 특별하게 잘하는 사람과 못하는 사람으로 구분하고 싶지 않다. 우리는 하나, 공동체로 그냥 간다"는 평가자 개인의 리더십 스타일을 반영한다고 할 수 있다. 확산 경향이 높다는 것은 그 반대로 "나는 우리 부서원들을 일 잘하는 사람과 못하는 사람으로 구분해서 명확히 운영하겠다"는 평가자의 의지의 발로로 보아야 한다.

이렇게 놓고 볼 때, 과연 인사 실무자가 이러한 부서장의 리더십 스타일을 완전히 무시하고, 전사 표준편차로 조정하는 것이 과연 타당한가를 고민해볼 필요가 있다. 또한 실제로 한 부서의 인력 분포가 성과가 모두 비슷한 사람끼리 구성되어 있거나, 또는 반대로 성과 차이가 많이 나는 사람으로 구성된 경우는 어떻게 할 것인가?

인사평가 제도를 기획하면서 많은 종류의 조정 방식을 활용해 본 나로서는 이러한 관리자의 중심화, 확산 성향에 대해서는 인사부서에서 관여할 일은 아니라고 본다. 만약 회사가 '잘하는 사람과 못하는 사람에 대한 차별적 보상을 통한 동기부여'의 문화가 강한 조직이라면 부서원들, 특히 우수한 부서원들의 압력에 의해 중심화 경향을 보이는 관리자는 스스로 자기의 평가 성향, 나아가 리더십 스타일을 바꾸어 나가야 할 것이다. 이런 방식의 자율적 변화가 더 바람직한 방법이다. A 부서의 이우수는 부서장의 확산 성향에 따라 매년 평가 등급을 'S'로 받아 연봉 인상을 많이 하게 되고, B 부서의 최고수는 부서장의 중심화 경향에 따라 평가 등급을 'A'로 받는다면, 결국 최고수는 B 부서를 떠나거나 회사를 떠나는 일이 발생할 것이다. 이러한 피평가자들의 행동은 평가자에게 대단한 압력으로 작용하게 된다.

인사평가에 있어 가장 바람직한 것은 현업의 관리자가 동일한 눈높이를 가지고, 동일한 성향을 가지고, 인사관리 교과서에 나오는 각종 오류를 극복하고 진실되게 있는 그대로 평가하는 일일 것이다. 만약 인사부서에서 언제까지나 조정을 통해 이런 것을 제어한다면, 관리자의 성향은 영원히 바로 잡기 힘들어질 것이다. 조정의 절차를 지속적으로 운영하는 한, 평가자들은 "내가 어떻게 하든간에 인사부서에서 조정할 것이니까…"라는 기대 심리를 가지게 되고, 그것을 결코 고치려 하지 않는다는 것이다.

그래서 오류를 최소화하고 평가자의 평가 성향 차이를 축소하는 방법으로 인사담당자의 강제 조정은 일부 불가피한 면이 있지만, 결코 바람직한 방법은 아니다. 이를 바로 잡는 가장 좋은 방법은 결국 CEO의 의지이다. 관리자의 정확하고 공정한 평가 능력은 리더십의 주요 요소로서 관리 대상이 된다. 따라서 공정하지 않고, 객관적으로 하지 못하는 관리자는 적절한 방법으로 제재되어야 한다.

이를 위해 인사부서에서 할 일은 평가자의 성향을 별도로 CEO에게 보고하는 일이다. 즉, 평가자가 평가한 평균 점수와 표준편차를 CEO께 보고하는 것이다. 만약 CEO가 지나치게 관대하게 평가하는, 즉 평균 점수가 높은 관리자나 성과주의를 주창하는 CEO의 의지에서 벗어나서 지나치게 부하들을 중심화 경향으로 평가하는 관리자에게 경고를 주게 된다면, 다음부터는 그 관리자는 결코 그런 경향을 보이지 못할 것이다. 경고를 받은 관리자는 스스로 전년도의 전사 평균을 참조하고, 또 전사 표준편차를 참조하여 그 방향에 맞추려고 노력할 것이다.

7. 평가 결과의 활용

1) 연봉제에서의 활용

인사평가의 결과는 그대로 연봉 등급의 결정에 반영된다. 연봉제를 도입하면서 반드시 인사평가 제도를 확실히 운영하여야 하는 것은 연봉 결정이 바로 인사평가의 결과에 의해 이루어지기 때문이다. 연봉제에서는 호봉제에서와는 달리 인사평가의 결과는 연봉 등급으로 환산되어 개인 연봉을 결정하는 것으로 그 용도를 다하게 된다.

여기서 연봉 등급의 의미를 다시 한번 되새겨보자.

연봉 등급은 제3부에서 본 바와 같이 인사평가 결과와 몇 가지 개인의 연봉에 영향을 줄만한 부심사요소를 종합한 최고경영층의 인사 판단이다. 연봉 등급을 심사하는 것은 최고경영층의 심사숙고와 토론을 거치고, 조정할 것은 조정하고, 나아가 인사평가로 커버할 수 없는 여러 가지 개인적 상황을 종합하여 심사하는 행위이다. 연봉 등급은 바로 이런 종합적인 심사의 결과로 내려진 최종의 결정인 것이다. 그러므로 연봉 등급은 한 개인에 대한 과거 1년간의 역량과 성과에 대한 종합적인 회사의 평가 결과인 것이다.

그러므로 연봉 등급은 모든 인재 심사의 기본 자료가 된다. 연봉의 결정뿐 아니라 승급심사나 후계자 육성을 위한 후계자의 선정, 해외 연수와 같은 비용이 많이 드는 교육훈련의 대상자의 선정 등에는 필수적으로 이 연봉 등급을 활용하게 된다.

2) 호봉제에서의 활용

인사고과의 결과, 즉 역량과 업적평가의 결과는 이론적으로 용도에 따라 달리 설계할 수 있다. 또한 호봉제에서는 실제 그렇게 활용해 왔다. 예를 들어, 연봉과 같은 보상 결정에는 성과평가의 결과를 더 많이 반영할 수 있을 것이다. 반면에 직급의 상승, 즉 승급은 새로운 직무 – 더 난이도가 높은 직무 – 나, 부하를 관리하는 관리자로서의 직책 보임의 의미가 있기 때문에 역량을 더 많이 반영할 수도 있다. 또 하나 앞에서 언급한 바와 같이 개인의 종합적인 성과를 판단함에 있어 역량과 성과평가 결과는 직급에 따라 반영비율을 달리할 수 있을 것이다.

이러한 두 가지 점을 반영하여 기준을 설계하면 대략 다음과 같은 기준으로 만들어질 것이다.

<표 4-11>은 인사평가의 결과를 평가항목별로 연봉에 반영하는 비중의 사례이고, <표 4-12>는 승급을 위한 인사평가 결과의 반영비율이다.

실제 컨설팅 일을 하면서 많은 기업에서 이러한 두 개의 기준으로 운영하는 사례를 접하곤 한다. 그리고 과거 호봉제 하에서는 이러한 두 개의 기준으로 운영하는 것이 일반적이었다.

구분	업적평가	역량평가
팀장	70%	30%
과장 이하	60%	40%
대리 이하	50%	50%

〈표 4-12〉 승급 반영비율

구분	업적평가	역량평가
팀장	30%	70%
과장 이하	40%	60%
대리 이하	50%	50%

　과거 호봉제 시대에는 인사고과라고 하는 것은 대기업이라 하더라도 승급심사에만 가장 중요하게 취급되었다. 물론 호봉제 하에서도 특별히 뛰어난 성과를 낸 사람은 평가 결과에 따라 호봉을 더 올려 주는 제도도 있었지만, 대체로 인사평가 결과보다는 부서장의 추천에 의해 대상자를 추천하고, 그 추천자 리스트를 근거로 인사위원회 또는 CEO가 결정을 하기 때문에 전 사원들의 인사평가 결과는 별로 활용되지 않았다. 그래서 매년 시행하는 인사고과의 결과는 승급심사를 위한 대상자 리스트를 출력하기 전에는 원 데이터의 형태로 전산DB에 남아 있거나 집계 기준에 따라 집계된 리스트의 형태로 담당자의 파일에 보관되어 왔다. 그리고 승급심사를 할 때 그 데이터나 리스트를 활용하여, 연도별로 역량평가와 성과평가 결과를 별도로 계산하여 승급 리스트를 작성할 수 있었다. 그렇기 때문에 역설적으로 과거 호봉제 하에서는 앞의 기준표에서 보는 바와 같이 성과·역량평가를 승급심사에 각각 다르게 반영하는 것이 가능하고, 별로 어려움은 없었다.

인사고과 등급과 연봉 등급

인사고과 등급이란, 인사고과의 결과를 일정한 기준에 따라 집계하여 등급화한 것이다. 이는 역량평가와 업적평가를 합산한 결과를 가지고 등급을 매길 수도 있고, 또는 역량 등급 따로, 업적 등급 따로 매길 수가 있다. 그리하여 연봉 심사에는 역량 등급보다는 업적 등급에 더 비중을 두어서 심사하고, 승급심사에는 업적보다는 역량 등급에 더 높은 비중을 부여하여 심사할 수 있었다.

과거 호봉제 하에서는 평가의 결과를 등급으로 매긴 고과 등급을 이러한 방법으로 활용하는 것이 가능했고, 그래서 고과 등급은 활용의 의미가 있었다. 하지만 연봉제 하에서는 평가 등급의 활용이 거의 없어지고, 또한 의미가 많이 퇴색된다. 그 이유는 이러하다.

우선 고과 등급은 앞에서 설계한 점수집계 방법과 유사한 방법으로 점수를 집계하고, 그 집계된 점수의 상대적 순위에 따르거나 또는 절대 점수 기준으로 5개의 등급을 매긴 것이다. 그래서 고과 등급 그 자체로서는 당장 급여 인상에 연결되는 등의 비용적 제약이 없기 때문에 상대 순위가 아닌 절대 점수 기준으로 등급을 부여해도 별 문제는 없다. 그리고 이 고과 등급은 별도의 심사를 거친 확정된 등급이 아닌 단순히 인사고과의 결과를 집계한 것에 불과하다.

반면에 연봉제 하에서는 적어도 1년에 한번은 전 사원들의 평가 결과에 따라 연봉을 결정하기 때문에, 전 사원의 인사평가 결과와 부심사요소를 근거로 개개인을 심사하여 연봉 등급을 결정하여야 한다. 즉, 인사고과 등급은 단순한 인사고과의 결과를 인사담당자가 집계한 하나의 데이터에 불과한 반면, 연봉 등급은 조직 내 인사권자의 심의를 거쳐 확정된 개인에 대한 최종 성적표의 성격을 가지게 된다. 앞 장의 연봉 심사에서 보았듯이 연봉 등급에는 인사평가, 즉 역량과 성과평가뿐 아니라, 다양한 요소들을 종합적으로 고려하여 확정된 등급이기 때문에 단순한 인사고과의 점수를 집계한 고과등급보다는 훨씬 강력한 효력을 가지게 되는 것은 당연한 일일 것이다.

그래서 연봉제 하에서는 평가의 결과로 집계된 숫자의 점수가 바로 연봉 심사에 활용되어 연봉 등급으로 매겨지기 때문에 여기서 고과 등급을 별도로 매기는 작업이 불필요하고, 또한 아무 의미 없는 일이 되고 만다. 그래서 연봉제 하에서는 고과 등급이라는 용어 자체가 없어지고, 비슷하지만 훨씬 강력한 효력을 지닌 연봉 등급만이 살아남아 짧게는 1년, 길게는 3년 동안 누적 관리되어 승급 등의 인재 심사에 직접적으로 반영되는 것이다.

제4장 다면평가 제도

다면평가 제도는 최근 공무원 조직을 중심으로 확산되면서 기업들의 관심을 모으고 있는 평가 제도이다. 공무원 조직에서 다면평가는 1995년 국가공무원법 개정에 따라 처음으로 검토되었고, 특허청이 처음으로 승급자의 심사 목적으로 다면평가 제도를 적용한 이후 별로 주목을 받지 못했다. 그러다가 지난 노무현 정부시절을 거치면서 급격히 확산되었다. 2006년 현재 중앙인사위에 따르면, 47개 중앙행정기관 중 40곳(85.1%)이 다면평가 제도를 승급심사와 보직관리, 성과상여금 지급, 포상 등에 활용하고 있다고 한다. 하지만 아직 민간 기업의 도입 현황은 대단히 저조하며, 따라서 중견 중소기업의 경우에는 그 적용 사례를 찾기가 대단히 어려운 형편이다.

이 장에서는 다면평가의 개념과 의의 등 개요에 대해서만 서술하고자 한다.

1. 다면평가 제도의 의의

지금까지 개인의 능력과 성과를 평가하는 데 있어 상사가 부하를 평가하는 하향식 평가 제도를 설계하였다. 하지만 사람을 평가하는 데는 상사가 보는 눈이 다를 수 있고, 또한 그 개인의 직무 관련자들이나 동료, 또는 외부의 고객의 관점에서 바라보는 다양한 관점이 있을 수 있다. 다면평가

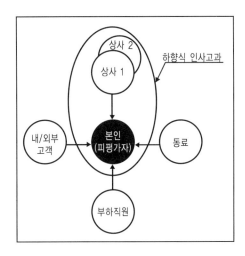

〈그림 4-9〉 다면평가의 개념

는 바로 이러한 조직 내의 한 개인에 대하여 조직 내, 조직간, 또는 조직 외부의 다양한 이해 관계자들의 관점을 반영하자는 데서 출발한 것이다. 하향평가가 단위 조직 내에서 상사가 부하를 바라보는 하나의 관점에서만 평가함으로써, 상사의 지시나 방침의 이행에 관하여는 상사가 잘 평가할

수 있을 것이다. 이런 논리로 동료와의 협조성의 문제는 실제 협조를 주고받는 동료들이 더 잘 알 수 있을 것이고, 고객 만족도는 실제 그 개인의 서비스를 받는 내·외부 고객이 더 잘 평가할 수 있을 것이다. 또한 상사의 리더십 같은 역량은 직접 특정 상사의 지휘명령을 받는 직속 부하들이 가장잘 평가할 수 있을 것이다. 이러한 맥락에서 하향식 평가의 단점을 보완한다는 목적과 더불어 IT 기술 등의 발달로 인하여 다자간 평가의 행정 업무가 가능해짐으로써, 최근 들어 도입에 관심을 가지는 회사가 늘어나고 있다. 다면평가의 영어식 표현은 360도 평가(360 Degree Appraisal)이다.

2. 한국의 도입현황

한국 기업의 다면평가 도입은 정부기관의 도입 수준에 비하면 상당히 낮은 수준이다. 대기업 중 LG전자가 비교적 빨리 90년대 초 관리자에 대해서 부하직원이 고과에 참여하는 상향식 고과 제도를 도입하였다. 이후 동료와 고객까지 참여하는 말 그대로의 다면평가 제도로 개편하였다. 이 시기에 다면평가 제도는 신세계, 삼성전관 등 주요 대기업으로 확산되었다. 그러나 미국의 1,000대 기업의 약 90% 정도가 다면평가를 실시하고 있는 반면, 아직 한국의 기업에서는 그 확산 정도가 상당히 늦게 진행되고 있다. 아마도 한국 기업에서 연봉제가 제대로 운영되고, 이에 따라 상사평가에 의한 하향식 인사평가 제도가 제대로 뿌리 내린 다음에 비로소 다면평가가 활성화될 것으로 예상된다.

3. 다면평가 제도의 효과 및 활용

다면평가 제도의 도입에 따른 긍정적인 효과는 크게 5가지로 요약할 수 있다.

첫째, 동료나 부하사원이 피평가자(상사, 동료)에 대해서 관찰을 통해 느낀 점을 평가를 통해 전달하고, 피평가자는 이를 수용하는 과정을 통해 상하간, 부서간의 원활한 커뮤니케이션이 이루어져 조직 활성화를 도모할 수 있다.

둘째, 평가 결과를 통해 부하나 동료로부터 자신의 장단점을 피드백 받아 자신의 역량 강화에 도움이 될 수 있다.

셋째, 피평가자에게 상사, 동료, 부하직원, 고객들이 인지하고 있는 성과에 대한 차이점을 분명하게 인식시킬 수 있다.

넷째, 피평가자에게 팀과 조직 차원에서 개발을 위한 요구사항을 명확히 전달시킬 수 있다.

마지막으로 직속 상사의 일방적인 평가에서 나타날 수 있는 평가 결과에 대한 신뢰성을 제고할 수 있다.

하지만 한국 기업에서 다면평가가 정착되어 이러한 긍정적 효과를 나타내는 경우도 전혀 없지는 않으나, 다면평가의 시행 초기의 몇 가지 문제점으로 인해 기업 내에 정착되거나 평가의 결과를 본격적으로 보상(연봉, 승급 등)에 반영하기에는 어려운 면이 있다.

다음은 LG전자에서 시행하는 다면평가 제도의 활용사례이다.

첫째, 다면평가가 역량개발이 아닌 인사처우에 반영하는 데 활용된다면 평가자들(부하, 동료)의 관대화 성향은 극대화 되고, 이를 방지할 마땅한 제도적 장치를 찾기는 대단히 어렵다. 평가자가 드러나는 인사평가와는 달리, 다면평가는 평가자의 익명성을 그 성공의 조건으로 하고, 또한 한 사람의 평가자가 많아야 한 두 사람의 피평가자(직속 상사와 인접부서의 상사나 동료)를 평가하기 때문에 인사평가에서와 같이 평가 성향을 조정할 방법이 전혀 없다. 그래서 평가자들은 피평가자에 대해 특별한 개인적 악감정이 없는 한, 가급적 최대한의 높은 점수로 평가하려 한다. 그래서 실제 부하에 의한 상사의 평가의 경우 대부분이 90점을 상회한다.

둘째로 다면평가를 역량개발의 목적으로 한다고 하더라도, 평가자를 평가하기에 적절한 부하와 동료를 지정하는 일은 결코 쉬운 일이 아닐 뿐 아니라, 그 결과를 취합하고 분석하는 일은 대단히 비용이 많이 드는 방법이다. 물론 전산화를 통하여 그 비용을 대폭 축소할 수는 있으나, 역량개발을 위한 다른 수단에 비해 그 효과는 미미할 수 있다.

그럼에도 불구하고 다면평가는 적어도 상사의 리더십을 평가하는 데는 유용한 도구가 된다. 비록 대부분의 평가자들이 한 사람의 피평가자(상사)에 대해 최대한 관대화 경향을 보이고는 있지만, 정말로 리더십에 문제가 있는 사람의 점수는 상당히 낮게 나타나는 경우도 종종 발생한다. 이 경우 다른 사람에 비해 현저히 낮은 점수는 상당히 유의미하다고 할 수 있다. 때문에 다면평가 점수가 현저히 낮은 팀장과 같은 조직책임자의 승급이나 연봉에는 일정 수준 영향을 미칠 수 있고, 또한 리더십 개발을 위해 회사에서 특별한 조치를 취할 수도 있다.

이상에서 본 바와 같이 다면평가는 그 이론적 장점에도 불구하고, 연봉제가 아직 뿌리 내리지 못한 한국 기업의 현실에서 이를 도입하기에는 아

〈표 4-13〉 공무원의 다면평가표 사례

역량(능력)	정의	설문 사례
조직 헌신도	조직 구성원으로서 자신의 이해관계보다는 소속 부서와 소속기관 나아가 국가적 차원의 이해관계를 우선적으로 고려하면서 조직의 정책방향을 지지하고 수용하는 능력	1. 조직의 비전, 발전방향, 정책 등을 수용하고 지지를 보냅니까? 2. 조직의 정책방향을 적극적으로 이해하고 타인의 참여와 이해를 독려하고 있습니까? 3. 업무 수행과정에서 조직에 미칠 중장기적 파급 효과를 충분히 고려합니까?
전문가 의식	업무의 성과와 질을 제고하기 위하여 최선을 다하며, 필요한 자기 학습을 위해 노력하는 능력 – 특정분야 직무를 담당하는 직업인으로서 갖추어야 할 '지적/이성적 기질'을 강조	1. 본인의 책임 하에 담당 업무를 완결하려고 노력합니까? 2. 기존의 방법뿐만 아니라 다양한 방법을 통해 업무 완성도를 높이기 위해 노력합니까? 3. 업무 관련 지식의 변화에 따라 자기 발전을 지속하려는 노력을 합니까?
공무원 윤리의식	공무원이 기본적으로 갖추어야 할 윤리를 준수하고, 이를 기준으로 행동하는 능력 – 도덕적 기질을 강조	1. 특정 의견에 치우치지 않고 무사 공평의 원칙을 준수하여 업무를 처리합니까? 2. 근무시간 동안 개인 사무를 자제하고 업무에 집중합니까? 3. 법령을 이해하고 준수합니까?
고객/수혜자 지향	업무와 관련하여 국민이나 내부 수혜자(타 공무원)가 원하는 바를 이해하며, 그들의 요구를 충족하도록 배려하는 능력	1. '대국민 서비스'라는 공무원의 기본 사명을 숙지하고 업무를 처리합니까? 2. 고객/수혜자의 입장에서 서비스를 제공합니까? 3. 친절한 말과 행동으로 고객을 응대합니까?

직 시간이 더 필요할 것으로 보이며, 많은 비용을 들여 도입하더라도 그 결과의 활용에는 상당한 제약이 있을 것으로 보인다.

<표 4-13>은 공무원 조직에서 활용하는 다면평가표의 사례이다(중앙인사위원회 자료).

제5장 인사평가 제도의 운영

1. 인사평가 시행의 공지

인사평가를 반기에 한번 하는 경우에는 반기 말이 경과한 7월과 1월 초까지는 적어도 평가 시행에 관한 전사적인 공지가 이루어져야 한다. 회사의 비즈니스 일정을 감안하여 6월, 12월 초에 인사평가를 실시할 수도 있다.

인사평가를 시행하기 위해서는, 사전에 인사담당자는 신규 입사자, 부서 이동자 등을 감안하여 평가자별로 피평가자와 평가 제외자를 확정하고, 직급별, 직종별 평가표에 평가자와 피평가자를 명기하여 배포하여야 한다. 물론 인사평가 전산화가 되어 있는 회사에서는 종이 문서로 평가자에게 평가표가 전달되는 것은 아니지만, 평가자와 피평가자를 확정, 명기하는 일은 인사담당자의 몫이다. 또한 인사담당자는 평소 인사평가에 대한 조직 구성원, 경영층, CEO의 요구사항을 취합하여 평가요소를 변경하거나 기준을 적절히 수정하는 일도 수행하여야 한다. 이렇게 변경된 사항을 요약하여 인사평가 시행에 관한 공지 사항에 명기하여 관리자들에게 공지하여야 한다.

2. 평가자 훈련

공정하고 객관적인 인사평가를 위해서는 합리적이고 엄정하게 설계된 인사 제도와 더불어 평가자들의 공정평가에 대한 의지와 능력이 필요하다. 그래서 인사평가 실시의 공지와 더불어 평가자들을 한데 모아 이러한 공정한 의지를 촉구하고, 그 방법을 교육하는 과정이 필요하다.

평가자 훈련의 대략적인 내용은 다음과 같다.

∨ 연봉제 하에서의 공정한 평가의 중요성
∨ 불공정한 평가의 결과로 발생되는 문제점 및 사례
∨ 인사평가의 방법 및 절차, 점수 집계와 조정, 연봉 반영 기준 등 평가 제도의 내용
∨ 불공정한 평가자에 대한 제재 방안
∨ 평가자들이 빠지는 평가 오류 및 해결방법

3. 평가 결과의 집계와 조정, 종합

마지막으로 인사담당자는 전 평가자의 평가표를 취합하여 평가 제도에서 정한 기준에 따라 그 결과를 집계한다. 평가 결과를 집계하여 리스트를 작성하는 것은 그 자체로서 연봉(등급)심사표가 된다. 따라서 평가 결과의 종합 리스트 작성 요령은 연봉심사표를 작성하는 요령과 동일하다.

'CEO 메모'

1. 인사고과 제도의 설계

연봉제의 운영을 위해서는 개인의 성과를 정확히 평가할 수 있는 인사고과 제도가 필수적이다. 인사고과 제도의 평가요소에는 '조직 또는 CEO가 개인에게 기대하는 것'을 모두 포함하여야 한다. 즉, 자기의 맡은 바 직무에 관해 최대의 성과를 내는 것과 그 성과를 내기 위해 능력을 갖추는 일 외에도, 조직이 추구하는 가치와 CEO가 강조하는 행동이나 태도를 실현하기를 기대한다면, 이 모든 사항을 평가요소에 포함하여야 하는 것이다.

인사고과 제도의 평가요소는 일반적으로 '역량'과 '업적'(성과)의 두 항목으로 구분하여 설계한다.

역량평가는 개인의 직무를 수행하는 데 필요한 직무역량과 '회사나 CEO가 기대하는 직원들의 행동이나 태도' 요소들을 평가하는 것이다.

역량평가의 요소를 추출하는 일(역량모델링)은 시간과 비용 측면에서 많은 투자가 필요한 작업이다. 하지만 개인의 역량에 대한 정확한 평가를 위해 반드시 필요한 작업이기 때문에, 이를 수행하기 위한 비용과 시간의 투입에 대한 CEO의 의지가 대단히 중요하다.

업적평가는 개인이 일정 기간 동안 수행한 직무상의 업적을 평가하는 일이며, 주로 MBO(Management By Object, 목표에 의한 관리) 방식에 의해 평가한다. MBO는 연초에 조직 내의 모든 개인들이 자기의 일에 관해 명확한 목표를 수립하고, 일을 수행하는 중간 중간에 상사와 부하간에 목표 달성 여부를 점검하며, 연말에 목표의 달성도를 평가하는 방식이다.

2. 인사고과 제도의 운영

인사고과 제도의 운영과 관련하여 CEO가 관심을 가져야 할 사항은 다음의 두 가지가 있다.

1) 평가자의 평가 성향의 교정

개인의 성과를 정확히 평가하기 위해서는 인사고과 제도를 정교하게 설계하는 일도 중요하지만, 제도에 의해 평가를 실행하는 평가자의 평가 성향이나 태도가 더 중요하다고 할 수 있다. 여기서 인사고과 제도를 설계하는 일은 인사담당자의 몫이지만, 평가자의 평가 성향이나 태도를 바로 잡는 일은 CEO의 몫이다.

CEO는 '연봉심사표'에 점수의 형태로 집계된 평가자의 평가 성향이나 태도에 대해, 앞서 설명한 인사위원회 등의 방식으로 개별 평가자에 대해 CEO의 의지 - 예를 들어 개인간 차등의 확대 - 를 피력하거나 그 의지에 위반하는 평가자에 대한 지적을 통해 평가 성향을 바로 잡을 수 있다.

2) MBO의 정착

MBO는 단순히 인사고과 제도의 업적평가 방식이라기보다는 직원들의 일하는 방식 또는 수준의 문제라고 할 수 있다. 따라서 조직 내에 MBO를 정착시키는 일은 다른 어떤 일보다도 시간이 많이 걸리는 일이다. 목표를 제대로 세운다는 것은 결국 관리자들의 역량의 문제이고, 이들의 업무 수행 수준의 문제이다. MBO는 제도가 아닌, 일 자체이기 때문에 이들 관리자들을 움직일 수 있는 지휘라인의 임원이나 사장이 직접 나서서 챙겨야 할 부분이다.

CEO는 경영자가 작성한 목표관리카드를 통하여 그 수준을 파악하고 향상을 촉구할 것이며, 경영자는 같은 방식으로 팀장의 수준을 향상시킬 수 있을 것이며, 팀장의 향상된 목표관리 능력은 팀원의 능력을 향상시키는 과정을 통하여 MBO는 조직 내에 정착될 수 있다.

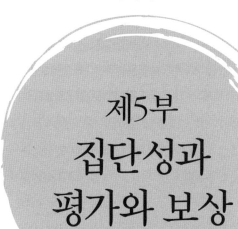

제5부
집단성과
평가와 보상

다음은 일반적으로 회사가 가지고 있는 보상의 수단이다. 회사는 개인 또는 집단평가를 통하여 이러한 보상 수단을 적절히 활용함으로써 집단, 또는 개인에게 차등적으로 보상할 수 있다.

Y 성과급(보너스)　　　　　: 회사의 경영성과에 따라 지급되는 금전적 보상

Y 승급 T/O　　　　　　　: 승급 제도상의 직급별 승급 T/O

Y 연봉 인상률　　　　　　: 연 1회 실시하는 연봉 조정을 위한 전사, 또는 집단별 인상률

Y 연봉 등급별 인원 비율　: 연봉 등급 심사에 있어서의 연봉 등급별 인원 비율

Y 인사평가 점수　　　　　: 역량, 성과평가 점수 이외에 별도의 추가적으로 반영되는 점수

Y 부서 회식비　: 매월 정기적으로 지급되는 부서별 회식비

Y 중식비　: 전 사원에게 지급되는 중식대

(문제)

　××주식회사는 성과주의를 강화하는 측면에서 상기의 보상 수단을 집단 또는 개인의 성과평가와 연계하여 차등 보상을 시행하려 합니다. 평가 방법별로, 그 결과를 적용할 수 있는 적절한 보상 수단을 찾아 연결하시기 바랍니다.

　단, 한 가지 평가 결과가 복수의 보상에 연결될 수도 있고, 한 가지 보상에 복수의 평가 결과가 연결될 수도 있습니다.

		● 성과급(보너스)
		● 승급T/O
❖ 개인 인사평가 결과 ◆		● 연봉 인상률
		● 연봉 등급별 인원 비율
❖ 집단 평가 결과 ◆		● 인사평가 점수
		● 부서 회식비
		● 중식비

제1장 성과배분 제도

1. 성과배분의 의의

　지금까지 개인의 성과에 따른 개인 보상의 차등화를 위한 연봉제와 이를 뒷받침하는 인사평가 제도에 대해 기술하였다. 연봉제는 개개인의 업무성과와 능력을 평가하여 개인의 임금에 반영하는 형태로서 철저하게 개별적 성과주의 임금 시스템이라 할 수 있다. 그러나 지나친 임금의 개별화는 단기적인 업적만을 추구하거나 동료 직원들간의 불필요한 경쟁심을 유발시켜 정보 공유나 공동목표 달성을 저해하는 부작용도 낳고 있는 것도 사실이다. 또한 조직의 목표보다는 개인의 목표 달성에 치중하게 되며, 자신이 속한 조직이나 회사에 대한 소속감이나 충성심의 결여로 귀결될 수 있다. 조직에 대한 충성심의 결여, 그리고 언제라도 더 높은 연봉을 찾아 떠나려는 요즘 세대의 이러한 현상은 여러 종류의 조사 결과에도 현저하게 나타나고 있다. 이에 따라 성과주의형 임금 제도를 설계할 때 개인적인 차원의 성과뿐만 아니라, 집단 차원의 성과와 이에 따른 보상도 함께 고려해야 한다.

회사의 경영성과가 양호하여 많은 이익을 실현한 경우, 다음의 두 가지 방법으로 직원들에게 그 성과를 배분할 수 있을 것이다.

첫째 방법으로, 연봉을 대폭 인상함으로써 직원들의 공헌이나 기여에 대해 보상이 가능할 것이다.

둘째 방법으로, 연봉은 통상의 수준으로 인상하고, 나머지 재원을 인센티브 상여의 형태로 보상하는 방법을 생각해 볼 수 있을 것이다.

이 두 가지 방법 중 어떤 것을 택할 것인가에 대해서는 연봉과 성과급의 성격을 가지고 판단할 수 있다.

연봉은 일단 한번 인상되면, 다시 인하하기는 상당히 어려운 하방 경직성을 가지고 있다. 회사가 연봉을 인하한다는 것은 직원들의 사기에 지대한 영향을 미치고, 나아가 퇴직이나 분규의 원인이 될 수도 있을 것이다. 하지만 성과급은 고정급이 아니기 때문에 회사의 경영실적에 따라 탄력적으로 지급 여부나 지급액을 결정할 수 있다. 연봉과 성과급의 이러한 차이로 인하여 일시적으로 호전된 경영성과에 대해서는, 통상적 연봉 인상 재원을 제외한 나머지 재원을 성과급으로 지급하는 것이 인건비 관리상 유리하다.

하지만 연봉 인상보다는 성과급으로 지급한다는 것은 회사의 측면에서는 유리할 수 있지만, 급여(연봉) 경쟁력의 측면에서 불리하게 작용할 수 있다. 직원들의 측면에서 연봉은 고정적인 수익이고, 성과급은 불안정한 수입이기 때문에 직원들이나 외부의 취업희망자들은 고정급인 연봉만을 기준으로 타 회사와 비교하게 된다. 따라서 고정된 연봉 경쟁력이 없다면, 우수인재가 이탈하거나 우수인재의 채용이 어려운 문제가 발생하게 된다. 그래서 일정한 재원을 연봉 인상에 사용하느냐 아니면 성과급으로 활용하느냐의 결정은 이 두 가지 측면에서 신중하게 검토하여야 할 것이다.

성과급의 한 형태로 1년치 연봉의 50%까지 지급하는 삼성의 PS(Profit Sharing) 제도는 늘 1년에 한 번씩은 신문지상을 화려하게 장식하고, 뭇 샐러리맨들의 부러움의 대상이 되고 있다. 이렇게 많은 금액을 (1회성) 성과급으로 지급하면서도 연봉 인상률은 대기업의 일반 수준에 머물 수 있는 것은 삼성의 연봉 경쟁력이 우수인재를 확보하고 유지하는 데 필요한 수준을 이미 넘어 섰다고 판단하기 때문이다.

회사의 경영성과에 대해 집단적으로 보상하는 것을 일반적으로 성과배분 제도라고 한다.

2. 성과배분 제도

1) 제도의 개요

성과배분에 관한 최근의 발표 자료는 없지만 2005년 노동부의 조사에 의하면 100인 이상 전체 조사대상 기업의 48.4%가 연봉제를 도입하고 있으며, 32.1%가 집단성과급제를 도입하여 운영하고 있다. 특히 5,000명 이상의 사업장에서의 연봉제 도입율은 79.2%, 집단성과급제 도입 비율은 66.7%로 대기업일수록 더 많은 연봉제와 성과급제를 도입하고 있다. 또한 이 조사에 의하면 매년 3.3%의 수준으로 이러한 제도를 도입하는 회사의 비율이 증가하고 있어, 집단성과급제는 연봉제와 더불어 한국의 대표적 급여 제도로 정착하고 있다. 아울러 이 조사에 의하면 연봉제는 임금 관리가 용이하고, 근로자들의 업무태도 변화 효과가 더 높게 나타났으며, 성과배분제는 생산성 향상과 더불어 협력적 노사관계 형성에 특히 효과가 있는 것으로 나타났다.

성과배분 제도는 회사가 일정기간의 경영활동을 통하여 달성한 회사의 성과를 일정한 기준에 따라 직원들에게 배분하는 제도이다. 집단성과의 배분 제도는 이론적으로 여러 가지가 있으나, 우리가 실제 필요로 하는 것으로는 두 가지 방식을 들 수 있다.

경영활동의 결과로 얻어진 기업 이익의 일부를 종업원에게 나누어주는 이윤 분배제(Profit Sharing)와 종업원들의 참여와 노력에 의해 생산성 향상이나 비용절감 목표를 달성하였을 경우, 사전에 정해진 기준에 의해 노사간에 배분하는 성과배분제(Gain-Sharing)로 나눌 수 있다.

2) 성과배분의 종류

Profit Sharing

Profit Sharing은 말 그대로 일정 규모의 이익(profit)이 발생하였을 경우, 이를 직원들에게 배분(sharing)하는 제도이다. 그래서 성과배분을 하

〈표 5-1〉 성과급 재원 기준

이익목표 달성도	성과급 재원
70% 미만	0%
70 ~ 90%	순이익의 5%
90 ~ 110%	순이익의 7%
110 ~ 120%	순이익의 10%
120% 이상	순이익의 15%

기 위해서는 먼저 '일정 규모의 이익이 발생'하여야 한다. 회계가 고도로 발달한 대기업의 경우에는 여러 가지 경영 지표, 즉 당기순이익이나 EVA(경제적 부가가치), ROIC(투하 자본 이익률) 등의 회계 기법을 이용하여 실제의 경영상황을 보다 정확히 반영한 수치를 기준으로 하여, 성과배분의 재원을 산출할 수 있을 것이다. 중소기업의 경우에는 경영상황을

엄밀히 반영한 정확한 회계 기준이 부족하지만, 또 한편으로 중소기업의 회계관리는 비교적 단순하기 때문에 적어도 CEO나 재경담당 관리자 정도에서 충분히 그 기준을 설정할 수 있을 것이다. 가장 단순한 형태로 당기순이익만을 기준으로 하여, 이익 목표를 100% 이상 달성할 경우에 순이익의 몇 %를 성과급으로 지급한다는 등의 기준을 설정할 수 있을 것이다. 조금 더 나아가면 이익 목표 달성률을 90%일 때, 80%일 때, 120%일 때 등으로 구분하여 정할 수도 있을 것이다.

이러한 성과급 재원의 결정 기준을 정할 때 유의할 점은 그 기준이 객관적이어서 경영자가 임의로 조정할 여지가 없어야 하며, 직원들에게 쉽게 이해될 수 있는 기준이어야 한다는 것이다. LG전자의 경우 성과급 도입 후 수년간 순이익이 아닌 EVA를 성과급의 결정 기준으로 하였으나, EVA를 결정하는 수많은 변수에 대한 직원들의 이해 부족과 이에 따른 신뢰의 문제로 인하여 노사간의 논쟁이 되어 왔기 때문에 2005년 이를 당기순이익 기준으로 바꾸어 운영하고 있다.

또한 성과급은 하나의 보상 수단이며, 그것도 상당한 비용이 들어가는 보상 수단으로서 직원들의 성과 향상에 대한 동기부여의 수단으로 활용되어야 한다. 집단적 동기부여의 효과를 극대화하기 위해서는 이러한 성과급 재원을 결정하는 기준, 즉 이익의 확대라는 목표를 사전에 직원들에게 공포하는 것이 바람직하다. 직원들 중에서 아무도 모르는 상태에서 어느 날 갑자기 경영성과가 좋았기 때문에 지급되는 성과급은 회사와 직원 간의 신뢰 형성에는 도움이 되지만, 이익 목표 달성 또는 생산성 향상을 위해 직원들의 평소 노력을 유인하는 효과는 없을 것이기 때문이다.

Gain Sharing

회사의 경영실적은 당기순이익 하나로만 판단할 수는 없을 것이다.

Profit sharing에서처럼 반드시 순이익의 발생이 아니더라도 이익과는 무관하거나 또는 포함하여 CEO가 설정한 다른 경영 지표, 예를 들면 매출액(증가율), 시장점유율(증가율) 등에 대한 목표를 달성하였을 경우에 성과급을 지급하는 방법을 들 수 있다. 만약 제조 공장이라면 원가절감이나 품질 수준에 대한 목표를 설정하고, 이를 달성하였을 경우 사전에 정한 일정한 성과급을 지급할 수 있을 것이다.

3) 성과급의 차등 배분

Profit sharing이든, Gain sharing이든 일정한 기준에 의해 올해의 성과 배분을 위한 재원이 확정되면, 이것을 각 개인이나 집단에게 배분하기 위한 배분 기준이 필요하다. 제일 원초적이고 단순한 방법은 재원을 전 직원에게 똑같은 금액으로 나누어 지급하는 방법을 들 수 있을 것이다. 반대로 가장 복잡한 방법으로 이익의 발생에 기여한 여러 집단(조직)들의 기여도에 따라 재원을 집단별로 차등 배분하고, 나아가 그 재원을 그 집단의 성과에 기여한 개인들의 기여도에 따라 개인별로 차등적으로 적용하는 방법이 가능할 것이다. 양 극단의 어느 방식도 바람직하지 않기 때문에, 그 중간 형태의 적절한 배분 기준을 설계할 필요가 있다.

성과급 배분의 차등화의 범위

성과배분 제도를 도입할 경우 일정 기준에 의해 산출된 배분 재원을 과연 어느 범위까지 차등화해서 지급할 것인가? 즉, 집단(부서나, 사업부 등)까지 할 것인가, 아니면 더 확장하여 개인 단위까지 차등해서 지급할 것인가를 결정하는 일은 단순한 문제가 아니다.

회사 내에는 여러 단계의 집단, 즉 조직이 있고, 개인들은 최하부 단위의 조직에 소속되어 있다. 모든 개인의 성과가 결집되어 최소단위 조직의 성과가 이루어지고, 그러한 수개의 최소 조직이 각각 일정한 성과를 내고, 이것이 결집되어 상위 조직의 성과로 이어지고, 이것이 모여 회사 전체의 성과를 냈을 것이다. 이제 우리는 이러한 성과를 돈이라는 형태로 그 성과에 기여한 집단이나 개인에게 배분하려는 것이다.

성과 창출의 과정에서 최종 성과에 대한 개인이나 집단의 기여도는 다를 수 있고, 또한 이러한 개인의 기여도를 인사평가라는 방법에 의해 나름대로 객관적으로 평가를 해 두었다(대개 인사평가의 결과는 1월에 집계되고, 성과급은 결산이 끝나는 4월 이후에 성과급 재원이 확정된다). 그렇다면 그 재원과 개인의 인사평가 결과 – 어쩌면 회사의 성과는 개인의 성과와 더 밀접하게 관련이 있기 때문에 성과평가 결과 – 를 조합하면, 연봉 결정만큼이나 객관적이고 공정한 결과를 얻을 수 있을 것이다.

하지만 여기서 절대 간과해서는 안 되는 것은 성과배분 제도가 연봉제와 함께 운영되고 있다는 사실이다. 또한 성과배분 제도는 연봉제의 개인적 성과주의에 대한 단점을 보완하기 위한 수단이라는 점을 상기하여야 한다.

그러므로 결론적으로 성과배분 제도는 개인의 기여도에 의한 개인 수준까지의 차등 배분을 확대하는 것은 바람직하지 않다는 것이다. 이미 개인들은 연봉제에 의해 역량과 성과라는 측면에서 엄밀한 기준에 따라 연봉을 차등적으로 적용했기 때문에, 집단성과급까지 개인에게 차등화하는 것은 이중 보상, 또는 이중 역(逆)보상이 되는 것이다. 재판에서 일사부재리의 원칙이 있듯이 연봉 등급의 결정에 이미 반영된 인사평가의 결과를, 또는 이와 유사한 별도의 기여도 평가를 통하여 두 번씩이나 적용하는 것은 차등의 효과 즉, 차등을 통한 동기부여 효과를 전혀 발휘하지 못할 것이다. 뿐만 아니라, 이는 오히려 반성하고 열심히 해보려는 B, C, D 연봉 등급자의 의욕을 무너뜨리는 결과를 초래할 것이기 때문이다.

마찬가지 논리로 회사의 최소 조직 단위까지의 차등적으로 배분하는 것 또한 바람직하지 않다. 나는 컨설팅을 하면서 성과급도 당연히 개인의 기여도에 따라 차등을 두고 싶어 하는 CEO를 만난다. 이런 경우 앞에서와 같은 논리로 개인까지의 차등화는 장점보다는 단점이 더 많다는 점을 설명, CEO의 이해를 구하여 적정 수준에서 차등을 두는 제도를 설계한다. 사실 CEO의 그 마음을 이해 못하는 바는 아니고, 나 자신이 과거 조직책임자로 있으면서 현재 주는 연봉도 아까울 정도로 불성실하고 무능한 부하직원들을 만나곤 했다. 그럴 때의 기분은 '정말로 기회 있을 때마다 최대한 불이익을 줌으로써 스스로 회사를 떠나게 하고 싶을 때'가 있다. 하지만 이러한 감정은 어디까지나 일순간의 감정일 뿐, 이런 감정을 실어서 제도를 설계할 수는 없는 일이다.

그렇다면 어느 조직 단위까지의 차등화가 적절한가?

적절한 차등의 단위 결정에 관하여 다음의 두 가지 주장이 있을 수 있다.

한 가지 주장은 성과배분의 의미를 다시 한번 생각하는 데서 출발한다. 성과배분은 회사에서 기대하는 일정한 수준 이상으로 경영실적이 좋았다는 것을 의미한다. 또한 이러한 경영실적은 사장 이하 조직의 전 구성원이 노력하여 이루어진 결과이다. 물론 조직 구성원 중에는 많이 기여한 사람도 있고, 적게 기여한 사람도 있을 수 있다. 하지만 어쨌건 회사가 일정 수준 이상의 이익을 냈다는 것은 분명히 CEO뿐 아니라 전 구성원들에게 축하할 일이고 경사스런 일이다. 이런 경사스런 일에 잘한 사람, 못한 사람, 잘한 조직, 못한 조직을 굳이 가려내어 누구는 성과급을 더 많이 받아 더 기분이 좋아야 하고, 누구는 성과급을 덜 받아 기분이 나빠야 한다는 것은 '성과급을 지급한다'는 축하의 이벤트(event)에는 어울리지 않을 수도 있다.

또 하나의 주장은 비록 (성과배분을 할 만큼) 경영실적이 좋았다는 사실은 사장 이하 전 직원이 공동으로 축하할만한 일이기는 하나, 많이 기여한 집단과 적게 기여한 집단이 있는 것은 분명한 사실이라면, 적어도 기여도가 분명하게 큰 집단에 대해서는 더 많은 성과가 배분되는 것이 성과주의를 강조하는 회사의 방침이나 사회적 추세에도 합당한 일이다. 또한 이러한 집단간 차등 배분을 통하여 회사 내부 집단간 선의의 경쟁을 촉진할 수 있을 뿐 아니라, 이러한 집단간 경쟁은 그 집단에 속한 개인의 집단에 대한 충성심이나 공동체 의식을 촉진함으로써, 연봉제로 인한 집단 내 개인간의 지나친 경쟁을 집단의 목표 달성으로 유도할 수 있는 좋은 수단으로 활용될 수 있다.

이러한 두 가지 가능한 방법 중 어떤 것이 더 바람직한가?

회사 전체의 전체 경영성과에 대해 단위 조직의 기여도에 대해 전 직원이 누구나 공감할 수 있도록 명확히 파악되는 조직 단위까지 차등을 두는 것이 바람직해 보인다. 말하자면, 독립 채산제로 운영되는 사업부제를 도입하고 있는 회사라면 사업부 단위까지 차등화하는 것이다. 하지만 중소 규모 회사의 경우, 또는 중견, 대기업의 경우라 하더라도 사업부 이하의 조직은 일반적으로 직능별 조직, 즉 관리, 생산, 영업, 연구개발의 직능에 따라 편제된 조직을 운영하기 때문에 각각에 대해 회계적 수치 차원에서의 기여도는 산출하기가 쉽지 않다.

이 경우, 만약 목표관리를 명확히 운영하는 회사라면 목표 달성 실적을 평가하여 그 평가 결과에 따라 차등을 둘 수 있을 것이다. 이때, 차등화의 정도는 최대 세 등급 정도로 매기는 것이 적절하다. 즉, 기여도가 높음(A), 기여도가 낮음(C), 그리고 기여도가 보통(B)의 등급 정도로 나누는 것이다. 만약 목표관리가 명확하지 않는 회사라면 두 등급 정도로, CEO나 사업부장의 주관적 판단에 따라 특별히 기여가 높은 조직에 대하여 일부 더 많이 배분하고, 나머지 조직은 동일하게 배분하는 방법이 적절할 것이다.

여기까지가 회사 전체의 성과배분에 있어 조직간의 차등화를 둘 수 있는 범위이다. 그 이하 조직 또는 개인에 대해 차등을 두는 것은 앞서 설명한 이유에서 바람직하지 않다.

4) 성과배분의 기준

성과배분의 집단 차등화 기준은 개인 연봉 등급에 따른 차등화 기준에 비해서 기준 설정이 어렵지도 않고, 또 복잡하게 만들 필요도 없다. 여기서 단지, 그것을 결정할 때의 검토 포인트 몇 가지만 서술하겠다.

먼저 사업부제와 같이 독립회계가 가능하고, 따라서 회사 전체의 성과에 대한 기여도가 회계 수치에 의해 명확히 산출될 경우, 그 산출된 기여율을 그대로 성과급 재원에 반영하여 단위 사업부의 성과급 재원으로 할 것인가의 문제이다.

나의 생각으로는 회계적으로 산출된 기여율을 그대로 반영하는 것은 바람직하지 않다. 왜냐하면, 비록 단위 사업부 조직이 독립회계에 의해 독립적으로 운영된다고는 하지만, 완전히 별개의 회사처럼 운영되는 것은 아니라는 점과 설사 사업장소나 제품, 인력의 채용, 관리 등에서 완전히 별개로 운영된다 하더라도 '한 회사, 한 법인'의 산하에 소속되어 있음을 감안할 때 최소한의 '한 회사' 의식은 유지되어야 하기 때문이다. 비록 적자가 난 사업부라도 '우리는 한 회사'라는 점에서 회사 전체의 성과배분이 좋음으로써 일부 성과급을 받을 수도 있고, 또 전체의 경영성과에 거의 전부를 기여한 사업부라 하더라도 '우리는 한 회사'라는 관점에서 그 기여금의 일부를 타 사업부에 양보할 수 있는 것이다.

또한 앞에서 본 바와 같이 경영성과라고 하는 것도 해당 조직의 직원들의 능력이나 노력 외에도 기회요인 – 돌발적인 시장, 고객 상황, 원재료 시장 등의 변동 – 에 의해서도 좌우되는 것이다.

이러한 관점에서 사업부의 회계적 기여율을 완화할 수 있는 '등급제'로 기준을 수립하는 것이 적절하다고 본다. 즉, 회계적 기여율을 바탕으로 저간의 여러 가지 (사업부의) 경영상황과 직원들의 사기 등을 감안하여 A 등급은 평균 100만 원, B 등급은 80만 원, C 등급은 50만 원으로 정할 수 있을 것이다.

심화학습 ⑰
할당된 성과배분 재원을 전 직원들에게 균등하게 지급하는 방법

앞의 기준에 따라 단위 조직까지 배분된 재원을 조직 내 전 직원에게 '균등'하게 배분할 경우 '균등하게 지급'하는 방법은 두 가지가 있을 수 있다. 즉, 성과급 재원을 단순히 전 구성원의 수로 나누어 '균등한 금액'으로 배분할 것인지, 아니면 자기의 연봉 또는 월 급여에 대해 '균등한 비율'로 할 것인지의 두 가지 방법이다. 이런 문제는 사실 중대한 문제가 아닌 듯 하면서도, 인사담당자로서 조직 구성원들간에 많은 논쟁거리가 되고 있는 문제이며, 또 따지고 보면 재미있고, 생각해볼 여지가 많은 문제이기도 하다.

연봉제 하에서 현재 직원들이 받고 있는 연봉은 개인의 성과에 철저히 연계되어 있다고 보는 것이 당연하다. 그렇다면 개인 성과의 총합인 회사의 성과배분은 당연히 개개인의 연봉 금액에 비례하는 기여에 의해 이루어졌다고 보는 것이 논리적으로 맞을 것이다. 따라서 성과배분을 함에 있어, 전 사원의 연봉에 비례하여 '정률'로 균등하게 지급하는 것이 공평한 방법이 될 수 있다(연봉에 대해 균등한 정률을 적용함으로써 발생하는 금액의 차등화를 우리는 차등화라고 하지 않는다).

또 하나 생각해 볼만한 것은 배분된 성과급의 크기에 따라 직원들의 정서상 그 성격이 달리 해석될 수 있다는 사실이다. 두 가지의 예를 들어 보자.

우선 직원 50명에 총 월 급여가 평균 1인당 300만 원으로 총 15,000만 원 지출하는 회사의 경우를 보자. 이 회사의 성과급 재원이 500만 원이라면 전 직원들에게 배분할 수 있는 성과급은 정액으로는 10만 원, 정률로는 월 급여의 3.3%를 지급할 수 있을 것이다. 만약 이 회사의 성과급 재원이 5,000만 원이 되어 균등한 정액으로는 100만 원, 균등한 정률로는 월 급여의 33%를 지급할 수 있다.

앞의 두 경우를 놓고 균등한 정액 또는 균등한 정률, 둘 중에 어느 것을 택할 것인가?

만약 전자와 같이 금액으로 10만 원 정도로 배분되는 경우라면, 직원들은 그 금액에 대해 아마도 "성과급도 나오고 했으니 우리 모두 어디 가서 회식이나 한번 하지" 아니면 "부서 회비로 적립했다가 다음 야유회 때 한번 왕창 쓰지" 하는 생각을 할 것이다. 물론 아닐 수도 있지만, 대개의 경우 이 정도의 소액 금액이라면 개인에게 귀속되는 소득으로 여기기보다는 그저 동료들과 같이 공동의 행사비로 써도 아깝지 않은 돈쯤으로 생각하기 쉽다.

반면 후자의 경우는 좀 다를 것이다. 평균적으로 100만 원 정도의 또는 내 월급의 30%를 넘는 돈이라면 그것은 '나의 노동(기여도)에 대한 대가'라는 인식이 훨씬 높아질 것이고, 그 돈은 집의 부인에게 가져다주거나 자기의 통장에 저축함으로써 개인에게 귀속시킬 확률이 훨씬 높아질 것이다.

두 가지 사례를 종합해 보면, 성과배분 금액이 적을 때에는 적 직원에게 균등한 정액으로 지급하는 것이 적절하고, 그 금액이 크다면 균등한 정률로 지급하는 것이 적절하다는 것이다. 두 가지 선택에서 어느 하나를 결정하는 '금액의 크기'에 대해서는 딱 잘라 '얼마 이상일 경우'라고 할 수는 어렵고, 직원들의 정서나 연봉 수준에 따라 적의 결정하면 될 것이다. 물론 어떤 방법으로 결정하더라도 직원들의 불만은 있을 수 있지만 - 이 경우, 좋은 방법이라고 먼저 말하는 사람은 없다 - 불만이 적은 쪽으로, 그리고 성과급의 원래의 취지 - 격려, 축하, 노사 공동의 이익배분 등 - 와 명확한 배분 논리에 맞추어 결정하면 될 것이다.

제2장 집단평가와 보상

1. 집단평가·보상 제도의 의의

성과배분 제도는 경영성과의 일정부분을 금전으로서 조직 구성원들에게 배분하는 제도이다. 이러한 금전적 성과급을 배분하는 데 있어 집단평가의 결과를 활용하고는 있지만, 성과배분 제도가 집단의 성과를 평가하고 그 평가 결과에 따라 차등적으로 지급하는 것 자체를 목적으로 하는 제도는 아니다. 여기서는 경영성과, 또는 경영목표 달성의 경우에만 일시적으로 발생하는 성과급과 관계없이 회사가 보유한 상시적인 보상 수단과 별도로 설정된 집단평가 제도를 통하여 집단보상을 차등화할 수 있는 방법에 대해 알아보겠다.

회사는 다수의 직원과 이러한 직원들을 일정 규모로 묶은 집단(조직)으로 구성되어 있다. 잘하는 자와 못하는 자를 가려서 이에 대한 차등적 보상을 통하여 조직 구성원들의 동기부여를 강화한다는 성과주의의 관점에서, 회사는 개인과 조직이라는 두 종류의 성과 주체에 대하여 동일한 방식으로 동기부여를 할 수 있을 것이다.

지금까지 설계한 연봉제와 인사평가 제도가 개인에 대한 동기부여에 관한 것이었다면, 논리적 맥락에서 집단의 동기부여를 위해 유사한 방법으로 평가와 보상 제도를 설계할 수 있을 것이다. 또한 CEO나 고위 경영자의 입장에서는 산하의 개인보다는 조직에 대한 평가와 보상에 더 많은 관심을 가질 수도 있을 것이다. 내가 만난 많은 CEO들이 그러한 요구를 하고 있고, LG를 비롯한 많은 대기업에서는 이러한 집단평가·보상 제도를 운영하고 있다.

집단평가·보상 제도는 외형상 개인평가·보상 제도와 대단히 유사하고, 제도 운영의 목적 또한 동일하다고 할 수 있다. 즉, 집단평가·보상 제도의 목적은 집단의 성과평가의 결과에 따라 조직간의 차등화된 보상을 통하여 집단성과주의를 강화하고, 조직간의 내부 경쟁을 유도함으로써 회사의 성과를 향상시키는 데 있다.

이것 이외에 앞에서 언급한 바와 같이, 집단평가·보상 제도는 연봉제의 단점을 일부 보완하는 기능을 수행한다. 집단성과평가를 통한 집단적 보상은 연봉제 하에서 개인성과에 집중된 관심과 동기를 집단의 성과에 대해 그 방향을 돌려줌으로써 집단 목표 달성을 위한 협조와 집단에 대한 귀속감을 높일 수 있는 제도이다.

2. 집단평가의 방법

인사평가가 개인의 역량과 단기적인 성과로서 업적을 평가하는 데 비해, 일반적으로 집단평가는 업적에 대해서만 평가한다. 집단성과평가의 방법으로 최근에 유행하는 균형성과표(BSC)의 관점에서 수립된 목표에는 단기적 재무성과 외에도 고객, 프로세스, 역량 학습과 성장 관점의 목표를 기술함으로써 개인 인사평가의 역량과 유사한 항목을 평가한다고 할 수 있다.

단순히 재무적 성과에 대해서만 MBO를 하든, 더 나아가 BSC 관점에서 목표관리를 하든 간에 조직의 성과는 성과에 대한 목표관리 방식에 의해 평가하는 것이 일반적이다. 또한 조직의 업적평가는 해당 조직의 책임자의 인사평가의 성과 항목의 평가에 그대로 반영된다. 말하자면 집단평가는 그 집단의 조직책임자의 역량평가를 제외한 업적평가에 해당하는 것이다. 조직책임자의 업적평가 또한 전사원의 업적평가 방법과 달라야 할 이유는 전혀 없다.

3. 집단보상의 차등화

1) 회사의 보상 수단

먼저 일정한 집단평가 결과에 대해 회사가 그 집단에 부여할 수 있는 보상의 수단을 살펴보자.

회사가 조직(구성원)들에게 줄 수 있는 보상의 종류는 먼저, 승급관리에 있어서의 승급 T/O가 있을 수 있고, 다음으로 연봉 제도에서 연봉 등급상 5개의 등급에 대한 인원 T/O가 있다. 그리고 연봉 인상을 위한 연봉 인상률(재원)도 집단별로 차등이 가능한 보상 수단이 된다. 또 하나의 특이한 보상 방법으로서 개인 인사평가의 점수에, 집단평가 결과에 의한 일정 점수를 추가로 반영하는 방법도 있을 수 있다. 이것이 보상의 수단인지조차도 사실상 불분명하지만, 아마도 우리가 흔히 포상 제도를 수립할 때 활용하는 '사장 표창의 경우 인사평가 5점 가점' 하는 기준을 상기하면, 이것도 하나의 보상 수단이 될 수 있을 것이다.

집단보상 제도를 설계하는 일은 이러한 회사가 가진 다양한 보상 수단을 집단성과평가의 결과에 따라 집단에 대해 차등적으로 적용하는 기준을 만드는 일이다. 이제 각각에 대해 적절성 여부를 따져보자.

2) 보상수단별 차등화의 적절성

승급 T/O의 차등화 문제

보통 대기업의 경우 사원들의 승급심사는 사업부 단위에서 사업부장이 확정하고, 팀장(그룹장이라고도 함)의 승급심사는 사업부의 직속 상위조직(보통 사업본부)에서 사업본부장이 최종 승급자를 결정한다. 이 경우 사업본부장의 입장에서는 직급별 승급 T/O를 사업부의 실적에 따라 차등적으로 배분하는 것을 생각해 볼 수 있을 것이다. '본부의 성과에 더 많이 기여한 사업부에 뭐 하나라도 더 주고 싶은 것'은 상사로서 당연한 심정일 수 있다. 또한 인사부서는 그것을 제도로서 수립할 수 있을 것이다.

하지만 승급 T/O를 차등화하는 것은 논리적인 측면에서 바람직하지 않다. 왜냐하면 승급이라고 하는 것은 직급 체류연수의 전 기간 동안의 개인의 성과를 심사하는 것이기 때문에, 단기적인 단위 조직의 성과에 따라 장기적으로 영향을 미치는 승급의 속도를 차이내는 것은 불합리이기 때문이다. 즉, 단기적 성과에 대한 장기적(적어도 2~3년) 보상이라는 부적절한 조합(mismatch)의 문제가 발생한다.

하지만 승급자를 심사하는 심의 석상에서 실적이 높은 사업부장이 자기 산하의 특정 부하직원에 대해 승급을 호소하고, 본부장이 이를 승낙하는 형태의 인사심사 운영의 묘까지, 이런 논리로 제한을 두지 않은 것도 인사 담당자의 지혜라 할 것이다.

연봉 등급별 T/O의 차등화 문제

성과가 높은 조직에 대해 연봉 등급, 즉 S, A, B, C, D 등급에서 S나 A 등급의 T/O를 더 많이 배정하고, 그 배정된 T/O만큼 성과가 낮은 조직에 대해서는 C나 D 등급을 더 많이 배정하는 방법도 생각해 볼 수 있다. 실제로 이러한 제안은 컨설팅을 하면서 많은 CEO로부터 요청을 받는 방법이기도 하다. 하지만 이 방법도 별로 바람직하지 않다.

앞에서 설명한 대로 연봉 등급은 당해 연도의 개인이 달성한 제반 성과에 대한 종합 성적이며, 그 등급의 효력은 적어도 다음 승급시까지 그대로 영향을 미친다. 승급 T/O의 차등화의 문제와 같이 단기적인 조직의 성과에 의해 개인의 장기적인 보상(승급)에 영향을 미치는 문제가 발생한다.

연봉 인상률의 차등 문제

조직의 성과에 따라 평균연봉 인상률을 차등화하는 것은 집단보상의 차등화에 활용 가능한 가장 적절한 수단이라 할 수 있다. 즉, 전사 평균 5%로 결정하였을 경우 성과가 뛰어난 생산부문에 대해서는 6%, 보통인 영업부문에 대해서는 5%, 성과가 저조한 관리부문은 4%로 차등화하는 방법이다. 이 방법은 연봉 등급에는 전혀 영향을 미치지 않고, 연봉 금액에만 영향을 미친다. 즉, 조직의 단기적 성과가 개인의 단기적(1년간) 연봉에만 작용함으로써 앞의 두 가지 방법과는 달리 개인에게 장기적으로 영향을 미치는 경우는 발생하지 않게 된다. 누적형 연봉제에서는 연봉이 매년 누적적으로 인상되기 때문에 당해 연도의 연봉도 장기적으로 영향을 미치기는 하지만, 앞의 두 방법보다는 훨씬 그 영향의 강도가 약하다고 할 수 있다.

개인의 인사평가 점수에 집단평가 점수를 산입하는 방법

인사평가의 성과평가항목의 일부로서 일정비율만큼 조직의 평가 점수를 반영하는 방법이다. 예컨대 개인의 업적평가 점수를 100점으로 할 경우, 이 중 30%에 대해 조직평가 점수를 반영하는 것이다. 이 방법의 취지는 개인의 목표와 조직의 목표를 '직접' 연계한다는 데 있다. 이러한 방법은 아마도 군대에서의 '연대책임'의 방법과 대단히 유사하다.

하지만 이 방법 또한 두 가지 측면에서 바람직하지 않다.

우선, 개인의 목표는 조직의 목표를 계층별로 분할(breakdown)하여 할당된 것으로, 적어도 이론적으로 개인 목표의 합은 조직의 목표와 동일하도록 설정되었다. 또한 목표관리에는 그러한 조직의 목표와 개인의 목표의 정렬(alignment)이 가장 중요하다고도 강조되고 있다. 따라서 개인 목표는 원래 조직에서 분배한 목표이고, 개인의 목표 달성도는 그 자체로서 조직 목표 전체에 대한 기여도가 될 것이다. 그래서 여기에 추가하여 조직의 목표 달성도에 관한 점수를 산입하는 것은 필시 나 아닌, 다른 구성원이 달성한 기여도를 가감시키는 것이라 할 수 있다. 나의 업적에 다른 사람의 업적이 가감되는 것은 논리적으로 모순이 된다.

집단의 평가 점수를 개인의 업적평가에 산입하는 것은 또 하나의 문제가 있다. 앞의 T/O문제와 마찬가지로 개인의 인사평가에 집단의 평가 점수를 산입함으로써 연봉 등급이 달라지고, 이의 결과는 개인의 인사에 장기간 영향을 미침으로써 연봉 등급별 T/O, 승급 T/O의 차등화 방법과 똑같이 단기적 성과에 대한 장기적 보상이라는 문제가 발생한다.

그 외 보상의 차별화

이 장의 맨 처음에 기술한 바와 같이 중식비나 부서 회식비도 회사의 보상 수단으로서 차등의 대상이 될 수 있을 것처럼 보인다.

높은 성과를 달성한 조직의 구성원들은 성과가 낮은 타 조직원들에 비해 2,000원 더 비싼 점심을 먹는다?

중식비나 부서 회식비 등은 근로에 대한 대가로서의 급여라기보다는 회사의 직원들에 대한 복리후생적 성격의 보상이다. 대체로 이러한 복리후생적 보상은 한 회사의 직원이라면 누구에게나 균등하게 부여되는 보상으로서 개인이나 집단의 능력이나, 성과에 대한 차등 보상의 대상이 아니다. 조직의 성과에 따라 중식비를 차등을 둔다는 것은 누가 들어도 '말이 안 되는' 방법으로 느껴지는 이유가 바로 복리후생의 균등적인 성격 때문이다.

3) 결론

이상에서 살펴본 바와 같이 집단평가의 결과에 따른 집단보상의 방법으로 연봉 인상률을 차등하는 것이 가장 적절하다.

사실, 앞에서 보상 수단별로 상세하게 따져본 여러 가지 문제점들은 제도 설계 당시에는 포착하기가 대단히 힘들다. 제도 설계자는 물론 제도 운영의 대상이 되는 직원들조차 몇 년이 지난 후 "내가 왜 다른 사업부의 동기에 비해 승급이 늦지?" 하는 의문이 들 때 – 물론 작은 조직의 경우는 이러한 사실을 알기도 힘들다 – 비로소 제도상의 모순을 깨닫게 되는 일이다. 또한 인사 실무자가 차등 보상 수단에 대한 전체적인 시각이 부족할 경우, 모든 보상 수단에 대해 중복적으로 차등하게 될 수도 있다. 즉, 예를 들어 1월 연봉 등급심사 때 성과가 높은 조직에 더 많은 S, A 등급을 주고, 다시 3월 승급심사 때에 승급 T/O를 더 많이 주고, 또 그것도 모자라 4월에 시행되는 성과배분제에 의한 성과배분에서도 차등을 두는 등 한 번의 평가 결과에 대해 수많은 차등 보상을 여러 번에 걸쳐 시행하는 실수를 저지를 수 있다는 것이다. 대체로 CEO나 경영진의 머릿속에 한번 입력된 평가 결과는 적어도 몇 개월은 지속하게 되고, 따라서 보상에 관한 논의가 있을 때 마다 '열심히 해서 회사에 기여한 어여쁜 조직'과 '평생 있어봐야 회사 경영에 별로 도움이 안 되는 미운 조직'에 대해 차이를 두고 싶은 것은 인지상정일 것이다. 이럴 때 인사담당자는 전체적인 시각에서 CEO의 이러한 판단에 대해 문제점을 지적할 수 있어야 할 것이다.

'CEO 메모'

1. 집단평가와 보상의 의의

철저하게 개별적 성과주의 임금 시스템인 연봉제는 개인의 성과를 촉진하는 본연의 긍정적인 측면이 있지만, 직원들이 단기적인 업적만을 추구하거나 조직의 목표보다는 개인의 목표달성에 치중하게 되며, 자신이 속한 조직이나 회사에 대한 소속감이나 충성심의 결여로 귀결될 수 있다는 부정적인 측면이 있다.

집단평가 및 보상 제도는 이러한 연봉제의 단점을 보완함과 동시에, 집단간의 경쟁을 유도함으로써 집단의 성과를 향상시키는 데 기여하는 제도이다.

2. 성과배분제

성과배분 제도는 회사가 일정기간의 경영활동을 통하여 달성한 회사의 성과를 일정한 기준에 따라 직원들에게 배분하는 제도이다.

1) 성과배분의 방법

회사가 많은 이익을 실현한 경우, 직원들에게 그 성과를 배분하는 방법으로 연봉을 대폭 인상하거나, 인센티브 상여금의 방법이 있을 수 있다.

이 두 방법 중에서 연봉은 일단 한번 인상되면 다시 인하하기는 상당히 어려운 상방 경직성을 가지고 있고, 그것이 추후 막대한 인건비 부담으로 돌아온다는 측면에서 일시적인 성과급의 형태로 지급하는 것이 인건비 관리상 유리하다.

2) 성과급의 조직단위 배분

회사가 성과급의 재원이 발생한 경우, 이를 단위 조직 또는 개인의 기여도에 따라 차등적으로 배분하는 것을 생각할 수 있다. 회사의 성과급 재원을 어느 단위까지 차등적으로 배분할 것인가를 판단함에 있어, 성과급의 목적과 효과를 적의 감안하여야 한다.

우선, 성과급을 개인에게 차등적으로 지급하는 것은 바람직하지 않다. 왜냐하면 성과급은 연봉제로 인한 개인간의 지나친 경쟁을 억제하고 집단 목표의 달성에 노력하도록 유도하는 것을 목적으로 하기 때문이다.

또한 성과급을 하부 조직(팀)까지 차등적으로 배분하는 것도 바람직하지 않다. 회사가 성과급을 지급한다는 것은 '양호한 경영성과'에 대한 전사적인 축하의 이벤트이며, 전 구성원들의 사기앙양의 기회라는 측면에서 가급적 전 구성원이 똑같이 동참하는 것이 바람직하다.

바람직한 성과급의 차등 배분은 그 성과에 기여한 단위조직의 '재무적 성과'가 명확한 조직단위 – 주로 사업부, 또는 임원급 조직 – 까지 시행하는 것이 적절하다. 단위 조직의 재무적 성과에 따라 전사의 재무적 성과에의 기여도를 명확히 측정할 수 있기 때문에 소속 직원들의 차등에 대한 납득성을 충분히 확보할 수 있다.

3. 집단평가와 보상

양호한 경영성과나 일정한 경영 목표의 달성에 따라 일시적으로 발생하는 성과급 외에 회사는 조직 단위별로 차등이 가능한 여러 가지 보상수단을 가지고 있다. 즉, 승진의 T/O, 연봉 인상률, 연봉 등급별 T/O 등을 조직의 성과와 연계하여 차등적으로 적용할 수 있다.

회사의 비즈니스 일정상 이러한 보상수단의 시행 시기가 각각 다르기 때문에 성과주의를 강화하고 싶은 CEO의 입장에서 각각의 시행시기마다 조직의 성과에 따라 차등을 두고 싶은 유혹을 가질 수 있다. 즉, 성과가 높은 조직에 대해 성과급을 더 지급하고, 승진 시기에는 승진을 더 많이 시키고, 또 연봉 인상 시기에는 그 조직에 대해 더 높은 연봉 인상률을 적용하는 일이 그것이다.

집단의 성과에 대한 차등 보상은 그 보상수단의 성격과 그 조직의 발휘한 성과의 성격에 따라 전체적인 관점에서 판단하여, 가급적 1회적으로 적용하는 것이 바람직하다.

마치면서

내가 오랫동안 몸담았던 LG의 인사관리를 비롯한 각종 경영 제도는 주로 미국이나 일본의 글로벌 기업을 벤치마킹하였기 때문에, 사실 나는 국내 기업의 인사관리 제도나 운영현황, 사례에 대해서는 거의 무지의 수준이었다. 이후 인사컨설팅 일을 하면서 많은 중소, 중견기업을 접촉하고, 또한 인사관리 강의를 하면서 수강생들을 통해 수많은 국내 기업의 사례를 접하게 되었다. 그때 내 소감은 한마디로 "정말 같은 이름의 제도가 이렇게 다양할 수 있구나…" 하는 것이었다. 또한 나 같이 컨설팅을 하는 사람들조차도 나름대로의 각양각색의 논리로 참으로 다양한 제도를 설계하고 지도하는 것을 보는 일은, 나한테는 일종의 '신기함'으로 다가 왔다.

연봉제뿐 아니라, 기업 내에서 운영하는 여러 가지 인사 제도를 보건대, 그 목적이나 취지는 그렇게 다르지 않을 것이고, 또한 제도를 설계하는 원리 자체도 그렇게 다를 것이라고 생각하지는 않는다. 그럼에도 불구하고 기업들이 운영하는 다양한 형태의 제도들, 컨설턴트들의 다양한 논리들과 그들이 설계하는 천차만별의 제도들은 어디에서 비롯되었을까?

　물론 기업들마다 같은 목적의 같은 제도가 그 형태를 달리하는 것은 당연한 일일 것이다.

　기업의 CEO마다 생각이 다 다르고, 그 기업이 처한 경영 환경, 또는 인사관리 환경, 직원들의 생각이나 수준, 비즈니스의 특징 등이 다 다를 것이기 때문이다. 그래서 이런 모든 것들이 종합된 것이, 현재 기업에서 운영하는 각각의 연봉제이고, 내가 본 그 천차만별일 것이다. 그러나 문제는 그 다양성의 원인이 앞에 열거한 그런 이유 때문이 아니라 바로 설계자들의 개인적 다양성이나 수준 때문이라고 나는 진단한다.

　같은 목적의 같은 종류의 인사 제도가 기업마다 달라야 하는 이유와 비슷해야 할 이유를 각각 3가지를 들면 다음과 같다.

　먼저 달라야 할 세 가지를 정리해 보자. 바꾸어 말하면, 이 세 가지 요소는 개별 기업의 인사 제도를 설계할 때, 반드시 감안해야 하는 외부적 요소라고 할 수 있다.

　우선 CEO의 지시나 방침, 사업전략, 인사관리의 외부적 환경 등을 고려한 인사정책적 사항이다. 인사정책이라면 너무 거창하게 들릴지 모르나 CEO의 인사에 관한 개별 지시나 평소의 사람에 대한 인식, 그리고 신사업 추진 전략에 따라 "우수인재는 얼마를 주던 연봉 액수와 관계없이 영입한다"거나, "우리 회사는 우수인재의 유지가 특히 중요하다"는 등의 인사관리에 관한 주요 의사결정의 방향으로 보면 될 것이다.

　두 번째 요소는 인사 제도를 운영의 주체가 되는 경영자나 관리자와 인사 제도의 객체인 일반 직원들의 인식수준이다. 예를 들어 연봉제를 도입하는 데 있어, 관리자들의 평가능력이 현저히 부족하거나 차등 보상에 대한 직원들의 수용성이 현저히 떨어진다면, 보다 완화된 형태의 연봉제를 채택하거나, 아니면 기존의 직능급제를 일부 보완하는 수준에서 제도를 설계할 수 있을 것이다.

마지막으로 고려해야 할 사항은 해당 기업의 사업이나 업무 특성이 그것이다. 이에 대한 아주 쉬운 사례로서, 연봉제를 운영하는 많은 기업에서도 생산직 사원에 대해 연봉제를 운영하지는 않는다. 생산직 사원에 대해서는 여전히 단순 일급제이거나 과거의 호봉제를 유지하고 있다.

개별 기업의 인사 제도의 형태를 다르게 하는 앞의 세 가지 요소가 같거나 비슷하다면, 또는 의도적이지는 않지만 무시되었다면 다음의 세 가지 요인에 의해 그 형태가 같거나 비슷해야 한다. 이 세 가지 요인 또한 바꾸어 말하면 인사 제도 설계에 있어 반드시 감안하여야 하는 내부적 요소라 할 것이다.

제일 처음 우리가 고려해야 할 것은 제도 설계자라면 누구나 당연히 고려하는 일이지만, '제도의 내부적인 논리성과 이론성' 일 것이다. 만약 제도 자체의 논리적, 또는 이론적 결함이 있다면, 그 제도 운영의 주 고객인 직원들의 납득성에 문제가 생기고, 그로 인해 운영에 차질이 생길 것이다. 또한 제도의 운영, 발표 당시에는 미처 알아채지 못한 미세한 논리적, 이론적 결함은 수년이 지난 다음에 인식되는 경우도 많다. 이러한 제도의 논리성과 이론성은 내가 아마도 대리 정도까지 인사 제도를 기획하면서 가장 중점을 두었던 것이 아닌가 한다. 아마도 인사 제도를 처음으로 기획하거나 경험이 일천한 사람들은 이 내부적 논리성을 가장 중요하게 생각할 것이다. 하지만 어디 인사 제도가 논리나 이론만으로 실행되는 것인가?

두 번째로 고려하는 사항은 합목적성이다. 하나의 인사 제도는 어떤 것이든간에 어떤 목적을 수행하게 된다. 그런데 제도 자체의 논리성에만 치중할 경우, 자칫 이러한 목적을 잃어버리기가 쉽다. 또한 제도를 구성하는 세부 요소를 설계하다 보면 애초의 목적과는 다른 방향으로 설계될 수도 있다. 또한 우리는 제도를 설계할 때, 실제 운영되는 상황에서 그것이 과연 목적을 그대로 달성할 수 있을 것인지를 따져 보아야 한다. 실제로 여러 가지 제도를 설계할 때나 또 그것을 운영할 때 원래의 목적을 달성하는 데 실패하는 경우를 나 자신 종종 겪어 왔다.

마지막으로 고려할 사항은 운영의 용이성 또는 편의성이다. 인사 제도를 하나의 제품으로 볼 때, 실제로 이것을 운영 또는 활용하는 유저들 – 현업의 경영자나 관리자 – 에게는 사용이 대단히 어려운 제품이다. 흔히 말하는 고객 중심의 제품이 되어야 한다는 것이다. 고과 제도를 아무리 정밀하게 잘 만들었다고 하더라도 그것을 사용하는 유저들이 어렵다고 느낀다면, 그 제도는 자체의 합리성, 이론성, 합목적성에도 불구하고 제대로 활용되기 어려울 것이다. 그래서 인사 제도는 누구나 알기 쉽고, 운영이 간편하여 유저들이 쉽게 사용할 수 있도록 단순하게 설계되어야 한다.

이러한 세 가지 고려 요소는 아마도 많은 인사 제도의 설계자들이 이미 알고 있고, 이를 감안하여 제도를 설계하고는 있을 것이다. 하지만 첫 번째 요소인 제도의 내부적 논리성과 이론성은 논리적 사고와 기획력이 뛰어난 사람이 약간의 공부를 통하여 해결할 수 있다. 하지만 두 번째, 세 번째의 요소는 실제로 일선에서 자기가 만든 제도를 오랜 기간 운영해 보지 않으면 깨닫기 힘든 요소이고, 더군다나 이러한 사항을 제도 설계 단계에서 반영하기는 더더욱 힘들다.

각 기업에 있어서 연봉제와 이와 관련한 여러 인사 제도들이 그렇게 다양한 형태를 띠고 있는 것은 인사 제도의 환경, 즉 외부적 요소를 충분히 감안해서가 아니라, 바로 세 가지의 내부적 요소에서 어느 한 가지가 빠져 있거나 덜 고려되어 있다고 보는 것이다.

또 다른 한편으로, 우리가 잘 알다시피 '제도 자체보다는 운영'이라는 측면에서 보면, 제도를 잘 만드는 것이 그다지 중요하지 않을 수도 있다. 컨설팅을 하면서 제도라고 부르기도 민망한 허술한 기준으로도 CEO의 의지에 따라 완벽한 제도를 갖춘 대기업보다 더 제도 자체의 목적을 달성하는 회사들도 많이 보아왔다.

하지만 제도다운 제도가 없이 그냥 이대로 가겠다면 모르겠지만, 기왕 본격적으로 인사 제도를 만들겠다면 제대로 된 제도를 만들고, 그리고 운영에 심혈을 기울여보자는 것이다.

이 책에서는 연봉제의 세 축인 동시에 인사관리 제도의 핵심이라 할 수 있는 직급체계, 연봉체계, 평가체계에 관한 내용이 서술되어 있다. 국내에서 소개되고 있는 이러한 연봉제와 관련된 여러 종류의 사례들과 주장들에 대해, 앞에서 설명한 인사 제도를 결정하는 내부적 요소의 관점에서 검토하였다. 아울러 외부 요소까지 충분히 반영하고, 실제로 그 목적을 달성할 수 있는 인사 제도를 설계하는 방법을 제시할 것이다.

내용 중에서 내가 직접 경험해 보지 못한 부분에 대해서는 단순히 논리성이나 내 경험의 측면에서 나의 개인적인 주장을 기술한 것이 적지 않고, 그래서 논리적으로나, 실제 운영적으로나 틀린 부분도 있을 수 있을 것이다.

나는 이러한 부분에 대해 독자 여러분의 허심탄회한 이의제기와 토론이 있기를 기대한다. 한국 기업의 인사관리의 발전을 위해서…